PÉRONNE

SON ORIGINE ET SES DÉVELOPPEMENTS

PÉRONNE

SON ORIGINE ET SES DÉVELOPPEMENTS

Par M. G. VALLOIS

ANCIEN SOUS-PRÉFET DE PÉRONNE

CHEVALIER DE LA LÉGION-D'HONNEUR, OFFICIER D'ACADÉMIE

Membre de la Société des Antiquaires de Picardie;
de la Société des Antiquaires du Centre;
de la Société française d'Archéologie, et de plusieurs autres
Sociétés savantes

Mémoire couronné en 1879 par la Société des Antiquaires
de Picardie (Fondation Ledieu)

PÉRONNE
Imprimé par J. Quentin
Grande Place, 33
—
1880

INTRODUCTION

L'histoire de Péronne, vulgarisée maintenant par un grand nombre de publications nouvelles, a puisé ses principaux récits dans les travaux de sources bien différentes. Le cadre principal en a été tracé par Mabillon, les Bénédictins et Colliette. Mais à ce canevas, les faits d'un intérêt particulier ont été rattachés par plusieurs manuscrits locaux, procédant plus ou moins les uns des autres, et qu'on s'est, de tout temps, passé de main en main. S'ils sont ignorés de beaucoup de Péronnais, la plupart sont connus de quiconque a voulu s'occuper de l'histoire de la ville; ils méritent, dans tous les cas, d'être tirés de l'oubli. Sans doute, quelques-uns d'entre eux ont disparu; mais on ne saurait dire s'ils sont à tout jamais perdus. Ce ne sera peut-être pas le moindre de leur intérêt, s'il en est qui reviennent au jour, de pouvoir constater les emprunts que leur ont faits les chroniques postérieures.

Sans avoir la prétention de les rappeler tous, il convient de citer, en première ligne, le beau manuscrit enluminé que possède M. l'abbé Cardon, aumônier du lycée de Saint-Quentin, sur : La vie et les miracles de Saint-Fursy. C'est *un volume de deux cents pages en parchemin, écrit à Lille en 1468, par Jean Mielot, prêtre et secrétaire de Philippe, duc de Bourgogne et de Brabant. Il se termine par un traité de pathologie qui débute par ces bouts-rimés :*

> Les seigneurs deglise à peronne
> Afferment que toute personne
> Qui a fieuves ou pamoison
> Ou paralisie à foison
> Ou une pierre en la vesie
> Ou lenflure didropisie
> Ou dentrailles decompisons
> Ou de boyaux avalisons
> Et briesmêt tout quâquez physique
> Ne puet saner par sa pratique
> En priant dieu et saint foursy
> Est tost guarie et saine aussy.

Cet appendice, où l'empirisme occupe plus de place que la science, présente cependant de l'intérêt pour l'histoire de la médecine.

Les Chroniques et Antiquités de l'abbaye du Mont-Saint-Quentin, rétablies en 977, avec la liste de ses abbés commendataires, sont généralement peu connues. Les manuscrits de la famille Dehaussy en contiennent une copie : « C'est un vieux livre écrit à la main, y est-il dit, que l'on garde audit monastère. » Cette chronique, depuis 530 jusqu'en 1310, a été donnée à Fursy Jean Dehaussy, seigneur de Robécourt, conseiller et avocat du roi à Péronne, par le frère Jean Sancier, bénédictin, lorsqu'il demeurait au Mont-Saint-Quentin. Ce dernier avait trouvé lui-même ces écrits de feu dom Etienne Wiand. La continuation de cette chronique, depuis 1310 jusqu'en 1477, fut envoyée à Jean Dehaussy par le même religieux, en 1700, lorsque celui-ci demeurait à Reims. Le registre original, échappé au naufrage révolutionnaire, pourrait bien être celui qui se trouve aujourd'hui à la bibliothèque d'Amiens.

La relation du siége de Péronne, en 1536, a été rapportée par plusieurs écrivains : Pierre le Convers, avocat de la

TOMBE DE DAME LE CONVERS A St-QUENTIN — (Collect. Gomart).

ville ; son frère Philippe le Convers, avocat ; plus tard par Martin Devaux, chanoine de Saint-Fursy.

Les Priviléges de la ville de Péronne *ne sont autre chose que des copies des principaux titres municipaux recueillis par Jean Dehaussy, avocat en parlement, greffier en chef de la ville, lequel mourut à Paris le 26 juillet 1662, pendant qu'il était député pour soutenir un procès contre le chapitre de Saint-Fursy. Ce travail, d'autant plus intéressant qu'il peut suppléer à certaines lacunes des archives locales, formait trois gros registres que Barthélemy Dehaussy, prêtre chanoine de Saint-Fursy et fils du précédent, a donné à la ville. Les deux derniers volumes ont malheureusement disparu.*

Les membres de la famille Dehaussy méritent d'ailleurs d'être cités au nombre de nos plus laborieux annalistes. Plusieurs générations d'entre eux ont accumulé des notes considérables sur l'histoire locale. Parmi tant de travaux intéressants, on doit notamment remarquer les Antiquités de la ville de Péronne, *par M. Dehaussy de Robécourt; un gros registre intitulé :* Généalogie des rois de France, *contenant, à la suite de nombreuses notes sur Péronne, de longues listes d'officiers de la ville, tels que châtelains, gouverneurs, mayeurs, officiers du Bailliage, de l'Election, etc., etc.; enfin, le* Journal de Péronne, *de Jean de Dieu Dehaussy, manuscrit in-4º du plus grand intérêt, qui renferme le récit le plus complet qu'on pourra jamais faire du siège de 1536. L'auteur commence par exposer que la France est la plus belle partie de l'Europe; la Picardie l'une des plus belles provinces; la Somme l'une des principales rivières du pays; d'où il découle, tout naturellement, que Péronne doit être l'une des villes les plus remarquables de l'univers. Ce raisonnement, bien suranné maintenant, a eu cependant ses jours de vogue. Qui donc oserait jeter la pierre à l'historien, s'il écrivait ainsi suivant la mode de son temps ? Alors c'était encore une croyance commune de penser que la nation française descendait en masse des Francs, et que les Francs eux-mêmes étaient issus des compagnons d'Enée. Jean de Dieu Dehaussy n'a point failli à ce genre de tradition patriotique tombé depuis dans le domaine des fables, et, pour relever le prestige de sa ville natale, il ne manque pas d'attribuer aux Romains la construction des quatre tours du château. De telles erreurs seraient impardonnables si elles étaient émises de nos jours où l'archéologie a fait de si grands progrès; mais il convient d'autant mieux de les excuser chez cet écrivain qu'il nous révèle en même temps sur la ville de Péronne des détails que lui seul a fait connaître. Si jamais ce manuscrit vient à être publié, comme il le mérite, Dieu veuille qu'on l'imprime tel qu'il est, même avec ses imperfections naïves qui lui donnent un grand charme. Les vieilles choses, en effet, ne gagnent pas à être remaniées, surtout si l'on veut les accommoder aux goûts du jour.*

Nous ne citerons qu'en passant les mémoires manuscrits de M. Gonnet, lieutenant criminel en 1620; ceux de Louis Quentin, bourgeois de Péronne; de Michel Theraize, curé de Saint-Sauveur à la fin du XVIIe siècle; de M. Chabaud, colonel du génie à Saint-Quentin en 1774, qui a laissé des travaux sur Montmédy, Péronne et Saint-Quentin; ceux qui concernent cette dernière ville sont déposés à la bibliothèque de Laon.

Les Essais du chanoine de Saint-Léger sont restés longtemps inédits; leur éloge n'est plus à faire, puisqu'ils ont été publiés avec luxe chez MM. Trépant en 1866. L'œuvre de de Sachy a été largement mise à contribution par tous les historiens modernes, et ce n'était que justice de lui faire voir le jour. On pourra faire un livre plus complet; on n'écrira jamais rien de plus intéressant pour la ville.

M. l'abbé Turquet, archiprêtre de 1842 à 1871, a laissé un gros manuscrit sur l'histoire de Péronne. Sauf quelques renseignements d'un intérêt secondaire, tirés des registres de la fabrique de l'église Saint-Jean, on ne trouvera malheureusement rien de neuf dans cette volumineuse compilation.

Parmi les documents perdus, il faut surtout regretter la destruction irrémédiable des notes et manuscrits brûlés pendant le siège de 1870, dans l'incendie de la maison Hiver. Cette famille, comme les Dehaussy, Leblant et beaucoup d'autres avait recueilli de nombreux matériaux sur l'histoire locale. Un grand volume contenait particulièrement le récit des événements survenus de 1814 à 1817, notamment lors de l'attaque de la place par l'armée anglaise, en 1815. C'est *en vain qu'Edmond Hiver, adjoint au maire, puis juge de paix, avait été sollicité par ses amis de publier les manuscrits de son grand-père, formant deux volumes ; il ne voulut pas livrer à l'impression ces considérations historiques dans une forme que le temps avait rendue surannée. Il poursuivait lui-même ses minutieuses recherches dans les archives de la ville, lorsque l'incendie et la mort ne lui laissèrent pas le loisir d'achever son ouvrage. Sauf quelques articles détachés qu'il a publiés dans le* Journal de Péronne *et deux ou trois dessins dont nous avons eu occasion de prendre copie dans son cabinet, la flamme a tout dévoré. Qui saura jamais l'étendue de cette perte ?*

On le voit, la ville de Péronne est riche en chroniques locales, et l'on peut s'étonner qu'elle ait tant tardé à posséder une relation imprimée de son histoire. A la vérité, quelques opuscules spéciaux ont déjà vu le jour depuis longtemps. Citons la Relation du Siége de 1536, *par Martin du Bellay, publiée en 1569, et récemment rééditée par M. Alfred Danicourt ; le poëme héroïque de Hubert du Saussay, sur le même sujet ; la* Vie miraculeuse de Saint-Fursy, *publiée pour la première fois en 1607 par Jacques Desmay, bachelier en théologie et chanoine de Péronne ; la* Relation du Siége de 1536, *par le Père Fénier, religieux minime, publiée en 1682 et plusieurs fois réimprimée, notamment en 1862 par M. le comte d'Auteuil, qui l'a complétée en 1864 par un volume de documents inédits ;* Les trois fleurs de lys spirituelles, *par Catherine Levesque, de Péronne, veuve de M. Vaillant, capitaine de l'artillerie de cette ville. Cet ouvrage, purement mystique, publié en 1685, contient une courte introduction historique de Péronne, à laquelle l'auteur aurait pu donner plus d'étendue en se laissant aller à son abondance habituelle. On possède en effet de M*^{me} *Vaillant un volume de poésies de plus de deux cents pages, intitulé*

Les cinq fleurs de la grâce, *divisé en cinq parties, autant que de fleurs, et, en outre,* Le triomphe de la Croix, *imprimé à Paris en 1668, qui contient plus de neuf mille vers.*

Nommons encore le Commentaire sur les coutumes du gouvernement de Péronne, Montdidier et Roye, *par Claude le Caron, ancien avocat au parlement de Paris et au siége de Montdidier, imprimé à Paris en 1660, sous format in-12, après le décès de l'auteur. Le même sujet a été traité par Vilette, dans un ouvrage in-folio.*

L'Office de Saint-Fursy *fut imprimé pour la première fois à Paris en 1768, et une* Notice historique *sur Péronne a été publiée en 1808 par Grégoire d'Essigny, de Roye, dans le* Journal de l'arrondissement de Péronne.

Enfin M. l'abbé Decagny, curé d'Ennemain, et aujourd'hui président de la Société des Antiquaires de Picardie, est venu ouvrir la série des véritables historiens locaux en publiant à Péronne, en 1844, son volume in-8° sur l'histoire de l'arrondissement. Ce travail, complété par les nombreuses recherches de son auteur, avec le seul désir d'être utile au bien public, a été de nouveau édité en deux beaux volumes in-8°, ornés de planches, par M. Quentin en 1865.

Dès ce moment, le nombre des publications augmente et tend de jour en jour à devenir tellement considérable qu'on peut se demander si les documents inédits ne feront pas bientôt défaut pour composer un nouveau volume. Il y a place encore pour bien des monographies destinées à éclairer des points spéciaux ; mais il n'est pas téméraire d'avancer que toutes les histoires de Péronne qu'on voudra publier à l'avenir seront principalement des compilations.

L'auteur de ce nouveau volume ne pense pas lui-même échapper à cette fatalité, quoiqu'il se soit astreint à ne parler, autant que possible, que de faits inédits. Avant lui, on a tant écrit sur Péronne qu'il est bien forcé de puiser à pleines mains dans les documents déjà connus. Toutefois, en les présentant sous un nouveau jour, il espère en tirer des arguments et des conclusions inattendues. Notre but n'est pas, en effet, de répéter ce qui a déjà été dit tant de fois; nous voudrions, au contraire, sortir des sentiers battus pour chercher une voie différente. L'accueil flatteur qui a été fait à ce travail par la Société des Antiquaires de Picardie au concours de 1879 nous donne l'espérance que nos efforts dans ce sens ne sont pas restés infructueux. Et si le lecteur trouve dans ces pages l'indication d'un assez grand nombre de faits nouveaux, ou la rectification de certaines erreurs accréditées, ce sera la confirmation de cette vérité qu'à peine l'histoire est-elle faite, elle est encore à recommencer. Chaque jour amène des révélations qui donnent une physionomie différente aux événements déjà connus; c'est pourquoi l'histoire n'aura jamais dit son dernier mot et sera toujours et sans cesse loin d'être terminée.

CHAPITRE Ier

SOBOTÉCLUSE

Si l'on veut se rendre compte des développements successifs d'une ville, depuis son origine, on se trouve arrêté presqu'à chaque pas par l'inconnu. A l'exception d'un certain nombre de localités plus ou moins importantes rappelées dans les commentaires de César et les auteurs latins, l'antiquité de la plupart de nos cités n'est attestée par aucun document historique. Des ruines monumentales signalent parfois en certains lieux le passage ou l'établissement des peuples anciens ; parfois aussi une étymologie incontestable peut fixer avec probabilité l'origine d'une ville. Le plus souvent, le silence et l'oubli cachent à nos yeux le passé. C'est ainsi que rien n'est encore venu démontrer si Péronne a pris naissance à l'époque gauloise, romaine ou franque.

D'où la ville elle-même a-t-elle tiré son nom ? C'est ce qu'il n'est pas facile de déterminer. Plusieurs étymologies différentes ont été proposées ; mais ces inductions ne reposent que sur des hypothèses bien souvent trompeuses. Il semble donc inutile de rappeler ici ces diverses combinaisons qui ne sont étayées d'aucune preuve historique.

La ville de Péronne a dû être riche autrefois en documents écrits ; ses archives possèdent encore des titres précieux sur sa vie municipale. La collégiale de Saint-Fursy, fondée dans les premiers siècles de la monarchie française, conservait sans doute les titres de son origine si intimement unie à l'histoire de la ville. Malheureusement, au mois de janvier 1573, le feu du ciel vint dévorer les archives du chapitre, ainsi qu'une partie de l'église elle-même (¹) ; rien ne peut remplacer aujourd'hui ces documents perdus. Aussi ne possédons nous plus, des titres primitifs de la collégiale, que des fragments fort incomplets.

Si les documents écrits font défaut, les monuments qui pourraient témoigner de l'antiquité de la ville sont tout aussi rares. L'archéologie, cette science toute contemporaine, et dont le goût est encore si peu répandu autour de nous, n'a révélé jusqu'à présent que des découvertes sans importance, et n'a pas déchiré le voile mystérieux qui cache à nos regards le berceau de la ville. M. l'abbé Decagny, dans ses premières pages de l'histoire de l'arrondissement, a bien résumé avec habileté les opinions de divers auteurs qui attribuent sa création, les uns aux Gaulois, d'autres aux Romains ou à la monarchie française ; mais il est bien difficile de démêler la vérité au milieu de ces allégations contradictoires. Tous les historiens paraissent cependant d'accord pour penser que les premiers habitants du pays se sont établis à Sobotécluse. Pour restituer le passé dans son vrai jour, on a cependant oublié une chose essentielle ; c'est de considérer que les moulins de la Somme n'ont pas toujours existé, et qu'il faut avant tout se faire une image du pays avec son caractère primitif.

(¹) De Sachy, Essais par un chanoine de Saint-Léger, p. 208.

Il fut un temps où la Somme était libre de toutes les chaussées de moulins qui entravent aujourd'hui son cours. La faible déclivité de sa vallée forçait ses eaux à serpenter d'un bord à l'autre, en formant de capricieux méandres au milieu de ses alluvions. Ses eaux, coulant droit du sud au nord, venaient heurter le Mont-des-Cygnes, ainsi nommé sans nul doute à cause de la multitude d'oiseaux aquatiques réfugiés dans les roseaux, et qui, réduits à la longue à une demi domesticité, firent au moyen-âge les délices de la chasse réservée aux seigneurs, ou aux échevins qui en tenaient la place (¹). Le fleuve, repoussé vers le nord-ouest, traçait un angle assez prononcé au sommet intérieur duquel le remous dut naturellement laisser sur la rive gauche un atterrissement marqué. Ce fut là l'emplacement de Sobotécluse, où les premiers habitants, des pêcheurs sans doute, attirés par le voisinage du poisson et de la sauvagine, plantèrent tout d'abord leurs cabanes.

L'histoire parle pour la première fois de Sobotécluse, dans une charte du Xe siècle, confirmée en 1044 par une bulle de Grégoire VI, aux termes de laquelle Albert le pieux (²) concède à l'abbaye du Mont-Saint-Quentin un grand nombre de biens, et notamment : *ecclesia de Sterpiniaco cum aquâ piscatoriâ et aquâ de Sebodisclusâ*. La même dénomination est donnée à cette localité par une bulle de Pascal II, en 1106. On disait alors *Sebodisclusa*, (écluse de Sebod) comme on parlerait aujourd'hui de l'écluse de Sormont ou de celle de Froissy. C'est dans tous les cas bien à tort qu'on a cherché dans des étymologies de fantaisie

---

(¹) L. Douchet, chasse au cygne, *Journal de Péronne* du 6 août 1863. — Nombreuses résolutions de la ville de Péronne.

(²) Ann. Bénéd. T. III, lib. 58, n° 101.

l'origine du mot plus moderne *Sobotécluse*, qui a pris la place du nom *Soiboutécluse* (¹) ou *Soibautécluse* (²). Quoiqu'il en soit, on se trouve ainsi en présence d'un nom propre composé, dont la terminaison dérive de la basse latinité (³). Quant à la première partie, elle semble ne se rattacher à aucune langue connue, et on peut la supposer aussi antique qu'on le voudra, sans que personne puisse y contredire. Cela seul pourrait au besoin démontrer qu'une agglomération primitive d'habitants s'est formée en ce lieu à une époque ancienne quoiqu'indéterminée, et que plus tard on a ajouté à son nom une qualification résultant de sa situation sur le barrage de la Somme.

Il est essentiel de faire ressortir que le village est certainement antérieur à la création des grands moulins. Aucun doute ne saurait exister à cet égard, car on sait que les fondations de l'église Saint-Quentin-en-l'Eau, paroisse de Sobotécluse, descendaient au dessous du niveau de la Somme, et que les corps de ceux qu'on enterrait dans son cimetière devaient être enfoncés dans l'eau et retenus au fond de la fosse, pour les empêcher de surnager (⁴). Assurément il ne viendrait à personne la pensée d'établir un cimetière dans des conditions aussi étranges et on doit bien admettre que les fondations de

---

(¹) Arch. nat. 1271, S. 5223. — Sceau de Soiboutécluse app^t. à M. de Chauvenet. — Cœuilleret des cens de l'abbaye de St-Barthélémy de Noyon hors la ville en 1631, ms. app^t. à M. Cotté, arquebusier à Péronne.

(²) M. Ramon, dans ses chroniques, a proposé une étymologie ingénieuse ; cependant la *Sauch bottée* de 1413 est bien insuffisante pour interpréter le Sebodisclusa de 1044.

(³) Littré, Ecluse du bas latin *exclusa*, qui se trouve dans les plus anciens textes, la loi des Visigoths, Grégoire de Tours et Fortunat.

(⁴) Martel, Essai historique sur la ville de Péronne, p. 8.

l'église, dont la construction ne saurait être antérieure à l'évangélisation des Gaules, ont été submergées après coup par l'élévation du plan d'eau résultant de la retenue des moulins. Ce qui démontre avec non moins d'évidence que le niveau de la Somme a été surélevé, c'est que vers 1828, lorsque le génie militaire a reconstruit le mur de quai situé à gauche de la porte de Paris, on a trouvé une route pavée à trois mètres au dessous du terrain actuel [1], c'est-à-dire beaucoup au dessous du niveau des eaux. On a pareillement découvert à Saint-Quentin, aux abords de la Somme, le pavage d'une maison, avec son foyer de cheminée, à deux mètres en contre-bas de la rivière [2].

De ces diverses considérations, il faut conclure que Sobotécluse a pris naissance avant les moulins, sur un sol suffisamment élevé à cette époque, pour n'avoir rien à redouter des inondations ou de l'infiltration des eaux. Il reste à rechercher à quelle époque ont été fondés les grands moulins de Péronne, pour en déduire quelques présomptions sur l'antiquité de Sobotécluse.

Sur ce point les documents font absolument défaut, et il est nécessaire d'atteindre l'année 1180 pour trouver la mention du pont d'Esclusele [3] impliquant l'existence du barrage de Sobotécluse et des moulins de Péronne. Quant aux moulins eux-mêmes, il en est question pour la première fois en 1221, dans une charte par laquelle :
« Galterus abbas de Monte-S.-Quintini totusque ejusdem
» loci conventus notum faciunt se novem modios frument

---

[1] Renseignement verbal donné par M. Caraby, père, ancien garde du génie.

[2] Gomart, Hist. de St-Quentin, T. II, p. 4, note.

[3] Arch nation. sect. adm. S. 5,223.

» annui redditus quos habebant in novis molendinis
» domini regis apud Peronam.... (¹) »

D'un autre côté, les historiens n'ont jusqu'ici publié rien de précis sur l'origine des moulins à eau. Longtemps les grains furent écrasés par des moyens mécaniques peu compliqués; Samson tourna la meule chez les Philistins, et le poëte Plaute, mort en 184 avant J.-C. fit ce pénible service pendant qu'il était esclave. On croit que les moulins à eau furent inventés en Asie-Mineure, et que l'idée en fut importée à Rome au temps d'Auguste (²). Vitruve, à cette époque, donne un traité sommaire de leur construction. Il a fallu sans doute beaucoup de temps pour que l'usage s'en propageât dans le reste de l'empire; Pompéi, ensevelie sous les cendres du Vésuve dans le premier siècle de notre ère, ne possédait que des moulins mis en mouvement par l'homme ou des animaux, et la Gaule assurément tarda à profiter de cette invention, car il n'est pas de ruines gallo-romaines dans lesquelles on ne trouve une quantité de meules à bras.

On sait d'ailleurs que l'on considéra comme une merveille le moulin à eau qui fut établi sur l'Indre par Saint-Ursin (³). Les moulins flottants furent inventés par Belisaire en 536 (⁴); Fortunat, contemporain de sainte Radegonde, parle d'un moulin à eau annexé au château que fit bâtir Nicet, évêque de Trèves, sur les bords de la Moselle (⁵). Lambert, quarantième abbé de Saint-Bertin,

---

(¹) Arch. nation. J. 238, Boulogne, n° 9.

(²) Bouchaud, Instit. mem. de la soc. Mor. et Pol. T. V. p. 130. Strabo XII, 3, § 30.

(³) De Raynal, Hist. du Berry, T. I. p. 242, d'après Grégoire de Tours, de vita Patr. XVIII, 1.

(⁴) Procop. *Goth* 1, 9.

(⁵) De Caumont, arch. milit. p. 382.

fit terminer des moulins à eau commencés sous Odland en 797 (¹). Il ne faut pas perdre de vue que la langue latine n'a même pas de mot pour désigner un moulin (²). L'agronome Palladius, vivant au IIe siècle de notre ère, selon les uns, ou à la fin du quatrième, selon les autres, ne se sert que d'une périphrase pour en parler, quoique son style soit particulièrement rempli de néologismes. C'est Saint-Augustin, Grégoire de Tours, Frodoart et les écrivains du moyen-âge qui emploient les premiers l'expression technique : *molendinum*. Il n'est donc pas téméraire d'avancer que l'usage des moulins ne dut pas se répandre en Gaule avant l'établissement de la monarchie française.

Certains moulins de la Somme n'ont pas une origine plus ancienne, tels que ceux de Pont-lès-Brie, près desquels passe la grande voie romaine d'Amiens à Vermand. L'ingénieur Lenain, chargé de visiter la chaussée de Brie, disait en 1644, dans un rapport officiel : « Nous ne voyons pas de marque de passage affermi « dans les marais, ni sur la rivière en ces endroits (³). » C'est qu'en effet la chaussée actuelle ne se trouve pas sur le débouché de la voie romaine, mais à quelques mètres en aval ; l'une n'est donc pas le prolongement de l'autre. La chaussée a été manifestement élevée pour former la retenue des eaux ; elle a causé la submersion de la grande voie militaire, ce que l'administration impériale n'eût certainement pas toléré ; on peut donc tenir pour certain que sa construction, motivée par la création des moulins de Pont-lès-Brie, a été postérieure à l'occupation romaine.

(¹) Viollet-le-Duc, Dict. d'arch. moulins.
(²) Ducange, Gloss. V. Molendinum. — Littré. Quicherat, dict. lat.
(³) D. Grenier, introd. à l'hist. de Pic. p. 459.

De ce qui précède, la conclusion découle d'elle-même ; c'est que Sobotécluse existait au temps de l'époque romaine. Non pas qu'on doive prétendre que ce village doit son existence aux Romains ; loin de là. On ne saurait croire qu'un groupe de ce peuple conquérant a précisément fixé sa demeure sur cette langue de terre où il eût été fatalement voué au labeur le plus pénible. Il faut voir au contraire, dans les premiers habitants, la réunion de quelques familles autochtones, gauloises par conséquent, associant leurs efforts pour vivre de la chasse et de la pêche. Cette antique communauté s'est perpétuée dans le cours des siècles et s'est maintenue jusqu'à nos jours sous l'égide d'une charte particulière qui réglementait avec soin les devoirs religieux, l'assistance mutuelle, l'admission des confrères, les fêtes et les conditions du travail en commun etc.... (¹) Il semble que nul cœur franc-péronnais ne devra rester insensible à cette confirmation historique d'une ancienne tradition locale, qui donne les Gaulois pour ancêtres aux habitants du faubourg de Paris.

Sobotécluse n'a pas livré de traces de son origine ; s'il en existe quelques épaves sous les assises des maisons modernes, elles ont été noyées sous la surélévation des eaux de la Somme. Il en est ici comme des ruines romaines d'Amiens et de Saint-Quentin : « Ce qui a pu » en échapper à la fureur des Vandales et des Normands, » dit Dom Grenier, (²) est enterré aujourd'hui dans les » marais de la Somme, dont le sol s'élève toujours de » plus en plus. » Le climat du nord de la France est d'ailleurs peu favorable à la conservation des monuments

---

(¹) A. Caraby, notice sur Sobotécluse, p. 31.
(²) Introd. à l'hist. de Pic. p. 92.

de l'antiquité. Chacun sait que les édifices du moyen-âge y sont eux-mêmes grandement éprouvés par les alternatives de gelée et d'humidité ; le beffroi de Péronne, si solidement construit en maçonnerie de grès, n'a pas duré plus de de cinq siècles. Tandis qu'on rencontre à peine quelques ruines romaines au nord de la Loire, les départements du midi, à la faveur d'un climat moins rude, en conservent des spécimen nombreux encore debout, et même des monuments intacts comme le temple d'Auguste et de Livie, à Vienne, l'arc d'Orange, etc., etc., etc.

L'absence totale de vestiges antiques ne suffirait donc pas à témoigner que l'origine de Sobotécluse ne remonte ni à l'époque gauloise, ni même au temps de César. Nous croyons du moins avoir donné de bonnes raisons pour en fixer l'établissement antérieurement à l'occupation romaine.

CHAPITRE II

BATAILLE D'HELENA

La vallée de la Somme fut conquise de bonne heure par les peuplades germaniques ; mais, faute de documents, nous n'aurons pas beaucoup à dire sur l'occupation de la contrée par ces barbares. Il est cependant un évènement considérable qui mérite ici une mention particulière, parce que quelques historiens pensent qu'il s'est accompli aux portes mêmes de Péronne. Il s'agit de la bataille d'Helena, perdue vers 448 par les Francs sous les ordres de Clodion, contre les troupes romaines commandées par Aétius et son lieutenant Majorien. Les uns ont placé le lieu de cette bataille à Lens, les autres à Hesdin ou dans toutes les localités de l'Artois dont le nom semble présenter quelque analogie avec celui du *vicus Helena*.

M. Vincent, membre de l'Institut, né à Hesdin et dont l'impartialité à l'égard de sa ville natale est ainsi démontrée a eu, le premier, la pensée d'en fixer l'emplacement à Allaines, près Péronne. (¹) M. l'abbé Decagny, sous la rubrique d'Allaines, a reproduit partiellement les arguments

---

(¹) Mémoires de la Soc. roy. des sciences, de l'ag. et des arts, à Lille.

de cette dissertation en la complétant par de nouveaux détails ; malgré tout, c'est encore une question non tranchée.

Sidoine Apollinaire seul a fait mention de la bataille d'Helena, dans son panégyrique de Majorien, et il en parle avec autant d'emphase qu'en peut dépenser un poète de la décadence. Ce texte vague, conçu en quelques lignes, a motivé nombre de tournois entre les archéologues de l'Artois, de la Flandre et de la Picardie. En voici les termes, qu'il convient de mettre en tête de cette discussion, afin que les habitants du pays surtout puissent rechercher si les lieux se prêtent à cette description :

> *Pugnastis pariter Francus quâ Cloio patentes*
> *Atrebatum terras pervaserat. Hic cœuntes*
> *Claudebant angusta vias, arcusque subactum*
> *Vicum Helenam, flumenque simul sub tramite longo*
> *Arctus suppositis trabibus transmiserat agger.*
> *Illic te posito pugnabat ponte sub ipso*
> *Majorianus eques. Fors ripæ colle propinquo*
> *Barbaricus resonabat hymen ; scythicisque choreis.*
> *Nubebat flavo similis nova nupta marito.*
> *Hos ergo ut perhibent stravit. Crepitabat ad ictus*
> *Cassis, et appositis hastarum verbera thorax,*
> *Arcebat squamis donec conversa fugatus*
> *Hostis terga dedit.* . . . .
> . . . .
> *Ilicet increscit Mavors, thalamique refringit*
> *Plus ardens Bellona faces, rapit esseda victor*
> *Nubentemque nurum.* . . . .

On n'a même pas pu se mettre d'accord sur la traduction littérale de ce passage, et chacun en donne une interprétation différente. Ceux qui placent le *Vicus Helena* au midi de l'Artois, disent notamment que les mots : *quâ terras pervaserat* désignent la frontière par où Clodion était ressorti. D'autres veulent que la bataille ait eu lieu en plein territoire des Atrébates, et prétendent, au contraire, qu'il faut comprendre le lieu par où Clodion avait traversé la contrée ; autrement le texte aurait dû dire : *postquam pervaserat*, etc... Nous laisserons les grammairiens discuter ce point embarrassant, en ne nous occupant que de la convenance des lieux ; passons à l'application.

Si l'on veut se conformer rigoureusement au récit du poète, il faut trouver d'abord plusieurs chemins convergeant, dans un défilé, vers un même carrefour ; puis, le *vicus Helena*, disposé en arc de cercle ; enfin, une rivière traversée par une longue et étroite chaussée.

Au nord d'Allaines, à cinq cents mètres du village, viennent aboutir le chemin de Bouchavesnes, celui de la vallée, celui de la Falise à Moislains, enfin le chemin vert. A ce carrefour même, et à l'ouest du chemin qui conduit à Allaines, aurait eu lieu une bataille meurtrière, au dire de certains habitants du pays. Le chemin se continue vers Allaines, et en traversant le village, s'infléchit *en arc* de cercle vers l'est pour ressortir en plaine et gagner Cléry. Deux rues s'y embranchent à l'est pour conduire à la rivière, où commence le marais. De là, le chemin de Bussu franchit la vallée sur une petite chaussée, et forme, deux cents mètres plus loin, un nouveau carrefour avec le chemin de Péronne à Moislains, qu'il croise à angle droit. A la vérité, la Tortille, l'ancien *fluvium Halae* du Xe siècle ([1]), n'est aujourd'hui que le plus modeste des ruisseaux ; mais il y a vingt ans ses moulins tournaient encore, et l'on peut juger, à la largeur de sa vallée, qu'il devait avoir une réelle importance au temps où il écoulait les eaux de la forêt d'Arrouaise, dont le défrichement lui a été fatal.

([1]) Ann. Bened. T. III, app. f° 719, charte d'Albert le pieux.

Ces dispositions topographiques correspondent exactement à la narration de Sidoine Apollinaire, si l'on considère comme un défilé les deux coteaux de la Tortille s'abaissant en pente douce pour former une vallée large d'un kilomètre. Deux armées, combattant même à l'arme blanche, n'auraient pas eu toute facilité de s'y développer. Si le *vicus Helena* doit être placé à Allaines, il en faudra conclure que l'armée romaine est arrivée, comme celle des Francs, par le nord; c'est-à-dire qu'Aétius, accourant des bords de la Loire, serait parvenu à Augusta Veromanduorum, (Saint-Quentin) où deux voies de premier ordre pouvaient le conduire à son but : celle d'Amiens, dans le cas où Clodion eût déjà atteint cette ville; celle d'Arras, s'il était encore temps de lui barrer le passage en avant de la Somme. C'est cette dernière direction qu'il aurait prise. Après avoir dépassé Fines Atrebatum (¹), (Fins) qui servait vraisemblablement de limite entre les Nerviens, les Atrebates, les Ambiani et les Veromanduens, comme aujourd'hui encore entre les départements du Nord, du Pas-de-Calais et de la Somme, il aurait trouvé les Francs entrés en plein territoire des Atrébates. Marchant sur leurs traces, il serait tombé subitement, à huit kilomètres de là, sur Clodion, qui, livré aux délices d'une fête de famille, aurait négligé de s'éclairer à l'arrière, dans une contrée qu'il venait de trouver ouverte et sans défense.

A la première alerte, on enlève les apprêts du festin et en même temps on fait tête à l'assaillant ; mais les Francs sont obligés de plier et se retirent en désordre dans les rues d'Helena. L'étroite chaussée qui conduit au-delà de la rivière ne peut suffire à leur passage. De nouveau, ils font face à l'ennemi, et le combat redouble (*incressit*

(¹) Quâ patentes Atrebatum pervaserat.

Mavors). Majorien, à la tête de ses soldats, se jette dans le marais à l'aval du pont et par ce mouvement de flanc, s'empare des chariots ; du même coup la blonde épousée devient la proie du vainqueur. Il est à remarquer toutefois que les fuyards, dont la retraite était coupée vers le nord, auraient été ainsi refoulés en plein territoire romain. Les historiens qui pensent que l'armée franque, quoique momentanément vaincue par surprise, n'en continua pas moins de s'établir à Amiens et au nord de la Somme ([1]), trouveront dans cette circonstance une confirmation de leur opinion.

Si l'on suppose au contraire que les Romains ont attaqué Allaines du côté de l'est, soit qu'ils aient suivi la voie de Saint-Quentin à Arras, ou celle de Vermand à Amiens, ils auraient rencontré d'abord le carrefour du chemin de Péronne, puis la chaussée, le pont et le *vicus Helena*, qui de ce côté n'est plus disposé en arc. On a pensé il est vrai que *arcusque subactum* peut se traduire par : *exposé à la portée de l'arc* ([2]), suivant la version d'Hadrien de Valois ([3]). Les lieux se prêtent à cette interprétation, car le carrefour n'est qu'à deux cents mètres du village, dans lequel les Francs se seraient barricadés à la hâte, tout en étant exposés aux traits de l'ennemi. Plus loin le combat aurait repris une nouvelle ardeur, sur l'emplacement qu'on désigne comme un champ de bataille. Seulement dans ce cas, on ne trouve plus le *vicus Helena,* la rivière et la chaussée dans l'ordre où le poète les a énumérés ; mais en revanche, les Francs

---

([1]) Hincmar, vita St Remigii. — Sirmond. — Delgove, Hist. de Doullens, p. 29.

([2]) Lettre particulière de M. Vincent, à nous adressée, le 21 mars 1865.

([3]) Gesta veterum Franc. p. 131.

auraient été repoussés vers le nord, et c'est alors, selon d'anciennes chroniques (¹), qu'Aétius aurait repris sur eux tout ce qu'ils avaient enlevé à l'empire romain en deçà du Rhin.

Après ce simple récit, soigneusement élagué de tout ce qui peut appartenir au domaine de la fantaisie, faut-il conclure que le *vicus Helena* doit être placé à Allaines ? Il est difficile de se prononcer si l'on n'envisage qu'un seul côté de la question. Considérons en effet que Lens et Hesdin, pour n'en point citer d'autres, affichent des prétentions non moins exclusives à l'égard de leurs rivaux. Un chroniqueur local n'est pas en mesure de trancher ainsi une controverse, et d'ailleurs on peut dire que l'histoire n'a pas encore prononcé son dernier mot sur nombre d'évènements qui nous paraissent obscurs. Il se fait, de nos jours, des travaux immenses et des recherches historiques considérables ; l'empire romain, l'invasion des barbares, l'origine de la monarchie française sont l'objet des études constantes du monde savant. Sachons attendre sans trancher prématurément cette question, car la lumière n'est pas faite, et jusque là contentons nous de poser quelques jalons pour servir de guide à ceux qui nous suivront dans cette voie.

Il est notamment à propos de remarquer que Hesdin, Houdain, Olehain et surtout Lens et Evin semblent situés bien en dehors de l'itinéraire qu'a dû suivre l'armée franque pour occuper le nord de la Gaule. En effet Rorick (²) et Grégoire de Tours (³) font connaître que

---

(¹) P. Daniel, Hist. de F. préf. p. 3, d'après les chroniques de Prosper, Cassiodore et de l'évêque d'Idace.

(²) Gesta rer. Franc. T. III, cap. V, p. 4.

(³) Hist. lib. II, cap. IX.

Clodion, campé en Thuringe, envoya ses coureurs jusqu'à Cambrai ; puis ayant lui-même franchi le Rhin avec son armée, il entra dans la forêt Charbonnière et s'empara de Tournay. Les envahisseurs s'avançaient donc ainsi droit vers l'ouest ; ils prirent ensuite la direction du sud pour gagner Cambrai, où après avoir passé les Romains au fil de l'épée, ils séjournèrent quelque temps, et de là s'emparèrent de tout le pays jusqu'à la Somme. Certes ce n'est pas là la route d'Hesdin, et encore moins celle de Lens, qui doivent assurément subir le contrecoup de ce que les anciennes chroniques renferment de défavorable à leurs revendications. Or, la marche de Cambrai sur Hesdin, eût imposé à l'invasion un brusque détour vers le nord-ouest et impliquerait en même temps la prise de possession de tout le pays des Atrébates avec sa capitale *Nemetocena*, ce dont les historiens ne parlent pas. Le séjour de Clodion et de Merwig à Amiens paraît au contraire bien avéré ([1]) ; on peut donc penser que les Francs, après avoir quitté Cambrai, traversèrent une partie seulement du territoire des Atrébates avant d'envahir celui des Ambiens. Dans cette hypothèse, on ne manquera pas de remarquer que le village d'Allaines est précisément situé entre Cambrai et Amiens.

D'autre part, les historiens de l'avenir devront se préserver d'une trop grande crédulité au sujet des légendes dont on a entouré le récit de la bataille d'Helena. De nos jours les traditions qui se perdent dans la nuit des temps ne peuvent être acceptées qu'après un rigoureux contrôle, et il nous reste à démontrer l'exagération de celles qu'on a racontées au sujet d'Allaines.

Une vaste nécropole, a-t-on dit, a été découverte à

([1]) H. Vincent, considér. sur vicus Helena, p. 10.

Cléry, tout près du lieu de la bataille, et l'on laisse entendre que ces sépultures pourraient bien être la conséquence du massacre d'Helena.

A Allaines même, au fond d'une briqueterie, on aurait rencontré des ossements humains en si grande abondance qu'on les emportait à pleines voitures pour les conduire à une fabrique de noir animal; l'exploitation de la terrière dut en être abandonnée.

Des pointes de flèches et javelots en silex parsèment les environs.

Enfin, un camp romain fut établi à proximité d'Allaines.

Ces différents points donnent lieu aux observations suivantes :

Lorsqu'après une bataille meurtrière on procède à l'inhumation des morts, il est inadmissible qu'une tombe particulière soit affectée à chaque cadavre. On enterre les corps pêle-mêle, et il est douteux qu'on ensevelisse en même temps les bijoux, qui, pour n'être qu'en bronze, n'en avaient pas moins une grande valeur dans l'antiquité. Or, la nécropole de Cléry, située à quatre kilomètres d'Allaines, présente une suite de tombes séparées aussi innombrables qu'on le voudra, mais placées les unes à côté des autres. On en a retiré des ornements de bronze, des poteries et des monnaies romaines qui leur assignent une origine incontestable ; ce sont des sépultures, non pas franques, mais gallo-romaines, n'ayant aucune connexité avec la bataille d'Helena.

Au nord d'Allaines, dans la parcelle cadastrale n° 467 bis, sur la gauche du chemin de Bouchavesnes et immédiatement avant le carrefour dont il a été parlé plus haut, il existe une fosse d'environ un mètre cinquante centimètres de profondeur, produite par une ancienne extraction de terre à briques. C'est là l'emplacement du champ de bataille, où furent amoncelés, dit-on, des ossements humains en quantités innombrables. Cependant personne à Allaines n'a vu ces vestiges, et si l'on en parle, c'est par ouï dire. Comme la plupart des traditions populaires, qui, à la longue, associent presque toujours un tissu d'erreurs à un fonds véridique, celle-ci ne saurait être acceptée aveuglément. Si l'on considère en effet que la fabrication du sucre indigène est une industrie toute contemporaine, on ne peut faire remonter au-delà de la génération actuelle la découverte des ossements qu'on aurait transformés en noir animal. Comment ne se trouverait-il plus personne pour en témoigner ? D'ailleurs quelques sondages pouvaient lever tous les doutes. A cet effet, une fouille exécutée au point spécialement indiqué par les narrateurs de cette prétendue découverte, n'a donné que des résultats nuls ; il n'a été rencontré qu'un tout petit fragment de fémur humain, long comme le doigt, et presque entièrement consumé par le temps. Si tout le reste ressemblait à cet échantillon, les fabricants de noir animal n'ont pas dû trouver dans cet ossuaire les éléments d'un grand essor de prospérité. Qu'il y ait eu là des sépultures, cela semble incontestable, et l'on conçoit que la terre à briques, extraite dans de telles conditions, puisse être de mauvaise qualité. Si les ossements eussent été en aussi grand nombre qu'on a bien voulu le dire, le sol en conserverait encore des témoins accusateurs, et tout au moins l'analyse chimique décèlerait la trace de leur décomposition. Or cette terre, recueillie par échantillons divers, dans la terrière, et remise entre les mains d'un praticien, a donné les résultats suivants :

Traitée par l'eau, elle n'a cédé que quelques traces de matières organiques, ce qui prouve qu'elle ne contient pas d'humus.

Traitée par les acides faibles, elle laisse dissoudre une certaine quantité de fer, et n'annonce aucune trace de chaux.

Par les acides concentrés, une seconde partie de fer se dissout avec un peu d'alumine provenant de la décomposition de l'argile, ou hydro-silicate d'alumine. Le résidu, assez abondant, est de la silice pure.

En résumé, cette terre est uniquement composée de silicate d'alumine et de fer, uni à du peroxyde de fer. Quant au phosphate de chaux, qui n'aurait sans doute pas manqué de manifester sa présence après la décomposition partielle d'une montagne d'ossements, il ne s'en est montré aucune trace.

D'autre part, on ne saurait tirer argument, en faveur d'Allaines, de la grande quantité d'armes en silex qui se rencontreraient aux environs. Les peuples primitifs ne faisaient usage que d'armes de pierre ; mais l'âge de bronze a succédé à cette première époque et était lui-même passé depuis longtemps au moment de l'invasion franque. Il faut remonter seize siècles plus haut, et à Homère ([1]), pour entendre parler de guerriers revêtus d'armes d'airain. Toute équivoque est donc impossible sur ce point, et les Francs de Clodion n'ont pu semer sur les frontières des Atrébates des pointes de flèches et de javelots en silex, puisque leurs armes étaient en fer.

FRANCISQUES.

D'ailleurs de ces prétendus silex travaillés, il en faut rabattre encore bien plus que de la montagne

---

([1]) Iliade, liv. XIII, 497, 553 — XVI, 130, 328, 497. — Odyssée, liv. XXII, 92, 113, 125, 276, 278, 295 etc, etc.

d'ossements humains. Il est bien vrai que des fragments de silex jonchent le sol d'Allaines aux environs du champ de bataille ; cela n'a rien de surprenant, dans un sol essentiellement siliceux tel que le montre l'analyse. Plus on s'élève sur le coteau situé à l'ouest, plus aussi le nombre en augmente. On les foule à chaque pas, au lieu dit *la Couture*, et en quelques minutes on peut en faire une moisson prodigieusement abondante. Mais ces milliers d'éclats, tous semblables et presque d'égale grandeur, ne sont pas le produit de l'industrie humaine. Mélangés pêle-mêle avec des silex entiers et de même nature, ils sont tout simplement le résultat d'un clivage naturel produit par les chocs et les intempéries.

Enfin, un camp romain aurait été posé à proximité d'Allaines. Cela fût-il vrai qu'il n'en résulterait pas que ce village a succédé au *vicus Helena*. Bien plus, on n'est même pas d'accord sur le lieu qu'il aurait occupé. D'un côté on dit qu'il a été établi à mi-côte, entre le Mont-Saint-Quentin et Allaines, où il n'en reste aucune trace, pas même le souvenir ; de l'autre, on le fixe à cinq kilomètres d'Allaines, au château de Nul-s'y-Frotte. On a longtemps attribué exclusivement aux Romains, ou même à César, la plus haute personnification du nom romain dans les Gaules, la construction de tous les camps antiques dont les vestiges se sont conservés jusqu'à nos jours. L'archéologie ne se contente plus de ces vagues allégations, et aujourd'hui elle demande des preuves, parce que la castramétation romaine était soumise à des règles qui en font reconnaître les œuvres ([1]). Or il n'y a pas de trace de camp près d'Allaines, et avant qu'il ne fût question du *vicus Helena*, jamais aucun auteur

---

([1]) De Bailliencourt, congrès scient. à Amiens, en 1867, p. 536.

n'en avait parlé. Il est possible que dans le cours des temps quelque fortification éphémère ait été jetée sur les hauteurs du Mont-Saint-Quentin, si facile à défendre ; mais jamais les Romains n'ont laissé là le moindre vestige de leur passage.

Sur l'emplacement de Nul-s'y-Frotte, la question est plus difficile à résoudre, parce qu'il s'y trouve un ouvrage en terre qui ne se rencontre pas habituellement dans les châteaux du moyen-âge. Qu'on se figure un promontoire, s'avançant dans les eaux de la Somme en forme d'un vaste triangle ; sa base est une longue chaussée de douze cents mètres, qui se prolonge à peu près en ligne droite depuis l'Orgibet, jusqu'auprès de Cléry, en côtoyant la route de Péronne à Albert. Une étendue d'une soixantaine d'hectares tant terres que rideaux et marais, est ainsi circonscrite, et mise en état de défense. Pour former cette chaussée, que des plans anciens appellent *la levée*, on a creusé deux fossés collatéraux entre lesquels la terre des déblais a été rejetée, et l'on a obtenu un relief qui aujourd'hui ne s'élève pas même à un mètre de hauteur. Les Romains construisaient ainsi leurs camps de passage, en les couronnant d'une palissade de branches, avec cette différence cependant, qu'ils ne traçaient qu'un seul fossé extérieur. Ce n'est qu'après eux que divers peuples, même barbares, s'appropriant leurs usages, ont imaginé de former un second fossé intérieur offrant l'avantage de fermer plus promptement l'enceinte, parce qu'on pouvait employer à la fois deux rangs de travailleurs ([1]). Un camp militaire a-t-il jamais été établi en ces lieux ? Il serait plus facile de le dire que de le démontrer ; tandis qu'il est plus

---

([1]) G. Vallois, le camp de Haut-Brune, mém. de la Soc. des Ant. du Centre, 1875-1876, VIe vol. p. 88.

simple encore de considérer la levée comme un premier ouvrage de défense destiné à protéger le vieux château de Cléry. A-t-on découvert dans cette enceinte des armes, des bijoux, des sculptures, des monnaies indiquant le passage incontestable des armées romaines ? Jamais.

Certaines traditions locales doivent donc être absolument passées sous silence, parcequ'en essayant d'en tirer argument au profit d'Allaines, ce ne serait pas le moyen de fortifier l'opinion de ceux qui veulent y voir l'emplacement du *vicus Helena*.

CHAPITRE III

CHATEAU DE CLÉRY

andis que nous sommes au vieux château de Cléry, ou de Nul-s'y-Frotte, que lui a donné le langage populaire d'après la devise de la famille de Créquy, il conviendrait d'épuiser ce sujet, et de justifier encore mieux ce que nous venons de dire de la levée, afin de n'avoir plus à y revenir.

Les Péronnais éprouvent un attrait particulier pour ce lieu mystérieux, qui a joué un certain rôle dans le siège de leur ville en 1536. La tradition, si souvent trompeuse, parle même d'un souterrain communiquant avec la ville. On oublie que cette sortie eût été placée au dessous du niveau de l'eau et qu'elle aurait dû passer sous le lit même de la Tortille. Le capitaine Wibernal qui commandait le château en 1536 ([1]) n'aurait pas été si facilement la dupe

---

([1]) Dehaussy, *Journal de Péronne*, ms. f° 67, verso.

du comte de Nassau, s'il avait eu un moyen aussi commode de s'assurer que la ville n'était ni prise, ni pillée. Au surplus, nos anciens chroniqueurs, tous d'accord sur ce point, donnent à ce sujet des indications décisives en racontant l'arrivée des renforts que le maréchal de la Marck avait envoyés dès le commencement du siége.

Dehaussy s'exprime ainsi : ([1]) « Ces soldats réussirent « fort heureusement à se jeter dedans, après avoir passé « au côté du camp des ennemis, sans souffrir aucune « insulte, quoiqu'ils aient été poursuivis et essuyé une « grêle de coups d'arquebusades jusqu'à ce qu'ils y fussent « parvenus et entrés. »

Le P. Fénier est moins explicite ; il se contente de dire que : « celui qui commandait dans le château reçut du « secours fort à propos, malgré les efforts des ennemis, « qui avaient occupé toutes les avenues. »

Martin du Bellay raconte que : « le maréchal de la « Marck ordonna cent soldats pour s'aller mettre dedans ; « ce qu'ils firent, et passèrent à côté du camp des ennemis « sans dommage, mais non sans escarmouche par gens « du camp impérial qui les suivirent sur la queue. »

S'il eut existé un souterrain entre la ville et le château, rien n'eût été plus facile que d'envoyer cent hommes de renfort par cette voie secrète, à l'abri des coups d'arquebuses. Un certain nombre de forteresses avaient à la vérité des issues dérobées ; mais ce ne fut pas le cas du château de Cléry, dont le prétendu souterrain doit être relégué au rang des fables.

Quoiqu'il en soit, on révère dans la contrée tout ce qui touche au vieux château, en souvenir peut-être du bien qu'ont répandu autour d'eux ses anciens seigneurs

---

([1]) Id. d'après le manuscrit de Martin Devaux.

VUE DU VIEUX CHATEAU DE CLÉRY

et de la protection qu'ils étendaient au loin. Maintenant qu'il n'en reste plus pierre sur pierre, l'exagération a beau jeu pour peindre son ancienne importance. On en parle même comme de l'une des forteresses les plus imposantes de la féodalité. Il était cependant bien loin d'atteindre les colossales dimensions du château de Coucy. On peut en juger d'ailleurs par une vue intérieure dont le dessin original est conservé dans une famille de Péronne.

Le logement seigneurial était un bâtiment massif en pierres de taille d'environ quatorze mètres de large, du double en hauteur et d'une quarantaine de mètres de long. Trois corps de cheminées indiquent que, vraisemblablement, le rez-de-chaussée comprenait trois pièces principales, sans doute, la cuisine, la salle et la chambre du seigneur, contre laquelle était accolé un petit bâtiment accessoire servant peut-être d'oratoire à la châtelaine. Aux encoignures étaient suspendues des tourelles en encorbellement plutôt dans un but d'ornementation ou d'utilité intérieure que dans celui de la défense, car elles n'étaient percées d'aucune ouverture. Dans un avant-corps construit en bois et torchis se trouvait assurément une entrée du château, puis l'escalier montant à l'étage ; une galerie de bois flanquait le premier étage dans toute sa longueur. Des fleurons couronnaient les arêtes du toit ainsi que la pointe supérieure du pignon dans lequel ne s'ouvrait qu'une seule fenêtre, basse de forme, et coupée en deux par un épais meneau. Cette fenêtre devait être préservée des intempéries, comme celles du rez-de-chaussée, par un petit auvent de bois surmonté d'un pyramidion de pierre. La cour intérieure, fermée par une porte charretière à chacune de ses extrémités, renfermait en retour un petit bâtiment de service vraisemblablement destiné à l'usage du four et de la boulangerie, si l'on en juge par la place qu'occupe le corps de cheminée au milieu du toit. La façade principale était de l'autre côté et regardait très certainement la rivière.

Nous avons pu restituer dans son entier le plan de l'ancien château, à l'aide du métrage de son emplacement, confronté avec le plan cadastral et deux plans appartenant à la famille Fernet : l'un, dressé en 1830, par Alexis Coquerel ; l'autre, du 10 janvier 1747, fait par Alexis Coquerel, arpenteur royal juré, reçu au bailliage de Péronne, à la requête de Simon, Charles, Bernard, seigneur haut justicier voyer de la baronnie de Baillainvillers, de Cléry, Rougemont, Maurepas, Leforest et autres lieux, conseiller secrétaire du Roi, Maison couronne de France et de ses finances, demeurant à Paris, rue Vivienne, paroisse Saint-Eustache. En même temps nous avons utilisé la narration du chanoine de Saint-Léger ([1]), et la version de M. l'abbé Decagny ([2]) empruntée à Philippe le Convers, bien qu'elles soient inconciliables sur certains points.

La forteresse, bâtie sur pilotis, au bord de la Somme, comprenait avec ses fossés extérieurs une surface de cent quatre-vingts mètres de long sur cent vingt de large, et formait deux enceintes enveloppées l'une par l'autre. Elle se composait d'une première plate-forme quadrangulaire, haute de plus de six mètres, épaisse de dix sur le front nord-ouest, et ouverte en vue de la rivière, afin de ne pas masquer la vue du château du seul côté où aucune attaque n'était à craindre. Quatre tours protégeaient les quatre angles ; celle qui se trouvait au nord-ouest, près du pont-levis, mesurait environ vingt mètres de diamètre ;

([1]) Essais, p. 146.
([2]) Hist. de l'arr. de Pér. T. I, p. 217.

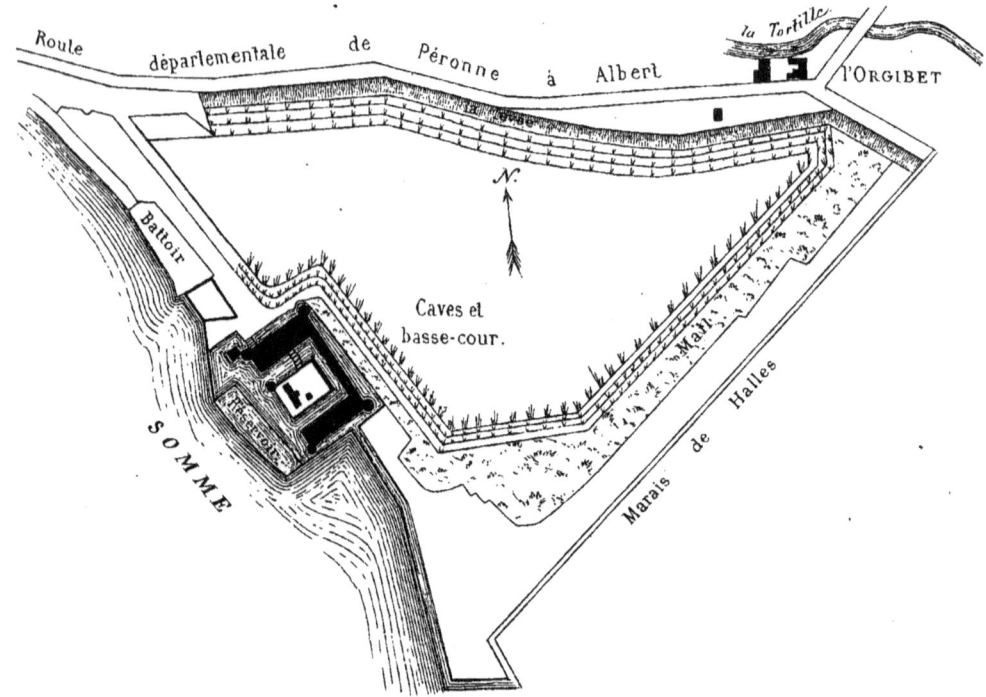

Plan du vieux Château de Cléry.

l'entrée était en outre défendue par une tour carrée de quatorze mètres de côté vraisemblablement ajoutée après coup. Sur la muraille extérieure, la place était renforcée par plusieurs tourelles en encorbellement.

La difficulté de cette construction consistait bien moins dans l'épaisseur de sa maçonnerie que dans l'assiette des fondations destinées à supporter une masse aussi pesante au milieu des alluvions de la Somme. Aussi est-ce peut-être par économie de plantation d'un grand nombre de pilotis qu'on ne retrouve plus les fondations que d'une seule des tours de l'enceinte intérieure ; celles des trois autres angles étaient sans doute posées en encorbellement.

C'est au milieu de la seconde enceinte, protégée elle-même par quelques tourelles intermédiaires que se rencontraient, avec l'habitation seigneuriale, une grande cour carrée, une place d'armes de soixante pieds dans sa plus grande longueur, et sans doute aussi des casernes pour la garnison. Il n'est d'ailleurs pas dificile de contrôler le nombre de tours qu'y a comptées jadis le chanoine de Saint-Léger. La première enceinte en possède cinq, dont les fondations sont encore ouvertes ; ajoutons y trois tourelles en encorbellement sur chacune des trois faces fortifiées, quatre aux angles de la seconde enceinte, deux en encorbellement sur chacun des trois côtés, enfin, les quatre poivrières du logis intérieur et nous arriverons précisément au chiffre de vingt-huit, indiqué par de Sachy ([1]).

Le vieux château de Cléry était une solide forteresse ;

([1]) Ed. Hiver possédait une vue idéale de la restauration de Nul-s'y-Frotte, dont il avait bien voulu nous laisser prendre copie ; mais le dessin ne répond pas à la description du chanoine de Saint-Léger reconnue exacte dans ses parties essentielles. Nous n'avons donc pu tenir compte de cet essai.

mais il n'a jamais pu se prêter à renfermer une garnison de 3,000 hommes, comme on l'a prétendu. Un enclos d'une soixantaine d'hectares y donnait en outre un complément de charme et d'utilité. Au dessous de la façade principale, se trouvait un réservoir à poissons ; au nord un jeu de battoir ; au sud un jeu de mail. Une triple rangée d'arbres permettait de faire, à l'abri du soleil, le tour d'un vaste parc triangulaire, en côtoyant des prairies, des bois, des champs et les eaux vives de la Somme. Là étaient les caves du château, c'est le plan de 1747 qui nous l'apprend, ainsi que la basse-cour, au dire du chanoine de Saint-Léger. Ces dépendances ne pouvaient rester à la merci de tous les maraudeurs, à une époque où la campagne présentait aussi peu de sécurité ; c'est pourquoi la levée elle-même formait la clôture avancée de cette enceinte. La plateforme en fut probablement couronnée par une haie vive, dont les rejetons l'ont couverte de bois. Le plan de 1747 en témoigne, et même ce qui en reste de nos jours, environ la moitié, est encore en nature de taillis.

Il ne faudrait donc pas prétendre que la levée est une œuvre des Romains. D'ailleurs, le chanoine de Saint-Léger l'a déjà dit : « Une levée de cran l'environnait en dehors « depuis la Somme, du côté de Halles, jusqu'à la même « rivière du côté de Cléry... » M. l'abbé Decagny a répété après lui : « qu'un retranchement en forme de demi « lune l'environnait des deux bords de la Somme, vers « Halles et Cléry.... » En un mot, les historiens locaux sont d'accord à ce sujet, et la levée doit incontestablement être considérée comme un ouvrage de fortification du moyen-âge.

La seigneurie de Cléry appartint successivement à diverses familles (¹) qu'il n'entre pas dans notre plan

---

(¹) De Cagny, Hist. de l'arr. de Pér. T. I. p. 213. — La Chesnaie-

d'énumérer. Celle des Créquy, la plus illustre d'entre elles, avait acquis ce domaine par une alliance avec les Saint-Simon, qui, eux-mêmes, l'avaient obtenu à la faveur d'une précédente alliance avec la famille de Bisches. Quant à celle-ci et à son château, voici ce qu'en dit Commines ([1]):

« Quand Péronne se soumit à l'obéissance de Louis XI
« (1477) la ville était tenue par Guillaume de Bisches,
« homme de fort petit état, natif de Molin-Engibert en
« Nivernais, qui avait été enrichi par le duc de Bourgogne,
« qui avait baillé cette place entre ses mains parce que
« sa maison, appelée Clary, était auprès de là ; laquelle
« messire Guillaume de Bisches avait acquise, et y avait
« fait un fort château et beau. »

Tel est, en peu de mots, l'acte de naissance du vieux château de Cléry ; il a été bâti avant 1477 par Guillaume de Bisches, gouverneur de Péronne, Montdidier et Roye, au temps du duc de Bourgogne, et qui fut maintenu dans ces mêmes fonctions par Louis XI, suivant lettres de provision données au Plessis-lès-Tours ([2]) le 28 juillet 1481. Nous indiquerons avec plus de précision encore la date de sa ruine.

On sait que Louis XIV, pénétré du désir de fonder la monarchie absolue en sa personne, ne négligea rien pour détruire le régime féodal. La démolition des châteaux fut un des moyens qu'il employa, et la forteresse de Nul-s'y-Frotte fut une des victimes de la jalousie de son pouvoir.

Un chroniqueur local nous en a conservé le souvenir dans les termes suivants ([3]):

des-Bois, Dict. de la nobl. V. Cléry-Créqui, Bernard de Balainvillers, Biche-Cléry.

([1]) Mémoires, T. I, liv. 5, ch. 15, p. 393.

([2]) Dehaussy, mss, d'après les titres et priviléges de la ville, T. II, p. 172.

([3]) Dehaussy, Journ. de Pér. ms. fol. 194.

« Au commencement du mois de décembre 1659, l'on
« a commencé à démolir de fond en comble le château
« de Clary, par ordre exprès du roi, apporté par le sieur
» Cuvillier, accompagné de six archers. A quoi l'on a
« travaillé jusqu'à la moitié du mois de février 1660, et
« employé vingt-deux milliers de poudre pour le faire
« sauter. »

Un siècle plus tard, tant il était solide, malgré la ruine et les injures du temps, le chanoine de Saint-Léger pouvait encore compter le nombre de ses tours. Aujourd'hui il n'en reste plus rien ; les matériaux ont été enlevés pièce à pièce, et l'on n'y retrouve plus que la trace indécise de ses fossés et de ses fondations, parsemée de quelques pierres et briques errantes.

CHAPITRE IV

VOIES ANTIQUES

'IL est permis de penser que Sobotécluse remonte à l'époque gauloise, l'origine de Péronne au contraire ne peut être fixée au-delà du règne des Mérovingiens. Longtemps le territoire de la ville n'a été qu'un simple lieu de passage pour les populations voisines ; les chemins qui le traversent en fourniront la démonstration.

On ignore encore à quels signes on peut distinguer les chemins gaulois. « Il est bien difficile, dit M. de « Caumont (¹), de reconnaître aujourd'hui ces anciennes « voies, faites sans art, et qui n'avaient pas de caractères « tranchés comme les voies romaines. »

M. Peigné-Delacourt a fait de cette question une étude spéciale (²) et a démontré que les chemins gaulois sont profondément encaissés au milieu des terres. On conçoit en effet que des voies de communication, foulées sans discontinuité depuis un incalculable nombre de siècles et sillonnées d'ornières, s'approfondissent peu à peu, surtout si la pente du sol permet aux eaux sauvages d'y

---

(¹) Cours d'Ant. mon. T. I p. 201.
(²) Mém. de la Soc. des Ant. de Pic. T. IX, p, 425.

trouver un prompt écoulement au sein de terrains faciles à désagréger. Telle est l'origine de ce qu'on appelle une *cavée*; la Picardie en renferme un très-grand nombre, partout où un vieux chemin franchit une pente un peu sensible. Faut-il en outre, ainsi que le savant M. Peigné-Delacourt, considérer comme gaulois tout chemin au fond duquel on pourra constater une largeur de voie de un mètre cinq centimètres? Il doit être permis de ne pas accepter cette constatation comme un argument irrésistible, si l'on songe que chaque province a eu ses usages particuliers d'ailleurs variables d'âge en âge. Aujourd'hui qu'une législation rigoureuse fixe le maximum de longueur des essieux, le charriot de Lorraine ne donne pas encore le même frayé que celui de Picardie. Il ne paraît donc pas prudent d'accorder une réelle importance à ce caractère.

On sait, au contraire, que les grandes voies romaines se distinguent par leurs hautes chaussées de pierres, de cailloux, de terre et même de maçonnerie. Des chemins d'une importance secondaire avaient été en outre construits en grand nombre, pendant l'occupation romaine, mais avec beaucoup moins de solidité et de relief. On les appelait *voies vicinales*. (¹) M. l'abbé Decagny a fait observer avec raison (²) que les pièces de terre ne sont jamais divisées par les voies romaines comme par les chemins modernes. C'est qu'en effet tracées à une époque où la Gaule était couverte de forêts et de pâturages, elles n'ont point morcellé le territoire comme le ferait aujourd'hui l'ouverture d'un chemin vicinal au milieu des champs cultivés. La construction des voies romaines a certainement

---

(¹) Digeste, lib. VIII, tit. III; lib. XLIII, tit. VII.
(²) Hist. de l'arr. de Pér. T. I. p. XXXVIII.

favorisé le défrichement des terres vaines et vagues en procurant à celles-ci un accès commode. Peu à peu la propriété foncière s'est constituée ; les parcelles mises en culture et transmises de main en main, se sont maintenues telles qu'elles étaient à l'origine, si ce n'est qu'elles ont été successivement divisées pour suffire aux exigences d'une population plus nombreuse. Les terres placées sur le bord d'un chemin se fractionnent, dans les partages de famille, sans souci des séparations qui peuvent exister sur l'autre bord, et comme il convient naturellement de donner un facile débouché à toutes les subdivisions nouvelles, les lignes séparatives se dirigent presque toutes vers le chemin et représentent sur ses rives la figure irrégulière d'une arête de poisson.

Il faut remarquer en outre que les voies romaines servent fréquemment de limites entre les territoires de communes voisines. C'est là une conséquence même de leur antiquité, puisqu'elles ont existé bien longtemps avant la formation des paroisses, et que leurs solides chaussées offraient, aussi bien que les rivières, un moyen de délimitation très-apparent. La chaussée Brunehaut d'Amiens à Vermand joûte ainsi successivement et sans exception toutes les communes qu'elle touche dans l'arrondissement de Péronne, depuis Proyart jusqu'à Pœuilly. A défaut de chaussées, on dut se résigner souvent à prendre pour bornes des frontières moins ostensibles, et c'est pourquoi un vieux chemin marque fréquemment la fin d'un territoire.

On devra donc reconnaître une origine antique aux chemins ruraux plus ou moins encaissés, à travers lesquels les parcelles de terrain ne chevauchent pas d'une rive à l'autre, et qui forment limites de territoires. Ces différents caractères démontrent, en effet, qu'à l'exemple des voies romaines, ils existaient antérieurement au défrichement du sol et à la formation des paroisses, dont nos communes sont issues.

Tels sont les principes à l'aide desquels on peut étudier les divers chemins qui convergent vers Péronne.

I. GRAND CHEMIN D'ARRAS

Dom Grenier ([1]) considère comme un véritable chemin romain le large chemin vert tracé en ligne droite de Rumigny au grand Séraucourt (Aisne), qu'on nommait le *chemin d'Arras*. Il traversait la Somme pour passer au petit Séraucourt et gagner Etreillers ou Beauvois, tel qu'il est tracé sur la grande carte de France. Là, faisant un coude, il aurait suivi la chaussée de Saint-Christ (chaussée bien hypothétique), et vers Athies il en faisait un autre pour traverser l'Aumignon, la chaussée de Saint-Quentin à Amiens et le terroir de Bruntel, au sujet duquel plusieurs titres indiquent son passage. Après avoir franchi la rivière de Doingt, laissé Péronne à gauche et le Mont-Saint-Quentin à droite, la chaussée gagnait Cléry, puis Encre, en se poursuivant entre Carnoy et Bécordel.

Ce chemin figure, ainsi tracé, sur la carte de Cassini ([2]) et nous aurions plus d'une occasion de remarquer que Dom Grenier, qui, au milieu de ses immenses travaux historiques, n'a relevé qu'accessoirement ce qui touche aux voies romaines de la Picardie, a peut-être accepté avec une complaisance trop entière les indications de la grande carte de France de son temps, pour suivre ses directions. Dans tous les cas il compose son chemin d'Arras avec les tronçons de voies bien différentes les

---

([1]) Introd. à l'hist. de Pic. p. 471.
([2]) 5, J. — 4. J.

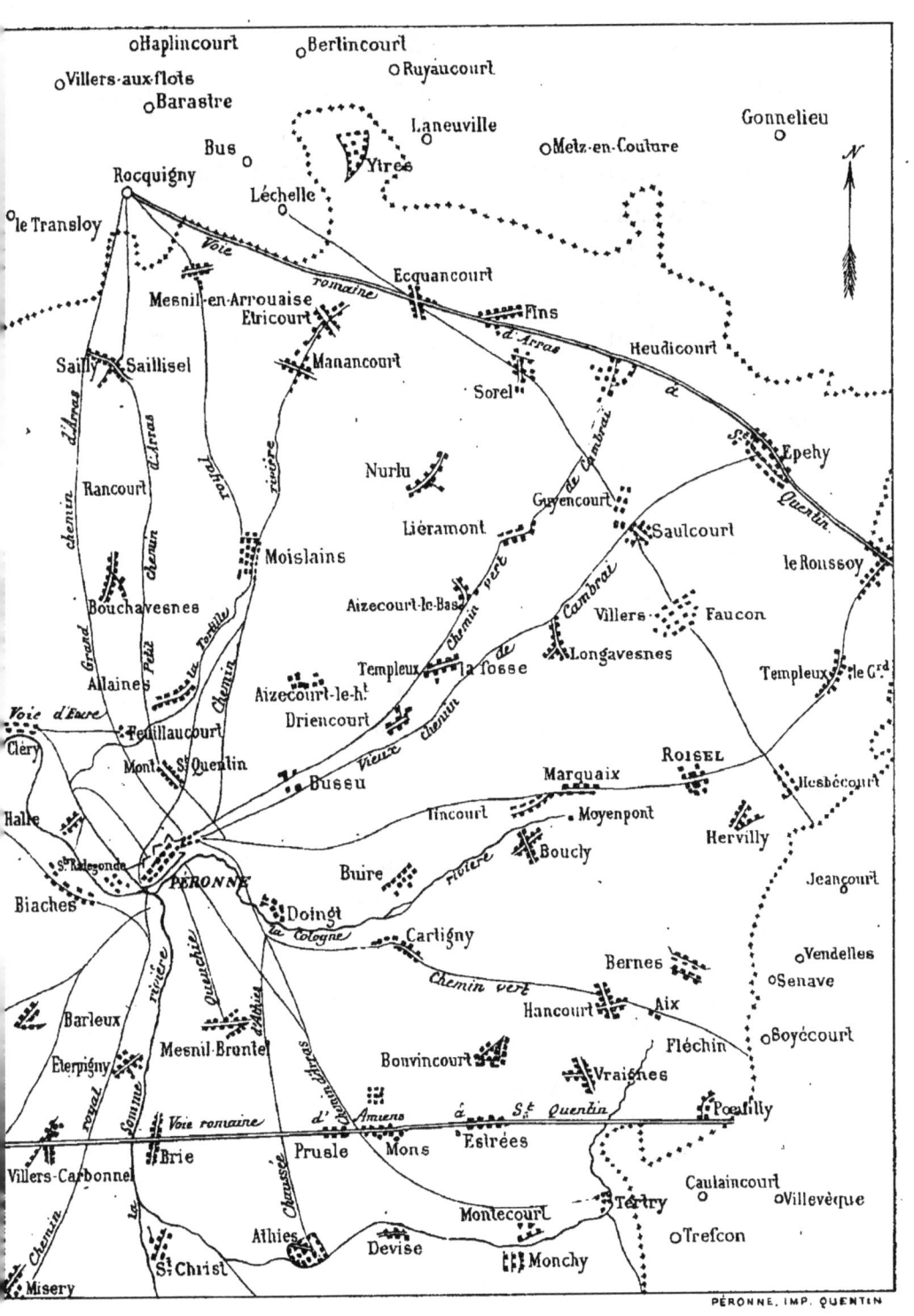

Carte des Voies antiques aux abords de Péronne   1 à 160.000.

unes des autres, et il est surtout surprenant que le savant bénédictin, qui prend le chemin d'Arras à Rumigny, arrive, non pas à Arras, mais à Encre. Il ne sera pas nécessaire d'étendre nos recherches au-delà de l'arrondissement de Péronne, pour rectifier ce tracé défectueux.

Le chemin d'Arras, venant de Rumigny et parvenu à Beauvois, suivait la vieille route de Péronne à Saint-Quentin ([1]), dont il ne reste plus que de rares tronçons depuis qu'on a construit la route départementale n° 2. Il franchissait l'Aumignon et après avoir traversé Tertry, il se poursuivait par le chemin de Mereaucourt ([2]) pour se diriger sur Péronne en passant du moulin de Bellezaize à la rue d'Enfer. Il se prolongeait ensuite par Feuillaucourt, Rancourt, Sailly, Rocquigny, jusqu'à Arras.

([1]) Il est possible que le chemin d'Arras ait passé par Monchy plûtôt que par Tertry ; la ligne est en effet plus courte dans cette direction.

([2]) Le chemin de Mereaucourt ne coupe aucune parcelle sur le territoire de Monchy, même dans sa prolongation sur Péronne ([a]). Sur Mons-en-Chaussée il est appelé *chemin Marquant* ([b]) ou *chemin de la Croix-Saint-Claude* ([c]), passe entre Mons et Prusle et avant d'arriver à la chapelle d'Emme, se sépare en deux branches. Celle de gauche, sous le nom de *petit chemin de Mons à Péronne*, traverse la route moderne de Ham, puis Flamicourt ; il entre à Péronne vers le moulin de Belzaize, après avoir touché le canton dit *le chemin Vert*, comme à Rumigny ([d]). Son prolongement au delà du faubourg de Bretagne se retrouve à la sortie de la rue d'Enfer. L'embranchement de droite, ou *grand chemin de Mons à Péronne* ([e]), passe au lieu dit *la Haute Borne*. La borne elle-même existe encore ; elle est au milieu d'un champ entre le grand et le petit chemin de Mons et n'est point une borne

([a]) *Plan cadastral.* — *Arch. de la Somme, plan terrier de Monchy.*

([b]) *Arch. de la Somme, plan terrier de Mons.*

([c]) *Plan cadastral de Mons-en-Chaussée.*

([d]) *Plan cadastral de Doingt.* — *Plans particuliers de M. Maréchal et de M. Leroux.*

([e]) *Plan cadastral de Mesnil-Bruntel.*

Dans ce parcours, il est tout-à-fait extraordinaire de rencontrer à Doingt un tronçon nommé : *Chemin de Saint-Quentin à Arras*. Un tel détour est inadmissible pour une voie romaine qui eût d'ailleurs fait double emploi, car on sait que Saint-Quentin et Arras étaient reliés directement par une haute chaussée bien connue, passant par le Ronssoy, Epehy, Fins, etc... Si l'on réunit ces deux villes par une ligne droite, il est facile de voir que Doingt s'écarte considérablement de la ligne directe. La voie la plus courte ne serait même pas la chaussée Brunehaut elle-même, mais passerait plutôt par Hesbécourt, Villers-Faucon, Saulcourt, Guyencourt, Sorel, Plouy, Equancourt, Léchelle, etc... Or, entre toutes ces communes, il existe précisément un chemin extrêmement droit, qui ne porte

milliaire comme son nom pourrait le faire supposer. C'est une pierre brute qui servit sans doute, sur ce point culminant, de limite seigneuriale au *Château-Joli*, jadis situé près de là, et dont il ne reste plus vestiges. Le vieux chemin, après avoir côtoyé Mesnil-Bruntel, Cartigny et Doingt, est nommé sur ce dernier territoire, (f) *chemin de Saint-Quentin à Arras*. Nous suivons donc bien là un chemin d'Arras. Il se confond avec la route de Ham à Péronne jusqu'à *la Croix-Saint-Claude*. Là, il reparaît un moment sur la gauche pour rejoindre de nouveau la route moderne à son dernier coude avant le passage de la Cologne et se poursuivre avec elle jusqu'à l'entrée de Péronne. On ne doit pas perdre de vue que ce chemin est antérieur même au faubourg de Bretagne qui en a recouvert l'emplacement ; et pour en reprendre la direction, il faut se transporter au delà des fortifications et de la sortie de la rue d'Enfer, où les deux branches du chemin de Mons, dès lors réunies, suivent une profonde cavée qui monte vers le nord-ouest. On traverse ainsi la sole du *Vieux Chemin*. Le cadastre d'Allaines appelle cette cavée : *chemin d'Albert à Péronne*, tandis qu'elle est encore connue des habitants de Sainte-Radegonde sous le nom de : *vieux chemin d'Arras*. Dès qu'on a dépassé le chemin de Péronne au Mont-Saint-Quentin et à Bertincourt, le chemin n'est plus creux et morcelle aussitôt toutes les parcelles voisines. Le suivre davantage serait faire

(f) *Plan cadastral de Doingt, partie développée, sect. B.*

cependant pas au cadastre le nom de chemin d'Arras, mais qui limite un grand nombre de territoires, notamment ceux de Hesbécourt, Roisel, Villers-Faucon, Guyencourt, Heudicourt, Liéramont, Sorel. C'est évidemment un chemin antique et il n'est pas téméraire de le considérer comme la voie primitive qui reliait Arras à Saint-Quentin.

La route départementale n° 2, de Péronne à Saint-Quentin, occupe presque partout l'assiette d'un chemin ancien qui la côtoie encore en certaines places, sous le nom d'ancienne route de Saint-Quentin à Péronne. A Tertry, cette vieille route suit une cavée pour descendre dans le village, et ne rejoint la route moderne qu'après le passage de l'Aumignon. Elle fut le théâtre d'un évènement considérable, en 687, lorsque Pépin d'Héristal occupa

fausse route, car sa prolongation primitive a été supprimée. Il côtoyait la limite séparative de Sainte-Radegonde et du Mont-Saint-Quentin, et, en allant droit vers Feuillaucourt, la trace en devient évidente après les deux moulins entre lesquels il devait descendre dans la vallée, par un large ravin qu'on y voit encore au milieu des terres. Après le chemin d'Halles à Allaines, on le retrouve profondément encaissé et montant au nord sous les noms de (g) : *chemin d'Arras, Vieux Chemin, chemin de Péronne à Albert.* C'est assurément le nom d'Albert, deux fois répété à petite distance, qui a dérouté Dom Grenier, et l'a fait conduire sa voie d'Arras à Encre. Laissons, pour le moment, cette dernière direction sur laquelle nous aurons à revenir. Quant au véritable chemin d'Arras la recherche n'en est pas facile ; en touchant le territoire de Bouchavesnes, au rideau Maridieu et au bois Saint-Fursy aujourd'hui défriché, il a complètement disparu sous la culture moderne. Son prolongement doit être rétabli fictivement dans la direction de Rancourt. Là, se confondant avec la grande route de Bapaume, qui, jusque là, coupait toutes les parcelles en sa qualité de route moderne, il gagne Sailly-Saillisel, puis sous la forme d'un chemin creux qui limite la Somme et l'Artois, ainsi que les anciens diocèses de Noyon et d'Arras, il passait à Lamotte-Béranger, puis à Rocquigny, en poursuivant ensuite son trajet dans l'Artois jusqu'à Arras.

(g) *Plan cadastral d'Allaines.*

Tertry, avant de marcher contre l'armée de Bertaire qu'il tailla en pièces. Le chemin de Cauvigny, qui dut alors servir de retraite aux fuyards, a conservé le nom de *chemin des Morts*.

Nous reviendrons sur ce sujet ; mais il importe particulièrement de remarquer, dès ce moment, que l'ancienne route de Péronne est, avec le chemin de Mereaucourt ou *chemin d'Arras*, le seul chemin du territoire de Tertry qui ne coupe pas de parcelles, tandis que le *chemin des morts*, où s'est livré le principal effort de la bataille de 687, en morcelle un nombre considérable. Voilà donc un chemin de l'époque mérovingienne qui manque de l'un des caractères essentiels aux chemins antiques. Quant à l'ancienne route elle-même, si ancienne qu'elle soit, elle ne passe pas par Mons, mais par Cartigny, pour gagner Doingt ; elle n'appartient donc pas au *chemin de Saint-Quentin à Arras* que nous cherchons.

Il faut en dire autant du *chemin vert* traversant Cartigny, Hancourt, Aix, Fléchin, qui limite plusieurs communes, et fut assurément un des vieux chemins de Péronne à Saint-Quentin.

D'autre part, on ne saurait douter de l'existence de ce chemin d'Arras très expressément désigné à Doingt, et aussi à Etreillers (Aisne), où l'on trouve la *voie d'Arras* ([1]), dans la direction de Beauvois.

Il faut donc admettre qu'il sortait de Saint-Quentin par le faubourg Saint-Martin, pour passer à Etreillers, puis à Beauvois, où il se confondait jusqu'à Doingt avec le chemin d'Arras que nous venons de suivre en compagnie de Dom Grenier depuis Rumigny et Séraucourt.

On pourrait penser qu'ils ne se séparent plus l'un de

([1]) Plan cadastral d'Etreillers.

l'autre jusqu'à Arras, mais il est loin d'en être ainsi. Après avoir franchi la Cologne à Doingt, là où la route de Ham en a effacé la trace, une bifurcation s'en détache vers la droite, non loin de la pierre dite de Gargantua, et sous le nom de *chemin d'Arras* ([1]), passe à la fontaine Villette ([2]), au Mont-Saint-Quentin, à Saillisel, à Rocquigny, pour gagner Arras. C'est bien là un véritable *chemin d'Arras*, puisque, depuis Etreillers, ce nom se trouve jalonné par les cadastres communaux sur plusieurs points de son parcours.

A la vérité les deux chemins d'Arras, venant de Rumigny et de Saint-Quentin, se confondent l'un dans l'autre depuis Beauvois jusqu'à Doingt, où ils se divisent de nouveau pour gagner l'Artois. Si nous avons dirigé celui de Rumigny par Feuillaucourt, c'est pour nous conformer au sentiment de Dom Grenier qui le fait passer entre Péronne et le Mont-Saint-Quentin ; mais il n'est pas douteux qu'à

([1]) Doingt, plan d'assemblage du cadastre.

([2]) Ce chemin se déprime légèrement à son origine, ne coupe aucune parcelle, et est parsemé de petits fragments de grès. En approchant du chemin vicinal de Péronne à Roisel, on rencontre une borne d'une forme inusitée ; c'est une pierre cubique surmontée d'un autre cube plus petit. Elle se trouvait jadis sur le bord de la route de Ham, et fut changée de place il y a peu d'années. Sur plusieurs points du territoire, il s'en voit plusieurs autres du même genre, qui bornaient autrefois la seigneurie de Doingt. Elles sont connues sous le nom picard de *pierres à pothieu*, parce qu'elles étaient couronnées, dit-on, d'un poteau supportant les armes du seigneur. A partir de la route de Roisel, le chemin d'Arras se creuse de plus en plus, longe la fontaine Villette (les Oseraies) aujourd'hui tarie, où il forme la limite séparative des territoires de Péronne et de Bussu, en prenant le nom de *petit chemin d'Arras*. (a) Il gravit ensuite le Mont-Saint-Quentin en formant la rue principale sur laquelle sont bâties les maisons de ce village et l'abbaye qui fut fondée au milieu du VIIe siècle Le

(a) *Plan cadastral de Péronne.*

Doingt le voyageur avait à choisir la bifurcation qui lui convenait le mieux.

II. CHEMIN ROYAL OU VOIE DES SAINTS

A la fontaine Villette, la voie est appelée *petit chemin d'Arras*, par le cadastre de Péronne. Cette dénomination suppose une autre voie plus importante ; c'est encore Dom Grenier qui nous mettra sur sa trace, en nous faisant connaître la voie de Noyon à Arras (¹), par Nesle, où plusieurs titres la qualifient de *Calciata*.

De Nesle à Péronne, la chaussée est nommée *chemin royal*, par deux titres de 1241 et de 1304. Elle coupait, dit Dom Grenier, celle de Saint-Quentin à Amiens entre Brie et Villers-Carbonnel, sortait de Péronne par la porte Saint-Nicolas, passait la rivière d'Halles vis-à-vis Feuillaucourt, traversait la forêt d'Arrouaise au Tronc-Béranger, touchait l'abbaye d'Arrouaise où elle est appelée *stratam publicam* en 1097, de là à Villers-au-Flot, où elle se joint à la chaussée qui conduit de Saint-Quentin à Arras.

chemin, dont l'antiquité se trouve ainsi attestée, passe au Vivier, franchit la Tortille, suit le chemin de Louette et sur Bouchavesnes se divise en deux branches. L'une prend le chemin de Péronne à Sailly et celui du bois de Saint-Pierre-Wast, pour aboutir à Saillisel après avoir côtoyé les bois. L'autre part de Bouchavesnes, sous le nom de *chemin du chêne Mahuet*, traverse la vieille motte, côtoie le bois de Saint-Pierre-Wast en prenant le nom de *chemin d'Arras*. (b) Il limite à la fois Bouchavesnes, Rancourt et Sailly. Après avoir touché la grande route, il laisse sur la gauche un lieu dit *vallée d'Arras*, puis, entre comme le précédent dans Saillisel par la rue de Péronne De là, les deux branches réunies suivaient le chemin creux qui conduit à Rocquigny, pour continuer son trajet dans l'Artois jusqu'à Arras.

(¹) Introd. à l'hist. de Pic. p. 492.

(b) *Plan cadastral de Bouchavesnes.*

En d'autres termes, au nord de Péronne, c'est la ligne que nous venons de suivre par Feuillaucourt, le bois Saint-Fursy et Sailly-Saillisel, pour gagner l'Artois. On peut à bon droit s'étonner, puisque cette direction a été connue de Dom Grenier, qu'il n'ait pas conduit de ce côté sa voie de Rumigny à Arras, au lieu de la mener à Encre. Quoiqu'il en soit, le savant bénédictin joue de malheur avec Péronne, et s'il s'en approche, c'est pour faire fausse route, comme il reste à le démontrer.

Le grand chemin de Nesle à Péronne existe encore dans toute son étendue, sauf aux abords de cette dernière ville où il est noyé sous la route de Flandre. Il passe par le petit Mesnil, Potte et Licourt, dénomination que Dom Grenier considère comme indicative d'une chaussée romaine, parce que sa racine se trouverait dans Lia, qui marque une voie large. On pourrait faire observer qu'une voie large n'est pas nécessairement une chaussée, et d'ailleurs, ce village fut anciennement appelé *Brescort*, *Luscort* en 1103 et aussi Lehericurt en 1254 ([1]), noms dont la source serait bien différente. On peut en dire autant d'Eterpigny qu'on appelle *Sterpigniacum* en 660, *Sterpignolium* en 1150 ([2]), et dans la désignation duquel le mot *Strata* semble n'entrer pour rien. Il n'y a donc pas à tirer argument de ces étymologies, comme l'a pensé Dom Grenier.

Au delà de Licourt, la voie passe près de Misery, à Eterpigny et rejoint ensuite la route de Flandre pour traverser Sobotécluse. En 1260, sa présence en ce lieu est attestée par un arrêt du parlement, rendu après

---

([1]) Garnier, Dict. Top. de la Somme. — Decagny, Hist. de l'arr. de Pér. T. II, p. 581.

([2]) Ib. T. I, p. 235.

enquête de Dreu de Bray, bailli d'Amiens, entre le roi d'une part, et les frères hospitaliers d'Eterpigny d'autre part, qui réclamaient indûment la haute justice du chemin par lequel *on va de Noyon à Péronne*, même sur le chemin d'Amiens à Saint-Quentin, jusqu'à la léproserie située à l'entrée de la ville de Péronne vers Eterpigny ([1]).

Péronne fut longtemps, non une ville, mais une résidence princière renfermée par des murailles et au travers de laquelle il n'était sans doute pas loisible aux étrangers d'aller et de venir à leur guise. La voie d'accès, comme au camp romain de Vermand, ainsi qu'auprès de tous les châteaux forts du moyen-âge, touchait à ses portes sans les franchir et contournait assurément son enceinte. Au surplus, le chemin royal est plus antique même que la forteresse, et si l'on se reporte par la pensée à l'époque où les travaux des ponts-et-chaussées n'avaient pas adouci, dans une certaine mesure, la rapidité de la côte, lorsque les moulins n'existaient pas encore, et que la Somme, placée à trois mètres plus bas, venait envelopper le pied du coteau, on imaginera facilement la difficulté que devait offrir l'escalade du Mont-des-Cygnes au passage des voyageurs. Très-certainement le transit ne s'effectuait pas par le sommet de la montagne et d'ailleurs, on en trouve encore aujourd'hui le débouché le plus naturel, par les rues du Moulinet et Mollerue, situées jadis en dehors de l'enceinte.

La principale branche du chemin royal suivait la rue Mollerue, en contournant le Mont-des-Cygnes malaisé à franchir ; elle se continuait par la *cauchie du Gladimont*, dont nos archives ont conservé le souvenir ([2]), qui

---

([1]) Olim, T. I. p. 120. — Arch. nat. Inv. et doc. Tom I, n° 502, p. 44.

([2]) B. B. I. f° 21, 22.

présente un accès facile sur le plateau occupé maintenant par la grande place et la rue Saint-Sauveur. Débouchant ensuite sur les glacis du faubourg de Bretagne, elle croisait le grand chemin d'Arras sortant par la rue d'Enfer, et suivait le tracé de la *rue Verte*, qui semble, à vol d'oiseau, être le prolongement direct de la rue Mollerue. La voie côtoyait ensuite le cours de la fontaine Villette, et après en avoir dépassé la source au petit chemin d'Arras, elle s'inclinait un peu sur la gauche, et se dirigeait vers Moislains avec une largeur de douze mètres encore reconnaissable sous les cultures modernes, avec le nom de *chemin d'Arras* ([1]), formant limite des territoires de Bussu et d'Allaines.

Une seconde branche, effacée par les murailles et les fossés de la ville, sortait par la rue du Moulinet pour arriver justement en bas des petits jardins du Quinconce, à l'origine du chemin vicinal de Péronne à Bertincourt. Traversant alors les jeux de paume modernes, elle pouvait à volonté, ou se fusionner avec le grand chemin d'Arras par Feuillaucourt et Rancourt, ou au contraire poursuivre vers le Mont-Saint-Quentin, puis Allaines, où elle formait carrefour avec le chemin de Bussu, et de là gagner Moislains.

C'est bien là le *chemin royal*; on n'en saurait douter, car on le retrouve au delà de Moislains avec ce même nom de *chemin royal* ([2]). Il pénètre dans les bois, entre à Mesnil-en-Arrouaise sous le nom de *chemin du roi* ([3]), et gagne Rocquigny où il se confond probablement avec le chemin de Feuillaucourt à Arras tracé par Dom Grenier.

Vainement prétendrait-on que le *chemin royal* ne passait

([1]) Plan cadastral de Bussu.
([2]) Plan cadastral de Moislains.
([3]) Plan cadastral de Mesnil-en-Arrouaise.

pas à Péronne, mais à Cléry, comme semblerait l'indiquer ce fragment du roman de Garin de Loherain : « Bègues » vint de Paris et Senlis, puis à Coudan près Compiègne, » passa la Somme droitement à Clairi, d'où il parvint à » Valenciennes. » Ce roman ne peut avoir la prétention d'être un traité de géographie antique et, d'ailleurs, en admettant qu'une grande voie de communication entre le nord et le sud eût desservi Cléry au moyen-âge, il n'en résulterait pas la preuve que, plus anciennement, une autre ne franchissait pas la Somme à Sobotécluse.

De tous les historiens, Dom Grenier seul a parlé du *chemin royal*, et il le conduit à Péronne ; c'est déjà un commencement d'autorité. Il faut bien, en effet, qu'il passe par Péronne, puisqu'il existe encore avec son même nom entre Moislains et Mesnil-en-Arrouaise. Vouloir lui faire traverser la Somme à Cléry, serait lui imposer ensuite vers l'est, pour gagner Moislains, un détour absolument inadmissible.

Dans l'arrondissement de Péronne, le *chemin royal* limite le territoire d'un grand nombre de communes : Nesle, Mesnil-Saint-Nicaise, Misery, Saint-Christ, Villers-Carbonnel, Sainte-Radegonde, Allaines, Bussu, etc. etc...; parfois, il suit des cavées assez profondes. C'est donc un chemin antique ; il est antérieur à la ville même de Péronne dont le périmètre a anticipé sur son emplacement.

Est-ce à dire qu'il doit être considéré comme une voie romaine ? Nous irons plus loin que Dom Grenier sur ce sujet, et nous dirons hardiment que ce fut une voie gauloise. On sait qu'une chaussée Brunehaut, voie romaine bien caractérisée et prodigieusement solide, reliait Saint-Quentin à Arras, par Epehy, Fins. etc... Personne ne le conteste. Or, pourquoi rencontre-t-on encore aujourd'hui aux portes de Péronne la trace d'une voie d'Arras partant de Saint-Quentin, présentant à la fois une augmentation de parcours et, sans doute, une viabilité fort imparfaite, puisque nulle part il ne reste plus rien de son empierrement? Cette voie qui vient en même temps de Rumigny et probablement même de Reims, s'épanouit après le village de Doingt en plusieurs rameaux : par Feuillaucourt et Rancourt ; par le Mont-Saint-Quentin et Sailly-Saillisel ; enfin par Moislains. Peut-on voir dans cette multiplicité de chemins, partant du même point pour arriver au même but, autant de voies romaines ? Non, cela est inadmissible ; les gens de Saint-Quentin n'ont jamais dû toucher à Doingt pour aller à Arras depuis la création de la chaussée Brunehaut qui relie ces deux villes l'une à l'autre. Nos vieilles voies sont donc des chemins préexistants, antérieurs à la voie romaine par conséquent, et s'il s'en trouve un si grand nombre de branches collatérales, c'est qu'elles étaient fort mal tenues, comme le démontrent les ravins que leur passage a creusés. Le voyageur ne pouvait échapper aux ornières bourbeuses de l'une qu'en se confiant aux fondrières d'une autre. Tel était vraisemblablement le triste état des chemins à l'époque gauloise, et cela n'a rien qui doive surprendre si l'on songe que dans notre France moderne il en était encore de même de nos jours, avant que la loi de 1836 n'ait apporté l'inestimable bienfait de ses chemins vicinaux.

L'entretien de la grande voirie suppose l'existence d'une administration vigilante qui ne peut étendre son action au loin que dans les temps de sécurité. Dans nos climats du Nord de la France, il suffirait d'un seul hiver pluvieux pour crever la plupart des routes, si les réparations ne suivaient pas immédiatement le dommage sous l'impulsion de l'autorité supérieure. On conçoit donc que le mince empierrement du chemin d'Arras ait eu à subir bien des adversités, et les voyageurs le trouvant impraticable passèrent de préférence, tantôt par Feuillaucourt, ou par le Mont-Saint-Quentin, ou par Moislains. Telle doit être l'origine de ces différents tronçons.

On peut supposer que le *chemin royal*, le plus important et le plus direct des trois, a reçu le premier un faible et grossier empierrement. Plus tard, la voie de Rumigny serait venue s'y souder à Doingt ; enfin Saint-Quentin, en s'y rattachant à Beauvois, sauf à renoncer à la ligne directe par Hesbécourt, Guyencourt-Saulcourt etc., etc... n'aurait eu à construire que dix kilomètres de chemin, au lieu d'une soixantaine.

Les Romains couvrirent en particulier le Belgium du réseau de leurs voies militaires. Dom Grenier en décrit quarante-deux [1] qu'il considère comme certaines, tant voies principales qu'embranchements, et il explique notamment que, pour abréger le chemin [2] de Saint-Quentin à Arras, il fut tracé une nouvelle chaussée par le Ronssoy, Fins, Léchelle etc., etc... On ne saurait mieux démontrer que l'ancienne voie formait un long détour. Sans doute alors le vieux chemin d'Arras par Doingt fut abandonné et ne conserva plus que le courant de la circulation locale ; mais il ne dut pas en être ainsi du chemin de Noyon à Arras qu'aucune voie romaine ne vint supplanter. Le nom de *voie des saints*, sous lequel il est désigné par d'anciens manuscrits [3], démontre qu'il fut fréquenté avec persistance aux premiers siècles de l'ère chrétienne. Les paroisses qu'il traverse sont placées sous

---

[1] Introd. à l'hist. de Pic. p. 422 et s.
[2] Id. p. 471.
[3] id. p. 493.

le patronage de divers saints dont bien peu ont appartenu à l'église des Gaules ; ce sont saint Pierre à Nesle, Potte, Licourt, Sobotécluse et Moislains ; la sainte Vierge à Mesnil-en-Arrouaise ; saint Jean-Baptiste à Péronne ; sainte Marie à Nesle et Cizancourt, et ce n'est que par exception qu'on y rencontre saint Fursy à Péronne, saint Médard à Eterpigny, saint Quentin à Péronne et Villers-Carbonnel, saint Nicaise au Mesnil.

Aucun des apôtres de la contrée n'a laissé sur cette voie la trace continue de son passage, comme il en est du souvenir de saint Wast religieusement conservé par nombre d'églises à proximité des voies romaines de l'Artois ([1]). On peut cependant supposer avec Dom Grenier que sa pieuse dénomination lui est venue du grand nombre de saints personnages qui la parcouraient pour se rendre à Noyon, à Péronne, ou à Arrouaise. C'est ainsi que, dans les anciennes vies de saint Fursy, on voit que dès que celui-ci et son frère saint Ultain paraissaient au Mont-Saint-Quentin, ils y étaient souvent visités par des personnes de leur pays, et ce concours d'Hibernois augmenta tellement après leur mort, que c'était comme un flux et un reflux d'étrangers bretons aux abords du Mont-Saint-Quentin ([2]). Le père Longueval dit en outre ([3]) que, vers l'an 942, saint Kadroé, irlandais, vint à Péronne avec douze compagnons pour prier sur le tombeau de saint Fursy. Il est donc hors de doute qu'un courant perpétuel de pieux pèlerins affluait vers Péronne.

La voie des saints fut peut-être comprise parmi les *viæ vicinales* que les Romains construisirent en bien plus

---

([1]) Boll. act. 55. febr. p. 812, n° 16.
([2]) Desachy, Essai, p. 55.
([3]) Hist. de l'Egl. Gall. — Colliette, liv. VII, n°s 4, 5.

grand nombre qu'on ne l'a longtemps pensé ; cela est même probable, puisqu'on la nomme *calciata*. On sait que ce fut surtout par le moyen des voies romaines que l'évangile et les barbares envahirent jusqu'aux provinces les plus éloignées de l'Empire ; il ne faut donc pas s'étonner si Dom Grenier a désigné le chemin royal comme la vingt-cinquième branche de la grande voie militaire. Au moyen-âge, un monarque mérovingien, que ce soit Clotaire II ou l'un de ses prédécesseurs, aura remis en état sa chaussée rompue par le temps, afin d'établir de faciles relations avec sa résidence de Péronne, et c'est de là que son nom de chemin royal aura pu lui venir.

Ces hypothèses suffisent pour confirmer l'importance relative de cette voie à l'époque gauloise, au temps des Romains, au moyen-âge et même, pourrait-on dire, presque jusqu'à nos jours. En effet, il ne faut pas remonter bien haut dans l'histoire locale pour apprendre que lorsque Louis XIV vint de Ham à Péronne, le 13 août 1654, pour aller porter secours à Arras assiégé par les Espagnols, il passa par Nesle, parce qu'il n'y avait pas de route directe entre Ham et Péronne (¹). Le *chemin royal* a donc été pendant longtemps l'une des principales voies de communication entre le nord et le centre de la France.

III. VOIE D'ENCRE

Il convient de revenir à Feuillaucourt, où nous avons momentanément délaissé la direction d'Encre. Cette voie secondaire s'est greffée sur le grand chemin d'Arras au moyen d'un coude prononcé qui néglige complétement la

---

(¹) Dehaussy, *Journ. de Pér.* mss.

situation de Péronne. C'est une preuve que l'origine de la ville est postérieure à celle de tous les vieux chemins qui l'entourent. Le chemin d'Arras, après le passage de la rivière de Halles, continuait, nous l'avons dit, à monter droit au nord par Rancourt. La voie d'Encre s'en détache aussitôt après la rivière, en prenant sur la gauche le chemin d'Allaines à Cléry servant de limite à ces deux territoires. La carte de Cassini nomme celui-ci *chemin d'Albert* ([1]); c'est par là que l'armée de Clodion aurait pu prendre sa retraite et gagner Amiens après la bataille de l'an 448, si le village d'Allaines n'est autre chose que le *vicus Helena*.

A Cléry, la population gallo-romaine avait formé un établissement incontestable ; le vieux chemin traverse ce village ([2]), et se poursuit par Maricourt jusqu'à Encre, en laissant Carnoy sur la droite et Bécordel sur la gauche.

Les habitants de Sobotécluse pouvaient atteindre cette voie au moyen d'un vieux chemin qui, s'embranchant sur le chemin royal à la rue du Moulinet, passait à l'ancien village de Sainte-Radegonde, aujourd'hui noyé dans les

---

([1]) 4, J.

([2]) La route départementale d'Albert à Péronne contourne le village de Cléry, et dans une grande partie de son parcours, elle coupe toutes les parcelles de terre. C'est une route moderne. On trouve la direction de l'ancienne voie dans la rue centrale de Cléry, qui se continue par le chemin bas de Feuillères, passe près du Hem, puis à Curlu, d'où, en limitant Curlu et Suzanne, elle remonte sur les hauteurs par la vallée de Fargny, pour se confondre avec la route départementale entre les bornes kilométriques 41 et 42. Dès ce moment, la route ne coupe plus de parcelles et commence à suivre une cavée peu profonde qui se poursuit au delà de Maricourt. Au moulin à vent, la route se détourne un peu sur la gauche, et le vieux chemin la côtoie comme un long fossé, dont les traces se distinguent surtout vers la borne 39 et les *plates-pierres*. Le nom de ce lieu-dit attire en passant l'attention ; ne serait-ce pas le dernier souvenir d'un dolmen érigé jadis en ces lieux ? On pourrait le supposer avec d'autant plus de raison, qu'en construi-

fossés de la ville, gagnait ensuite le petit château de Halles, et de là Cléry, par le chemin porté au cadastre sous le nom de *chemin vert* d'Halles à Saint-Quentin. Ce chemin ne coupe aucune parcelle et tendait sans doute à Saint-Quentin-Capelle, l'une des anciennes paroisses de Péronne, qui resta longtemps en dehors de l'enceinte de la ville.

IV. VOIES DIVERSES

Parmi les vieilles voies des environs de Péronne, on ne peut passer sous silence le *vieux chemin de Barleux*, qui se ramifie lui-même en deux branches : *le vieux chemin d'Amiens* ([1]) passant au nord de Barleux, et *le chemin des postes* qui limite Barleux, Belloy, Villers-Carbonnel, Fresnes et se dirige par le sud du village à Horgnies et à Omiécourt, où on le retrouve à l'est de la route de Flandre.

Ce dernier éveille spontanément la pensée d'une comparaison tout à l'avantage de notre siècle en lumières, entre les débuts imparfaits d'une administration à son origine, et les progrès accomplis de nos jours par le

---

sant la route départementale, on a extrait du sol, sur la rive même du vieux chemin, quelques pierres plates et brutes, d'environ un mètre dans leur plus grande dimension, gisant encore aujourd'hui dans le fossé. Du reste, ce nom de *plates-pierres* n'est pas rare dans la contrée, et on le retrouve, non seulement à Maricourt, mais à Suzanne, Chipilly, Cerisy-Gailly, Barleux, etc., etc. Notre vieux chemin limite Suzanne et Carnoy, passe au bois du Mouchoir, et marque, dans les champs en culture un sillon dont la trace se voit encore, pour gagner la lisière est du Bois-Caffet, à l'angle duquel se trouve un énorme tilleul connu sous le nom d'*Arbret*. Carnoy reste ainsi sur la droite, comme l'indique Dom Grenier, ainsi que Fricourt, tandis que Bécordel reste sur la gauche. Le chemin gagnait Encre en passant au dessous de Bécourt.

([1]) Plan cadastral de Barleux. — Olim, T. I. p. 120, arrêt de 1260.

service des postes. Quelle perturbation apporterait, non seulement dans les affaires mais encore dans le charme de l'existence, la suppression de ces correspondances multipliées qui pénètrent quotidiennement jusque dans les moindres hameaux ! L'isolement ne paraîtrait ainsi supportable à personne, et cependant c'est un régime qu'il a fallu subir longtemps même après l'édit de 1464 par lequel Louis XI organisa le service des postes. La ville de Péronne, placée sur la ligne directe de Paris aux Pays-Bas, voyait passer les courriers du roi sans en retirer une bien grande utilité. C'est du moins ce que nous apprend le registre des résolutions de la ville ([1]), à la date du mois de novembre 1681 : « Le procureur du roi représenta
« l'utilité de recevoir les gazettes qui venaient autrefois et
« qu'on ne reçoit plus, à cause du retard occasionné par
« les postes, afin d'avertir des passages d'ambassadeurs et
« envoyés. On décide de faire venir les gazettes de France
« et d'Hollande, lesquelles seront exposées à lire au
« public pendant une heure dans la chambre du conseil,
« en présence d'un sergent de la ville. »

La création de ce cabinet de lecture eut d'ailleurs peu de succès, car « le lundi 23 octobre 1684 ([2]), Messieurs
« ont résolu que l'on ne fera plus venir les gazettes à
« l'avenir, estant que ce sont frais inutiles. »

Le chemin de Péronne à Biaches, conduisant à Bray et Corbie, doit aussi être classé au nombre des chemins antiques, car il présente sur son parcours de très-profondes cavées, et il limite en même temps un très grand nombre de communes : Biaches, Flaucourt, Herbécourt, Becquincourt, Dompierre, Frise, Etinehem, Morlancourt, Sailly-Lorette, Chipilly, etc., etc.

([1]) Arch. de Péronne, B. B. 22, § 15.
([2]) Ib. B. B. 22. § 184.

V. VOIES DE CAMBRAI

Toutes les vieilles voies aboutissant au sud de Péronne se confondaient avec le chemin royal pour traverser Sobotécluse, la Somme et l'emplacement actuel de la ville. Au delà de la rue Verte et de la fontaine Villette, une branche s'en détachait pour suivre le *chemin haut* de Péronne à Bussu, qui ne coupe pas de parcelles, et touche successivement au nord de Driencourt et Templeux-la-Fosse, puis traverse Aizezourt-le-Bas, Liéramont, Heudicourt pour gagner Cambrai, en limitant Templeux, Aizecourt, Liéramont, Sorel et Heudicourt. A Sorel, c'est le *chemin vert*, comme au faubourg de Bretagne ; à Liéramont, c'est le *chemin des Marlinveaux*, et l'une de ses variantes, de Liéramont à Templeux, porte le nom de *chemin de guerre*. Une autre variante, partant aussi de Liéramont, se nomme *chemin des caissons*, passe à Heudicourt, et après la chaussée romaine se sépare elle-même en deux branches pour former, d'une part le *chemin de Beaucamps* ou *du Bois Liesse*, d'autre part le *chemin de l'Enfer*.

Sans aucun doute possible, il faut reconnaître à cette voie tous les caractères d'un chemin antique. Or, il est très-remarquable que le gros village d'Heudicourt, traversé par la voie romaine de Reims à Arras, est bâti en majeure partie sur les bords de ce vieux chemin. D'après le plan cadastral, ving-cinq maisons seulement bordent la chaussée Brunehaut à droite et à gauche, tandis qu'on en compte soixante sur le *chemin vert* et quarante sur le chemin de Gouzeaucourt. Il en résulte cette conséquence évidente que l'agglomération d'Heudicourt existait antérieurement à l'époque romaine, car l'avantage de se trouver de plain-pied sur une large et solide chaussée, eût attiré toutes les constructions nouvelles. Epehy n'est pas dans le même cas ; presque toutes les maisons y sont réunies à portée de la voie romaine. Le Ronssoy, au contraire, ne possède pas plus de vingt ou trente maisons sur la chaussée ; le plus grand nombre borde le chemin de Péronne. Equancourt n'a qu'une douzaine de maisons sur la voie romaine, tandis que trente sont agglomérées sur le chemin de Laneuville à Nurlu.

C'est ainsi encore que, sur la voie d'Amiens à Vermand, Pœuilly est bâti en majeure partie sur le chemin vert d'Aix ; Brie borde la rive de la Somme ; Villers-Carbonnel est assis sur le chemin de Barleux, continué au sud par la voie Notre-Dame. Au contraire, Foucaucourt, les deux Estrées, Mons ne se composent à peu près que d'une seule rue formée par le passage de la voie romaine. L'histoire locale pourra fréquemment tirer parti de cette observation pour rechercher l'origine de certains villages.

Indépendamment du *chemin vert* de Péronne à Cambrai, sortant par la *rue Verte,* la rue du faubourg de Bretagne s'est formée sur une seconde branche qui bientôt se bifurque à son tour. L'embranchement de gauche se continue par le *chemin de bas* de Péronne à Bussu, sans couper de parcelles, et est appelé *vieux chemin de Cambrai* sur un plan de Péronne non daté, remontant environ à la fin du XVIIe siècle ([1]). Ce chemin à peu près parallèle au *chemin vert,* touche successivement au sud de Bussu, de Driencourt et de Templeux-la-Fosse ; il s'écarte peu à peu pour se rapprocher de Longavesnes, Saulcourt, Epehy, Honnecourt, et de là gagner Cambrai, comme le précédent. Il limite Bussu, Driencourt, Templeux, Longavesnes, Liéramont. Sur le territoire de Driencourt, il est appelé

([1]) Du cabinet Leblant.

chemin d'Honnecourt; à Templeux, Longavesnes et Liéramont, le cadastre le nomme *chemin des cours* ou *du cour*.

Le dernier embranchement forme, à la sortie de Péronne, le prolongement en ligne directe du faubourg de Bretagne. C'est aujourd'hui le chemin vicinal de grande communication allant à Marquaix, Roisel et le Ronssoy, en limitant Doingt, Bussu, Marquaix, Roisel. De là, par Honnecourt, il était encore facile de gagner Cambrai.

On voit donc que le chemin de Cambrai, comme celui d'Arras, se composait de plusieurs artères collatérales, réunies de distance en distance par divers embranchements qui permettaient d'accéder de l'une à l'autre suivant les difficultés du passage.

VI. VOIE D'ATHIES

S'il pouvait subsister quelques doutes sur l'antiquité de nos chemins d'Arras, ils seraient levés par une dernière démonstration.

On sait que les rois de la première race possédaient à Péronne et à Athies des palais où ils se plaisaient à résider. La jeunesse de Sainte-Radegonde s'écoula à Athies, où elle partageait son temps entre les exercices de piété, le soin des malades et l'étude des lettres. Dans ses loisirs elle poursuivait parfois ses promenades jusqu'au château de Péronne, et l'on doit croire que ces deux maisons royales, éloignées de moins de trois lieues l'une de l'autre, durent être réunies par un chemin praticable. Avant de rechercher cette voie, il convient de jeter un coup d'œil général sur la contrée.

Athies, comme presque toutes les communes du canton de Ham, possède un territoire béni de Dieu, dont la fertilité pourrait être citée parmi les plus féconds. De bonne heure sans doute les bois et les landes en ont été arrachés pour livrer à l'agriculture ses terres productives. Le nom de *couture* (cultura) encore porté par un grand nombre de lieux dits dans ces parages, indique suffisamment que l'usage de la charrue y remonte au moins à l'époque gallo-romaine. Entre Athies et Péronne, on rencontre un Montcordel, dont l'étymologie accuse la même origine (¹); on y a trouvé d'ailleurs un grand nombre de monnaies romaines, ainsi que des vestiges de constructions antiques. Dans la direction de Péronne, il n'est pas un seul chemin qui ne prenne en écharpe toutes les parcelles de terre. C'est la preuve, il semble, que ces chemins n'ont été ouverts qu'alors que toute la contrée était en culture.

Le chemin de Mesnil au Feq coupe les parcelles de terre; celui de Mesnil à Athies en morcelle encore davantage. Il en est un surtout dont l'étude mérite un intérêt particulier; c'est celui qui porte le nom de Sainte-Radegonde, conduisant du Mesnil vers Athies. Nous avons parlé ailleurs (²) de la croix de Sainte-Radegonde, couvrant encore de sa protection un antique polissoir à silex qu'on voit en ce lieu. La sainte reine, dit la tradition, a parcouru ce chemin, *in itinere Beatæ reginæ* (³), et, eu égard à la proximité d'Athies, il est facile de le croire, quoique la légende populaire se soit singulièrement altérée en volant de bouche en bouche, depuis que les *Acta Sanctorum* en ont publié une première version. Sainte

---

(¹) Littré. V. cour, de *cors*, basse-cour, enclos, d'où le bas latin *cortis, curtis* et plus tard *court*, dans des noms de lieux en Picardie.

(²) Bull. de la Soc. des Ant. de Pic. 1866, p. 220. — Decagny, Hist. de l'arr. de Pér. T. II, p. 235.

(³) Act. ss. ord. S. Bened. T. I, p. 327 § 2. — Dom Grenier, Introd. à l'Hist. de Pic. p. 300. — Corblet, Hagi. du dioc. d'Amiens, V. Sainte-Radegonde.

Radegonde, apprenant qu'un temple d'idoles se trouvait sur ses pas, n'hésita pas à y mettre le feu. C'est là que se serait passé cet événement, et, chose remarquable, le chemin dont l'existence mérovingienne est ainsi attestée, divise les parcelles de terre, bien qu'il soit légèrement creux. Déjà nous avons vu qu'il en était de même à Tertry pour le chemin des morts, théâtre de la bataille de 687. Il reste à en montrer un troisième exemple plus frappant encore.

Les palais de Péronne et d'Athies furent assurément réunis l'un à l'autre, au temps des Mérovingiens, par une voie de communication praticable en toute saison. Bien que ce chemin lui-même n'existe plus, il en reste encore des vestiges indéniables. Le plan cadastral de Doingt en fournit la démonstration, avec son *ancien chemin de Ham à Péronne*, côtoyant le grand chemin d'Arras ainsi que la route moderne, depuis la croix Saint-Claude jusqu'au territoire de Mesnil-Bruntel.

Il a possédé jadis une solide chaussée dont on voit encore les restes dans un amoncellement de craie qui caractérise son parcours. De gros grès parsèment d'ailleurs son passage et lui servent de bornes là où il existe encore ; c'est tout ce qui subsiste de son ancien pavage. Dom Grenier a certainement connu cette chaussée et, pour l'incorporer dans sa voie de Rumigny à Encre, il a été entraîné à suivre un tracé absolument défectueux depuis Beauvois jusqu'à Athies. Vraisemblablement cette voie a succédé à un chemin antique, car sa plateforme est à un niveau sensiblement inférieur à celui des terres voisines ; parfois même, tout en étant profondément encaissée, elle n'en prend pas moins en écharpe toutes les parcelles riveraines.

La voie, large d'une dizaine de mètres, est maintenant

recouverte par la route moderne de Ham, depuis sa sortie de Péronne, jusqu'au delà de Doingt. A la croix Saint-Claude, elle s'en sépare, et c'est là où l'on peut la voir, pour se confondre de nouveau avec la route au territoire de Mesnil-Bruntel. Au delà d'Athies, on n'en retrouve plus trace dans aucune direction ; il n'y existe qu'une profonde cavée, à l'état de sol naturel, qui côtoie la route moderne jusqu'à Croix. La voie ne s'étendait pas plus loin qu'Athies ([1]).

Dom Grenier cite plusieurs titres rappelant son passage en ces lieux. ([2]) « Le premier est de l'an 1320 : *au rez* « *de Brunetel et de le cauchie*. Le second est un aveu et « dénombrement servi au mois d'avril 1342 à l'abbaye du « Mont-Saint-Quentin, par Perote de Hardecourt, dame « de Brunetel : trente-sept journaux, tant prés, bois, etc... « *séans et mouvans de le viés cauchie qui est au lez vers le* « *castel de Brunetel*. Par le troisième, du mois de février « 139$\frac{2}{3}$, Renaut de Roye, chambellan de Charles VI, « avoue tenir du roi, à cause de son château de Péronne « *la vieille chaussée et le château* Brunetel. »

C'est bien là notre chaussée, passant encore auprès de Bruntel. On voit même qu'à la fin du XIVe siècle, elle constituait elle-même un fief relevant du roi à cause de son château de Péronne ; on pourrait presque dire à cause du Palais des Mérovingiens, tant est étroite la connexité entre les deux.

Ce fief était productif de revenus, ainsi que le montre

([1]) Dans une instance intervenue entre le domaine et la commune d'Athies, un jugement rendu en septembre 1880 par le tribunal civil de Péronne vient de reconnaître qu'il a jadis existé un chemin d'origine royale entre Péronne et Athies.

([2]) Introd. à l'Hist. de Pic., p. 471.

l'ordonnance du péage de Doingt faite l'an 1348. (¹) Le péage *sur la chaussée de Doingt* fut baillé à cens en 1418 pour quatre livres chaque année. (²) En 1441, la *chaussée de Doingt* a été baillée pour un an à Colart de Vauchelles, moyennant quatre-vingt-dix livres parisis. (³) Dès l'année 1214, Jean de Doingt tenait déjà du roi le guyonage de Doingt et dix livres à Péronne sur la chaussée, (⁴) en même temps que Simon de Marteville tenait ce qu'il avait dans le guyonage de Péronne et celui d'Athies. (⁵)

On le voit, les titres abondent pour attester l'existence de cette ancienne chaussée. Ces indications n'ont point échappé à Dom Grenier; mais c'est seulement à Brunetel, à Doingt et à Péronne qu'il est fait mention de son passage. Partout ailleurs, Dom Grenier ne parle plus que d'un *chemin vert*, tel d'ailleurs qu'on le retrouve encore aujourd'hui. Les documents historiques aussi bien que l'état des lieux s'accordent donc pour démontrer qu'elle ne dépassait pas Athies d'une part, et Péronne de l'autre. Or, il est très-remarquable que cette chaussée, remontant aux premiers temps de la monarchie, coupe les parcelles de terre comme le chemin de Sainte-Radegonde et celui des morts à Tertry.

Dans les titres cités par Dom Grenier, il est question de la *vieille chaussée*, ce qui suppose nécessairement le voisinage d'une seconde chaussée plus nouvelle. C'est qu'en effet il en existe, non pas une seule, mais deux autres, reconnues par M. Fournier, ancien maire, dont le

---

(¹) Decagny, Hist. de l'arr. de Pér. T. 1, p. 227.

(²) De Beauvillé, Hist. de Montdidier, p. 522.

(³) Id. documents inédits, T. 1, p. 116.

(⁴) Tailliar, Cart. de Ph.-Aug. Mém. de la Soc. des Ant. de Pic. T. 22, p. 522.

(⁵) Id. p. 479.

zèle archéologique a produit tant de précieuses découvertes dans les environs du Mesnil.

L'une de ces chaussées, de dix mètres de large, croise celle d'Athies à Péronne, en allant d'Emme droit à la Somme, au delà de laquelle on trouve encore un chemin antique conduisant de Lamire à Barleux. L'autre vient d'un point impossible à déterminer aujourd'hui, soit de Briot ou d'ailleurs, passe au Mesnil, franchit le marais sur l'emplacement d'un ancien sentier nommé dans le langage local *la Queuchie de Brenneti*, traversait autrefois le château de Bruntel et arrivait en ligne droite sur le petit Flamicourt. Sa direction a été modifiée près de l'église, et son emplacement mis en culture, car son prolongement moderne morcelle les terres voisines. Avant la construction des moulins, et la surélévation du plan d'eau, le passage de la Cologne ne présentait pas plus de difficultés à Flamicourt qu'à Doingt. Il est donc naturel de croire que ce vieux chemin franchissait la rivière, suivait la rue du Blanc-Mouton et sortait vers la porte Saint-Nicolas, comme aujourd'hui la route départementale n° 13, pour gagner Encre, avec cette différence, qu'en haut du bois du Quinconce il se tenait sur la gauche et passait sur l'ancienne pépinière des ponts-et-chaussées, dont le sol appartient encore à la commune de Sainte-Radegonde.

VII. RÉSUMÉ

En résumant ce qui précède, on peut dire que tout chemin servant de limite à divers territoires, plus ou moins enfoncé dans le sol et ne coupant pas de parcelles de terre, doit être réputé comme remontant à une haute antiquité, puisque déjà d'anciens chemins mérovingiens ne paraissent plus conserver ces différents caractères.

Notre réseau des vieux chemins de Péronne comprendra donc les lignes suivantes :

1° Le *grand chemin d'Arras*, ou *chemin vert de Rumigny*, passant par Beauvois, Tertry, Mons pour se diriger d'une part à Flamicourt, au moulin de Bellesaize et à la rue d'Enfer ; d'autre part à Doingt et à la rue d'Enfer où les deux branches réunies suivent le *vieux chemin d'Arras* par Feuillaucourt, Rancourt, Sailly, etc., etc... Au passage de Péronne, ses deux branches ont été effacées par la surélévation du plan d'eau de la Somme et par la construction du faubourg de Bretagne.

2° *Le petit chemin d'Arras,* ou de Saint-Quentin à Arras, confondu avec le précédent de Beauvois à Doingt, touche la fontaine Villette, le Mont-Saint-Quentin, le Vivier, Saillisel et l'Artois.

3° Le *chemin royal* ou *voie des saints*, passant à Noyon, Nesle, le petit Mesnil, Potte, Licourt, Eterpigny, Sobotécluse, les rues du Moulinet, Mollerue et Verte, à Moislains, Mesnil-en-Arrouaise et Rocquigny, y compris son embranchement qui sort par la rue du Moulinet pour gagner le Quinconce et Moislains.

4° La *voie d'Encre*, se ramifiant à Feuillaucourt sur le grand chemin d'Arras et passant à Cléry, le Hem, Curlu, Maricourt et au-dessous de Bécourt. Il convient de rattacher à ce chemin la *Queuchie de Breneti* traversant Bruntel pour gagner le petit Flamicourt, les rues du Blanc-Mouton et Saint-Nicolas, le Quinconce, l'Orgibet et Cléry. Le *chemin vert* de Sainte-Radegonde, allant de la rue du Moulinet à l'Orgibet, en est un autre embranchement.

5° Les chemins de Cambrai forment trois branches collatérales ; la première ou *chemin vert de Cambrai*, sort par la rue Verte, passe au nord de Driencourt et de

Templeux, à Aizecourt-le-Bas, Liéramont, Heudicourt; la seconde branche, ou *vieux chemin de Cambrai* sort de la rue du faubourg de Bretagne, passe au sud de Bussu, de Driencourt et de Templeux, à Longavesnes, Saulcourt, Epehy, Honnecourt; la troisième branche prolonge en ligne directe la rue du faubourg de Bretagne, traverse Marquaix, Roisel, le Ronssoy.

6° Le vieux chemin de Barleux, formant d'une part le vieux chemin d'Amiens, et de l'autre le chemin des postes.

7° Le chemin de Péronne à Biaches, Bray et Corbie.

Nous classerons dans une catégorie à part la chaussée mérovingienne d'Athies à Péronne, passant par la croix Saint-Claude et Doingt. C'est la seule voie de communication ancienne qui semble avoir eu la ville de Péronne comme objectif.

Nous sommes donc en mesure d'affirmer maintenant, malgré l'opinion émise par la plupart de nos chroniques locales ([1]), qu'aucune chaussée romaine proprement dite ne traversait la ville; tout au plus y trouve-t-on la trace d'une *via vicinalis* dans le passage du chemin royal. Si l'on considère, en outre, que nul vestige des Romains n'a été mis au jour aux approches du Mont-des-Cygnes, on acquiert la certitude que l'origine de Péronne fut exclusivement française. C'est donc bien à tort que Bergier a tenté d'y placer le *Cesaromagus* de Ptolemée ([2]).

([1]) Dehaussy, Journ. de Pér. ms. f° 1. — Desachy, Essais, p. 1. Mme Vaillant, Les trois fleurs de lis. — Martel, Essais, p. 5.

([2]) Colliette, T. I. p. 210, n° 58.

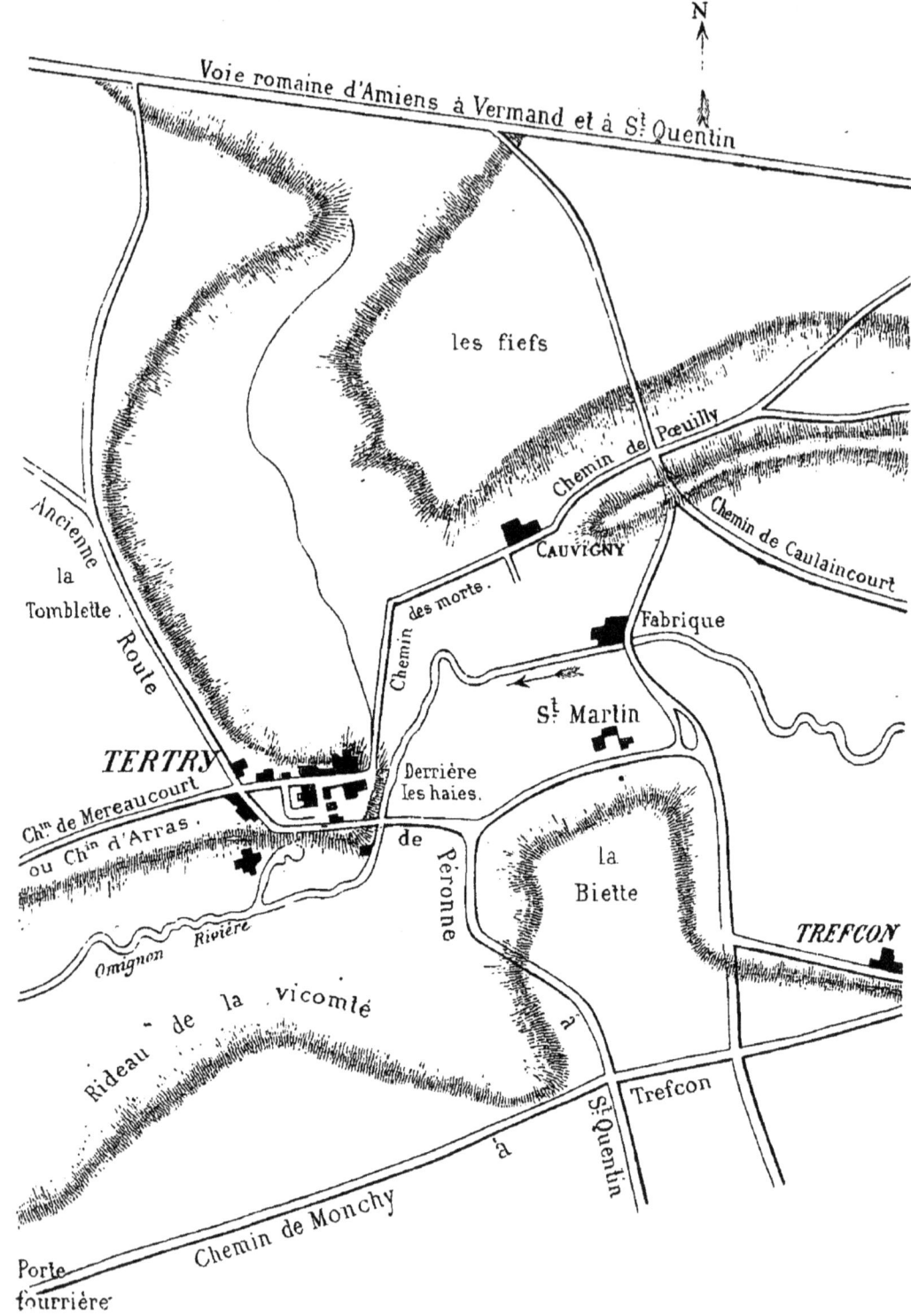

Emplacement de la bataille de Tertry en 687

Echelle de 1 à 20,000.

CHAPITRE V

BATAILLE DE TERTRY

Nous avons à cœur de montrer jusqu'à l'évidence que le chemin des morts à Tertry existait au temps des Mérovingiens. Le récit détaillé de la bataille de Tertry, que nous avons ajourné avec intention pour ne pas traiter tous les sujets à la fois, nous en fournira la démonstration. Cet évènement intéressant touche d'ailleurs de près à l'histoire de Péronne, puisque le nom de cette ville est cité à cette occasion par les chroniqueurs.

Les traditions locales sont fort vagues à propos de cette bataille dans laquelle s'est joué le sort de la monarchie. On pourrait croire que les habitants de Tertry en ont perdu tout souvenir, et que ce qu'ils en savent n'est que l'écho des récits de l'histoire. Il n'est donc pas surabondant de confronter le texte des vieilles chroniques avec la disposition des lieux, afin de tirer de ce rapprochement des indications dont l'histoire générale pourra profiter.

La vallée d'Aumignon, large de deux ou trois cents mètres, est profondément encaissée à Tertry entre deux coteaux; quelques ravins accessoires, rongeant çà et là le sol des plateaux supérieurs, ont laissé sur les deux rives un certain nombre de promontoires qui dominent le cours de la rivière, et sont séparés les uns des autres par des vallées secondaires. Ce sont autant de positions stratégiques faciles à défendre à l'arme blanche ; deux armées considérables n'auraient pas de place pour y tenir à l'aise, et à l'aspect des lieux, on peut croire que Neustriens et Austrasiens ne s'y rencontrèrent qu'en petit nombre.

La vieille route de Saint-Quentin à Péronne, arrivant par le sud, débouche sur les hauteurs de la Biette, au mamelon Saint-Martin ; puis descendant à flanc de coteau, elle fait un coude sur la gauche pour franchir le marais. Au-delà de la rivière, elle forme l'une des rues de Tertry, et, au moment de tourner à droite pour gagner Péronne, elle est croisée par le chemin de Mereaucourt au *chemin d'Arras*, comme nous l'avons dit plus haut. Le prolongement de ce nouveau chemin vers l'est se continue à son tour par l'une des rues du village, et conduit à la naissance d'un autre chemin qui mène à Cauvigny, puis à Pœuilly, et auquel on a donné le nom de *chemin des morts*. C'est là, sur la rive droite de l'Aumignon, qu'a eu lieu le principal effort de la bataille, et qu'à différentes reprises, dit-on, il aurait été recueilli des armes anciennes.

Frédégaire mentionne sommairement cette victoire, sans en raconter les péripéties ; mais les Annales de Metz (¹) en contiennent un récit détaillé que nous nous proposons de suivre. On verra, tant l'application en est facile sur le terrain, combien il doit être fidèle ; et pour que le lecteur en puisse juger en pleine connaissance, nous écrirons en italiques, dans cette dissertation, les fragments tirés du texte original.

Pépin rassembla une armée et s'avançant entre la Meuse et l'Escaut, (²) il *traversa la forêt Charbonnière qui séparait la Neustrie de l'Austrasie, en ravageant toute la contrée.*

(¹) D. Bouquet, Rec. des Hist. des Gaules, T. II, p. 679.
(²) P. Daniel, Hist. de France, T. I, p. 52.

Parvenu en plein territoire ennemi, il s'établit non loin du camp de Vermand, tout à côté de Tertry et à l'ouest de ce village, c'est-à-dire au-dessus du chemin de Méreaucourt. *Dès que le roi Thierry eut reçu la nouvelle de l'envahissement de son royaume, il réunit lui-même une armée pour marcher contre Pépin, et vint s'établir de l'autre côté du village de Tertry,* en occupant la crête du rideau de la vicomté. *Entre les deux adversaires coulait l'Aumignon, rivière peu importante bien que difficile à franchir ; Pépin était campé sur la rive septentrionale et Thierry à l'opposé.* Dans une telle situation, la bataille était imminente.

En prévision des évènements, Pépin jeta les yeux sur la colline de Saint-Martin *et concerta les moyens de s'en approcher. Toute cette journée et la nuit suivante se passèrent pour lui à combiner son plan de campagne. Aux premières lueurs de l'aurore, il lève son camp,* et pour dérober sa marche à la vue de l'ennemi, il dut nécessairement suivre le chemin de Cauvigny à Pœuilly, encaissé entre deux rideaux ; de là, *il traverse l'Aumignon et dispose son armée* aux environs de Trefcon, *à l'est du camp de Thierry,* en faisant face lui-même à l'occident. Il recommande à ses troupes le plus grand silence jusqu'au lever du jour, et pour les encourager à la patience leur annonce qu'avec l'aide de Dieu, les premiers rayons du soleil viendront éblouir les regards de l'ennemi. Déjà le soleil paraissait à l'horizon, lorsqu'on vient apprendre à Thierry que le camp de Pépin était évacué et livré aux flammes. Aussitôt il décampe à son tour pour se mettre à la poursuite de son rival.

Il est facile d'imaginer la hâte qui dut s'en suivre. La tête de l'armée neustrienne traverse la rivière, et, suivant les traces de Pépin, s'engage dans le chemin de Cauvigny, entraînant après elle toutes les troupes de Thierry. *Pépin, aussi prévoyant qu'intrépide, s'ébranle alors* et dissimulant son arrivée derrière les haies dont le nom se retrouve encore au fond de la vallée, il franchit de nouveau l'Aumignon *et engage la bataille* entre Tertry et Cauvigny. L'armée royale, séparée à l'improviste en deux tronçons, perdit contenance et se débanda ; on en fit un grand carnage, ainsi qu'en témoigne le nom du chemin des morts. *Après une lutte acharnée, Thierry prit la fuite avec son conseiller Berthaire, laissant ses lieutenants passés au fil de l'épée. Pépin, rendant grâce à Dieu, partagea entre ses fidèles compagnons l'immense butin que contenait le camp ennemi. Les vaincus cherchèrent un refuge dans les églises et monastères du voisinage ; la plupart*, engagés dans le chemin de Cauvigny à Pœuilly, suivirent la voie romaine et *gagnèrent le temple du bienheureux Quentin martyr ;* d'autres, séparés de la tête de l'armée par les incidents de la bataille, furent refoulés vers le nord, et prenant la vieille route de Péronne, *trouvèrent asile au monastère des Ecossais, là où repose le corps du bienheureux Fursy. A la prière des abbés de Saint-Quentin et de Péronne, Pépin leur fit sentir sa clémence, et leur laissa la vie sauve, en se bornant à exiger d'eux un serment de fidélité.*

Tel est le récit fidèle des anciennes chroniques. On pourrait en déduire quelques considérations accessoires sur la force relative des deux armées et les incidents de la bataille, comme l'ont fait divers historiens ([1]) ; nous avons préféré nous en tenir au texte lui-même, tout en y intercalant quelques détails topographiques qui jettent sur cet évènement une lumière nouvelle.

([1]) P. Daniel, Hist. de F. T. I, p. 52, 54. — Huguenin, Hist. du roy d'Austrasie, 1862, p. 478 et suivants.

CHAPITRE VI

ORIGINE DE PÉRONNE

Les considérations précédentes permettent à la pensée de reconstituer la physionomie du pays, au moment de sa prise de possession par la nation franque. La rive gauche de la Somme était seule habitée par les pêcheurs de Sobotécluse. Sur la rive droite, Flamicourt était encore à naître, car en 1469 il n'y existait pas plus de deux maisons (¹), et en 1536 on n'y comptait pas plus de sept ou huit baraques de poissonniers (²). Le territoire de Doingt, comme de nos jours, devait être limité par la Cologne, l'antique *fluvius Grusio* (³), dont le volume diminue d'année en année. La source de cette rivière, située maintenant à Moyenpont, s'épanchait jadis à Roisel, et plus anciennement encore à Cologne, qui lui a donné son nom moderne. Une découverte fortuite a pleinement mis en lumière l'importance qu'elle a perdue depuis le commencement du moyen-âge. En 1876, un éboulement survenu dans une tranchée du chemin de fer de Picardie et Flandres, entre Roisel et Epehy, près de Villers-Faucon,

---

(¹) De Beauvillé, Hist. de Montdidier, T. I, p. 535.
(²) De Sachy, Essais, p. 188.
(³) Garnier, Dict. top. de la Somme.

permit d'accéder dans les innombrables galeries d'une carrière inconnue. M. Henri Lempereur, d'Epehy, à qui l'on doit tant de belles découvertes archéologiques, fit part de cet évenement au *Vermandois* ([1]) en exprimant l'opinion que la construction de la collégiale de Saint-Quentin avait pu seule motiver, dans les environs, l'emploi d'un si grand luxe de matériaux. Ses conjectures à ce sujet auraient sans doute pris une autre direction s'il se fût souvenu que M. l'abbé Decagny écrivait en 1844, et répétait en 1875 ([2]), sur la foi d'une tradition ainsi confirmée, que « c'est sur la Cologne que furent trans-« portées, des carrières du Ronssoy, les pierres qui « servirent à la construction de l'église Saint-Fursy de « Péronne. »

Cette rivière, jadis susceptible de porter bateau, et qui de nos jours ne peut plus faire tourner ses moulins, a dû modifier son embouchure suivant les exigences des fortifications de Péronne. La construction des murailles de la ville et du bastion royal ont forcément interrompu son cours qu'il a fallu rejeter dans l'étang de Flamicourt. Mais son ancien lit existe encore ; c'est le ruisseau de la ville, alimenté maintenant par les eaux de la Somme, qui en prolonge tout naturellement la direction au delà de la rue Boutry. L'abondance de ses eaux rongea sans doute, dans le cours des siècles, le pied du Mont-des-Cygnes, et rendit abrupt ce côté du mamelon où devait s'établir la ville.

La rive droite était donc formée par un coteau qui dépendait du territoire de Hayron-Fontaine, ou de celui

---

([1]) *Journal de Péronne* du 6 juillet 1876.

([2]) L'arrond. de Péronne, p. 26. — 2ᵉ édition T. I, p. XXXV, note 2.

de Halles. Quant à Sainte-Radegonde, il n'en faut point encore parler, car ce nom ne peut trouver place dans l'histoire locale avant le VIe siècle. De Péronne, il ne sera pas question davantage. La ville a pris naissance longtemps après Doingt et Halles, car tandis que Sobotécluse possède une véritable banlieue, s'étendant d'un côté au delà de Lamire, de l'autre à l'arbre de Barleux, comme « *au tans que Baudes fut maire* (¹), » Péronne ne possède comme territoire que ce que renferment ses murailles, et n'aurait même pas de quoi enterrer ses morts en dehors de son enceinte, si des annexions plus ou moins modernes ne lui avaient fait acquérir les emplacements de son ancien et de son nouveau cimetière. Il n'est donc pas douteux, tant son assiette est étroite et resserrée entre ses voisins, qu'elle a dû se faufiler peu à peu entre deux banlieues préexistantes, à la faveur des limites naturelles que formaient le *fluvius Grusio* d'un côté, et le ruisseau de la fontaine Villette de l'autre.

On en voit la preuve d'ailleurs dans ce passage de la chronique du Mont-Saint-Quentin, rapporté sous l'année 1118, et relatif à la fondation de la maison de Saint-Lazare : « *Peronenses ædificaverunt domum et capellam pro « leprosis suis civibus in villâ sanctæ Radegundis.* » C'est donc sur le territoire de Sainte-Radegonde autrefois Hayron-Fontaine ou Halles, que les bourgeois de Péronne bâtirent la maison des lépreux. Il ne faut pas en chercher les ruines au bois du Quinconce, occupant aujourd'hui la place d'une ferme qui n'en était qu'une dépendance, et fut incendiée pendant le siége de 1536 par les troupes du comte de Nassau (²). Desachy pense (³) que cet

---

(¹) Arch. de Péronne, 2. A A, 2, devis de la banlieue.
(²) P. Fenier, relat. du siége, 15 août.
(³) Essais, p. 66.

établissement fut situé sur le glacis du faubourg de Bretagne, du côté du Mont-Saint-Quentin, à l'extrémité de Sainte-Ragedonde. Il en juge ainsi parce que de son temps, comme aujourd'hui, ce territoire ne s'étendait pas au delà ; mais il commet une erreur. Au point désigné, on remarque encore, même de nos jours, des fragments de briques et de démolitions ; c'est là que passait la sortie de la rue d'Enfer, et les débris de construction qu'on y distingue ne sont autre chose que les vestiges de maisons particulières.

L'hopital de Saint-Lazare était placé au lieu appelé maintenant les *Oseraies*, ainsi qu'en témoigne l'ancien plan de Péronne du XVIIe siècle déjà cité, et qui le désigne expressément. Cette propriété, comprise aujourd'hui entre les limites de Bussu et du Mont-Saint-Quentin, le chemin de Bussu et la route de Cambrai, possédait jadis deux fontaines dont les eaux s'épanchaient vers la Somme, non seulement par leur débouché actuel vers le bastion de Richelieu et le château, mais aussi par le pré du Glavion, qui s'étendait depuis le bastion de Vendôme jusqu'au moulin de Belzaize. La plus éloignée, la fontaine Villette, a laissé le souvenir de son nom au vieux chemin qui descend du Mont-Saint-Quentin. L'autre, plus rapprochée de la ville, s'appela d'abord fontaine *Revel*. « On logeait auprès d'elle, « dit Jean Dehaussy ([1]), les ladres qui se rencontraient « dans la ville et banlieue ; c'est pour cela qu'on l'a « nommée depuis la fontaine des Ladres. »

De plus, une charte de Philippe II, datée de 1214 ([2]), porte cession à l'hôpital, moyennant un cens, du lieu de la *Feuillie* ou la *Folie*, proche la fontaine de Revel,

---

([1]) *Journ. de Pér.* ms. f°s 24 et 39.
([2]) Archives de l'hospice de Péronne, liasse n° 3.

pour y établir des cressonnières nécessitées par le besoin des malades.

A l'exception de l'ancien patrimoine de Saint-Lazare situé à la fontaine Revel ou au Quinconce et qui fut démembré de Sainte-Radegonde parce qu'il appartint ensuite à l'hospice ; à l'exception aussi du sol de son ancien et de son nouveau cimetière, annexés au détriment de la même commune, Péronne ne possède pas un pouce de territoire en dehors de ses murailles. Il est donc évident que la ville n'a pu s'établir qu'en anticipant sur la limite séparative des territoires de Doingt, Halles, Hayron-Fontaine.

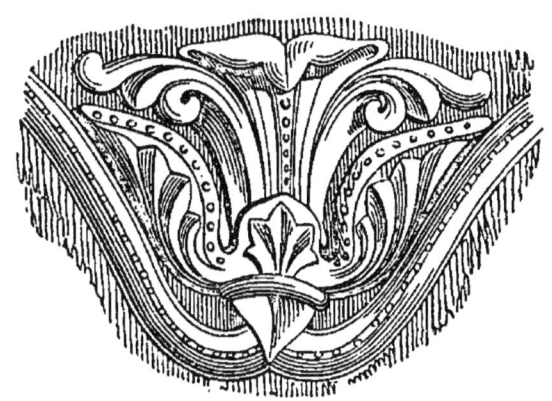

CHAPITRE SEPTIÈME

PERUNNA VILLA

Au dire de Mabillon ([1]), il paraissait d'usage, aux premiers temps de la monarchie, que les résidences royales ne fussent pas isolées, mais placées à quelque distance les unes des autres. Cette opinion serait pleinement confirmée par la proximité des villas royales de Péronne et Athies. Le même auteur dit encore ([2]) qu'il faut considérer comme les plus anciens palais mérovingiens ceux qui sont placés dans les provinces envahies les premières par la nation franque. A ce titre, ceux d'Athies et de Péronne auraient le droit d'être cités au nombre des plus antiques. Quoiqu'il en soit, c'est dans l'histoire de Sainte-Radegonde qu'il est, pour la première fois, parlé de l'un et de l'autre.

La sainte reine habitait la villa d'Athies, plus importante sans doute que celle de Péronne où elle séjournait rarement et qui n'était pour elle qu'un but de promenade. Nous sommes donc disposé à admettre qu'Athies fut la résidence primitive et principale des rois francs dans notre

---

([1]) De re dipl. p. 262, E.
([2]) Id. — p, 311, E.

contrée. Péronne n'en aurait été qu'une dépendance, soit pour obéir à cette prescription de dualité indiquée par Mabillon, soit comme une étape placée plus à proximité qu'Athies de la fôret d'Arrouaise, remplie assurément de gibier de toute nature. La chasse, image de la guerre, fut une passion prédominante chez les Mérovingiens, en même temps qu'une nécessité dans les temps primitifs. Les roseaux de la Somme, de nos jours encore peuplés de sauvagine, durent être souvent le but de leurs excursions cynégétiques. La chasse ne laisse pas que d'avoir joué de tout temps un certain rôle dans l'histoire de Péronne ; même de nos jours, c'est encore une occupation lucrative pour les poissonniers.

En 1453, Jean de Bourgogne, comte d'Etampes, entretenait à Péronne un fauconnier à cheval pour y dresser et garder deux de ses oiseaux ([1]). Les échevins de la ville, conjointement avec les seigneurs de Biaches et d'Aplaincourt, se livraient chaque année à une chasse spéciale sur les eaux de la Somme. Nos archives municipales en témoignent, et rappellent encore de fréquents démêlés survenus à propos de la possession des cygnes ([2]). Les noms caractéristiques de Hayron-Fontaine, de Mont-des-Cygnes, et du petit îlot appelé le *nid des glaines*, au milieu des eaux du coûtre de Péronne, indiquent suffisamment le genre d'habitants qu'on devait trouver en ces lieux, avant que la ville n'y fût établie.

Au surplus, une grosse forêt dépendait autrefois du palais de Péronne et confinait presque à la ville. Elle fut concédée primitivement par Erchinoald au chapitre de

---

([1]) De Beauvillé, Doc. inéd. 3ᵉ partie, p. 232.

([2]) Martel, Essai, p. 27. — Arch. de Péronne, résolutions, 10 décembre 1642 ; 17 septembre 1517 ; BB, 28, 1738 à 1748, fᵒˢ 24, 92, 102, etc., etc...

Saint-Fursy, qui s'en trouva dépouillé par Herbert II ou Herbert III. Le comte Othon et Robert, comte de Péronne, son vassal, la restituèrent à la prière de Landulfe, évêque de Noyon, par une charte du 15 juillet 1010, qui s'exprime ainsi : « *Velut Erchevaldus, patricius memorabilis,* « *ad reedificandam ecclesiam et officinas eam contulerat* ([1]). »

D'après une bulle de 1106, de Pascal II, l'abbaye du Mont-Saint-Quentin possédait aussi à Faffaimont une forêt qui lui fut donnée par les châtelains de Péronne. Cette forêt, et celle du chapitre de Saint-Fursy, ne furent peut-être que les démembrements d'une seule propriété, car on voit, en 1181, l'abbé du Mont-Saint-Quentin repousser les empiétements des chanoines de Péronne sur les forêts de Combles, Maurepas et Clary.

Othon de Encre tenait plus tard en fief de Philippe-Auguste, une charrue de terre, et Eustache de Neuville, homme-lige, tenait en même temps *Grosseforestam cum appendiciis* ([2]).

Les vestiges de cette grosse forêt sont, sans doute, les bois Saint-Fursy et de Leuse, à Combles ; ceux d'Anderlu, de Faffemont, de Grandsart, à Leforest, (dont le nom à lui seul est caractéristique), le bois Marière à Cléry et le bois Saint-Fursy, sur la limite de Bouchavesnes et de Cléry, touchant à Feuillaucourt, c'est-à-dire aux portes mêmes de la ville. Péronne aurait donc pu servir de rendez-vous de chasse sans qu'on soit en droit de s'en étonner.

Un palais y fut élevé, dans des proportions bien modestes assurément, car pendant la période mérovingienne

---

([1]) Dehaussy, Généal. des rois de Fr. ms. f° 176. — Desachy, Essais, p, 325.

([2]) Tailliar, cart. de Ph. Aug. mém. de la Soc. des Ant. de Pic. T. XXII, p. 525.

on reconnait dans les constructions l'emploi très-fréquent du bois (¹). Les rois francs ne bâtissaient qu'en bois, et il en fut même ainsi jusqu'à Charlemagne. Un semblable édifice n'a pu perpétuer ses vestiges pendant plusieurs siècles, et ainsi s'explique la pénurie absolue des monuments contemporains de la fondation de Péronne.

Nous rechercherons néanmoins si ce palais n'a pas racheté la simplicité de ses constructions par son étendue et le développement de ses dépendances.

(¹) Viollet-le-duc, Dict. d'Arch. pp. 208, 365, 375, 454.

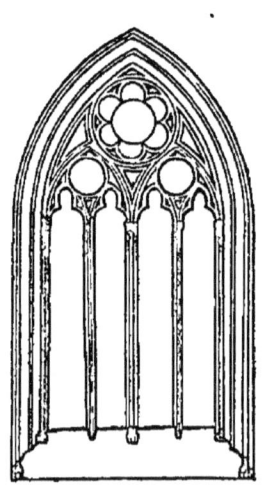

CHAPITRE HUITIÈME

PALAIS DE PÉRONNE

Au temps de Sainte-Radegonde, épouse de Clotaire Ier, vers 536 ou 541, le poëte Fortunat, ami et historiographe de la sainte reine, a raconté (¹) un miracle dont le palais *(palatio)* fut le théâtre. Pendant que Radegonde, dans la villa de Péronne, *(in perunna villa)* après son repas, se promenait à travers le jardin, *(per hortum)* elle entendit des criminels pousser des clameurs et l'implorer du fond de leur cachot *(de carcere)*. S'informant de ce que ce pouvait être, ses serviteurs lui répondirent mensongèrement que des mendiants demandaient la charité. Elle leur envoya aussitôt quelques aumônes, pendant que le geôlier incitait à se taire ces malheureux enchaînés par le pied *(in compede)*. Mais lorsque la nuit fut venue, et que la pieuse Radegonde se livrait à sa promenade habituelle en récitant ses prières, les prisonniers virent tout-à-coup leurs chaînes se rompre.

(¹) Act. Sanct. Boll. Aug. T. III, p. 69. — Mabillon, de re diplom. lib. IV, CXI, p. 311, E. — La bibliothèque de Poitiers possède, sur les miracles de Sainte-Radegonde, un précieux manuscrit du Xe siècle, qui reproduit cet épisode par deux riches miniatures coloriées.

Ils s'empressèrent d'accourir pour se prosterner devant la reine, qui reprocha aux siens de l'avoir trompée.

De là, dit Mabillon, s'établit à Péronne le culte de la célèbre Radegonde, sous l'invocation de laquelle une église suburbaine est depuis longtemps placée.

De ce récit, on peut dégager quelques déductions certaines. L'enceinte de ce palais était assurément vaste puisque Sainte-Radegonde fut crédulement abusée sur la nature des clameurs qu'elle entendit. On ne saurait imaginer, en effet, une semblable résidence privée de communs et d'une exploitation rurale chargée de fournir le blé, l'huile, le vin, le chanvre, la laine, le bois et généralement tous les objets nécessaires à la vie. La prison elle-même indique bien autre chose qu'une maison d'agrément, et ce ne doit pas être par métaphore que Fortunat y parle de captifs chargés de fers. Qu'on descende aujourd'hui au fond des caveaux de l'hôtel-de-ville et l'on y trouvera encore, comme une tradition du vieux Péronne, la piste creusée par une longue succession de prisonniers qu'une chaîne rivait par le pied à une poutre enfoncée perpendiculairement dans le sol.

Une telle prison suppose la co-existence, non-seulement de geôliers, mais encore de tout ce qui constitue l'appareil de la justice, si simple qu'il eût été : prétoire, gardiens, juge et gens de police. On doit donc croire que la villa comprenait une grande étendue de terrain pour suffire à tant d'exigences. Et de suite à l'esprit se présente cette question : Le palais était-il protégé par une enceinte fortifiée ?

Nombre de forteresses romaines existent encore, mais d'édifices mérovingiens il ne reste pas trace. Comment pourrait-il se rencontrer des vestiges d'une époque où toutes les constructions se faisaient en bois ! Aussi, M. de

Caumont (¹) s'est-il cru autorisé à dire que, sous la première race, les seigneurs avaient rarement fortifié leurs châteaux, ce qui donne encore un peu de marge pour les exceptions, et que ce ne fut qu'au IXe siècle, en présence de l'invasion normande, que les forteresses se multiplièrent avec une prodigieuse rapidité.

Il semble cependant inadmissible qu'on ait laissé sans défense un lieu où l'on enchaînait les malfaiteurs soumis à la justice royale ; c'eut été exposer le palais et la prison à toutes les représailles des condamnés libérés. Pourquoi planter la villa sur la crête d'une colline, si ce n'était afin d'en rendre l'accès difficile au moyen de certaines mesures défensives ? Aussi sans s'écarter de l'opinion des auteurs qui font autorité en pareille matière, on peut dire que « les Francs avaient conservé les habitudes germaines.
« Leurs établissements militaires devaient ressembler à
« des camps fortifiés, entourés de palissades, de fossés et
« de quelques talus de terre ; car le bois joue un grand
« rôle dans les fortifications des premiers temps du
« moyen-âge. (²) »

« Les peuples germaniques, en se confondant avec la
« population gallo-romaine, avaient pourtant conservé
« leurs habitudes ; ils préféraient la vie des champs à
« celle des villes. Le système de clôture qu'ils adoptèrent
« pour l'habitation qu'ils occupaient au centre de leurs
« domaines et des villages qui se formaient près d'eux,
« devaient consister en haies vives, et en fossés garnis de
« pièces de bois. (³) »

Le nom des forteresses garnies de bois rappelle parfois

(¹) Arch. mil. fortifications.
(²) Viollet-le-Duc, Dict, d'arch. V. arch. mil. T. 1, p. 327.
(³) De Caumont, Congrès arch. à Saumur, T. XXVI, 1863, p. 280.

cette origine, sous la forme du mot *Haia* ou *Aia*, ainsi qu'en témoignent en ces termes les capitulaires de Charles-le-Chauve, chapitre 31 : « *Castella firmitates et Haias sine nostro verbo fecerunt* (¹). » L'enceinte de Péronne fut sans doute établie dans des conditions aussi primitives, qui n'en permirent pas moins aux plus grands personnages d'y résider (²).

Le palais proprement dit était situé sur l'emplacement où fut jadis l'hôpital Saint-Jean, remplacé depuis par la pompe à feu ; c'est là que se trouve maintenant le nouveau Palais de Justice. Mais il ne suffit pas d'exprimer cette opinion, méconnue par la plupart des historiens locaux, il faut encore l'étayer de quelques preuves.

Rappelons d'abord qu'Erchinoald, pour retenir Saint-Fursy à Péronne, avait fait bâtir à son intention, et près de son Palais, une église primitivement dédiée aux apôtres Saint-Pierre et Saint-Paul, qui devint ensuite la collégiale. Cet édifice occupait le point culminant du Mont-des-Cygnes, et comprenait dans son emplacement tout le pâté de constructions modernes attenant au magasin de l'artillerie ainsi qu'à la prison, et circonscrit par les rues de Saint-Fursy, de la Maitrise et des Chanoines.

Tout d'abord le Palais lui-même n'avait point renfermé d'église. A proximité s'élevait Saint-Quentin-en-l'Eau, paroisse de Sobotécluse, qu'on s'accorde à considérer comme plus ancienne que le monument de Saint-Fursy. L'église de Sainte-Radegonde, érigée sans doute peu de temps après la mort de sa sainte patronne, s'en trouvait d'autre part encore plus rapprochée ; elle était

---

(¹) La Thaumassière, Hist. de Berry, liv. VI, ch. LXIII.

(²) Le capitulaire de Gontran, donné à Péronne en 575, pour l'observation du repos dominical, pourrait faire supposer que ce roi séjourna à Péronne ; mais il s'agit d'un Péronne situé près de Mâcon.

située à la pointe des glacis actuels du bastion Saint-Fursy, sur le débouché du chemin vert de Halles, et proche le sentier qui conduit aujourd'hui de Sainte-Radegonde à la porte Saint-Nicolas. On en a retrouvé les fondements après le siège de 1871, en établissant de nouvelles plantations sur les terrains militaires. C'est là qu'elle est placée par la bannière du siège de 1536, avec des proportions qui paraissent comparativement exagérées. Bâtie en forme de croix, et orientée, comme toute église qui n'est pas moderne, la bannière la représente de trois quarts, avec un portail en plein cintre surmonté d'une rosace circulaire. Une porte et une rosace semblables s'ouvraient sur le transeps, de chaque côté duquel deux fenêtres en plein cintre éclairaient l'édifice. Un clocher en charpente dominait la croix formée par la nef et le transeps. Un petit mur de clôture, devant la porte d'entrée, fermait sans doute le cimetière de la paroisse.

On ne dit pas que ce monument ait eu à souffrir du siège de 1536. Il est vrai que l'artillerie n'avait alors qu'une portée fort limitée, et que, sous prétexte d'humanité, il n'était pas encore passé en usage de réduire tous les édifices en poussière pour épouvanter des populations inoffensives. Elle eut, dans tous les cas, une longue existence, et ce ne fut qu'en 1635 qu'elle disparut pour être reconstruite auprès de Maismont. Le 1er mai de cette année, le roi Louis XIII étant arrivé à Péronne, « recom-
« manda au mayeur de prendre garde qu'on ne bâtisse
« plus à l'avenir à Sainte-Radegonde, ni aux environs de
« la ville, où il avait fait abattre les maisons et l'église
« qui y étaient ([1]). »

L'église Saint-Fursy, érigée au milieu du VIIe siècle,

([1]) Dehaussy, *Journ. de Pér.* m s. f⁰ 143.

fut longtemps le seul temple renfermé dans l'enceinte primitive. Les comtes de Péronne jugèrent à propos d'en élever un second, qui fut la collégiale de Saint-Léger, fondée dans le château de Péronne, dit Colliette. Cette église fut bâtie (¹) en 1009 ; Robert-le-Barbu et son fils furent ses principaux bienfaiteurs, ainsi qu'il résulte d'une bulle d'Adrien IV, donnée en 1155.

« Il est tout-à-fait vraisemblable, dit le chanoine « Desachy, (²) que ce sanctuaire était à l'endroit où est « une croix de grès, appelée la croix verte, vis-à-vis le « beffroi. ». Et pénétré de la pensée, comme tous les historiens, que cette église était autrefois renfermée dans l'enceinte du Palais, il donne au château une extension exagérée vers l'est, (³) afin d'y comprendre l'emplacement de la croix verte. C'est pourquoi il suppose que l'alignement de la ville se prolongeait jusqu'à la rue des Juifs et à la rue Saint-Jean.

Une autre circonstance encore a pu contribuer à sa méprise, quoiqu'il n'en ait pas parlé. En 1564, les sentences criminelles prononcées par MM. de la ville étaient mises à exécution par le prévôt royal résidant à Péronne, après que le criminel lui avait été mis entre les mains « sur le marché et sur la pierre du roi qui est au « coin de la rue des Juifs. » (⁴) Ce grès, long de quatre pieds, large de deux, élevé du pavé d'environ quatre ou cinq pouces, fut érigé en fief dont il était la glèbe et tout le domaine, au dire du R. P. Waroqueaux, bénédictin de la congrégation de Saint-Maure. (⁵) Quand le

---

(¹) Dehaussy, Généal. des rois de Fr. f° 175.
(²) Essais, p. 33.
(³) Essais, p. 26.
(⁴) Dehaussy, *Journ. de Pér.* ms. f° 112.
(⁵) Piganiol de la Force, descript. de la Franc. T. II, p. 204.

roi venait à Péronne, son cheval devait être ferré à l'avance sur cette pierre, avec quatre fers d'argent, aux frais du tenancier qui le présentait ensuite au roi pour le monter à son entrée dans la ville. Le tenancier jouissait en compensation des priviléges suivants : 1° la desserte et la vaisselle ayant servi au roi dans le repas qu'il avait fait après son entrée, lui appartenaient ; 2° toute la bière consommée dans Péronne lui payait une redevance ; 3° pendant la foire, il avait le droit de choisir, dans chaque boutique d'instruments tranchants, la pièce qui lui convenait le mieux, et qu'on appelait le premier taillant. Chez les couteliers, il prenait un couteau ou un rasoir ; chez les taillandiers, une hache, une doloire ou une bêche. Tous les autres marchands de la foire lui payaient une redevance en argent.

La pierre du roi avait elle-même ses priviléges, et tout homme décrété de prise de corps ne pouvait en être enlevé, s'il avait eu le temps de s'y réfugier. Rien n'explique pourquoi elle se trouvait placée au coin de la rue des Juifs, ainsi que l'indique Dehaussy d'après les archives de la ville ; mais ce ne fut assurément pas pour marquer l'emplacement du vieux palais d'Erchinoald, dont la croix verte elle-même va nous faire retrouver la situation certaine.

On lit dans les résolutions de la ville, à la date du 10 juin 1426, que : « on fit accord que la croix du Castel « qui est envers Saint-Fursy, sera ôtée et remise sur le « marché, entre le beffroy et la maison de Simon « Bachelet. Auparavant (¹), elle était placée vers l'église « Saint-Fursy, en la place où sont à présent bâties les « maisons de la fontaine du Noir-Lion et les autres. »

(¹) Dehaussy, *Journ. de Pér. ms, f° 33 v°.*

Cette fontaine du Noir-Lion était tout simplement le puits situé à l'angle aigu formé par la rue de ce nom et la rue Saint-Fursy.

S'il est vrai que la croix verte fut érigée sur l'ancien emplacement de l'autel de Saint-Léger, afin d'en conserver la mémoire, il faut en rechercher la trace à l'ancienne croix du Castel. Ce nom à lui seul est un argument d'une grande valeur, et d'ailleurs, la rue du Noir-Lion elle-même n'a pas toujours porté ce nom. En 1630 (¹), elle est appelée rue du Château conduisant à l'église Saint-Fursy. Peut-être dira-t-on qu'elle fut ainsi nommée à cause de la proximité du château actuel, vers lequel elle se dirige au nord; mais nous invoquerons un plan de Péronne, dressé en 1752 en forme authentique (²), et sur lequel la petite rue Saint-Fursy, côtoyant aujourd'hui le grand hôtel de Claybroocke, est appelée rue du Castel, tout en prenant une direction bien différente.

Ces indications, qui seront d'ailleurs ultérieurement confirmées, permettent d'affirmer, dès ce moment, que la collégiale de Saint-Léger, renfermée dans le Palais, occupait l'angle aigu formé par les rues Saint-Fursy et du Noir-Lion. L'ancien castel s'élevait donc sur l'emplacement du nouveau Palais de justice; peut-être dépassait-il même la rue Saint-Fursy, englobant ainsi tout l'espace compris entre l'ancien couvent des Ursulines et la grande maison Fernet, car la petite rue du Castel devait y conduire, à moins de ne pas mériter son nom. Peut-être encore s'étendait-il au-delà de la rue du Noir-Lion ; dans tous

---

(¹) Cœuilleret des cens dus à Saint-Barthélemy de Noyon, fos 36, 37, 38, manuscrit appartenant à M. Cotté, arquebusier à Péronne.

(²) Arch. de Pér. plan de la censive de Saint-Fursy, non classé. Ce document fort intéressant paraît avoir été égaré à la suite du siège de 1870 ; nous en possédons une copie.

les cas cette dernière rue, fermée au nord par une porte, devait lui servir d'issue particulière sur la campagne.

Au temps d'Erchinoald, nous nous représentons la villa de Péronne traversée dans toute sa longueur par une voie centrale beaucoup plus vaste que de nos jours, et dont la rue Saint-Fursy peut donner la représentation là où elle est le plus large, c'est-à-dire à la hauteur de la rue de la Maîtrise. Du côté de l'eau et des moulins, une porte s'ouvrait sur le chemin royal ; une seconde débouchait à l'est, au tournant de la rue Saint-Fursy. Tout d'abord la grande place de Péronne ne fut qu'une longue plaine bordée de part et d'autre par le flumen Grusio et les eaux de la fontaine Villette ; ce ne fut qu'à la longue que des maisons vinrent s'y établir.

La rue Mollerue ou chemin royal, contournant le Mont-des-Cygnes, débouchait par la chaussée du Gladimont, pour former plus loin, en se bifurquant, le chemin vert et les voies de Cambrai. Il ne faut pas croire que l'eau venait battre jusqu'au pied des vieilles murailles et empêcher le passage ; la crête seule de la montagne avait été occupée par la forteresse, et à sa base, surtout du côté de Flamicourt, il existait un assez vaste espace de terrains vagues. Quiconque a vu creuser les fondations d'une maison dans les rues du Collège et Mollerue, doit en effet savoir que le sous-sol n'y est pas formé d'alluvions marécageuses.

La ligne la plus courte entre Athies et le tournant de la rue Saint-Fursy, où se trouvait la porte du Palais, toucherait évidemment, non pas Doingt, mais le petit Flamicourt et la rue du Blanc-Mouton. Si la chaussée, qui réunit les deux villes royales, aboutit à l'extrémité du faubourg de Bretagne, c'est assurément parceque le niveau de l'eau, surélevé dans le marais de Flamicourt par le barrage de la

Somme, était devenu un obstacle difficile à franchir. Dès lors c'est un motif de plus pour croire que nos moulins ont pris naissance à l'origine même de la monarchie, en même temps que les résidences de Péronne et Athies furent réunies par une voie spéciale, dont le point d'arrivée a été détourné pour éviter le passage de l'eau ; antérieurement par conséquent à la donation que Clovis II fit de Péronne à Erchinoald.

Dans cette hypothèse, villa et moulins seraient contemporains ; peut-être même l'une n'est-elle que la conséquence des autres. Qui pourrait dire si la *villa fiscalis* n'a pas précisément pris naissance pour protéger et surveiller, du haut du Mont-des-Cygnes, un établissement qu'on voit encore dans la main royale au XIVe siècle, sous les noms de *moulins du roi, eaux du port le roi ?* Cette supposition aurait du moins le mérite d'attribuer à la fondation de Péronne une cause plus sérieuse que celle dont nous avons parlé plus haut.

CHAPITRE NEUVIÈME

VICUS PERONNA

L'HISTOIRE garde un silence absolu sur Péronne pendant tout un siècle, après avoir parlé de Sainte-Radegonde. Ce n'est plus que dans le récit de la vie de Saint-Fursy, mort près de Péronne en 650, 653, 654 ou 655, selon différentes versions, qu'il est fait de nouveau mention de cette ville. « *Mr St Foursy laissa son pays de Hibernie, et quand il eut passé la mer, il vint en France où il fut moult honorablement receu du roi Clovis le IIe de ce nom, de Haymon, comte de Ponthieu et de Herceval, chancelier dudit Clovis, roi de France et seigneur de Péronne où repose aujourd'hui mil quatre cents soixante-deux son benoit corps* [1] »

Sous le règne de Clovis le jeune, Erchinoald, maire du Palais, ajouta à ses possessions, dit Mabillon [2], *Peronam villam fiscalem*, qui, après sa mort et celle de son fils, retourna au fisc royal. — Erchinoald y fixa sa résidence; c'est là que naquit son fils Leudèse, baptisé par Saint-Fursy, et l'on peut croire que le séjour du

---

[1] Vie et mir. de St-Fursy, ms. à M. l'abbé Cardon, p. 20.
[2] De re dipl. lib. IV, CXI, p. 311.

maître eut pour effet d'amener plus de mouvement et de population autour du Palais. Bientôt d'ailleurs sera fondée l'église collégiale (¹) sur le tombeau de Saint-Fursy, et les mérites du glorieux patron de la ville auront pour effet d'attirer une foule de pèlerins.

Beda (²), écrivain du VIIIe siècle, qui raconte la vie de son compatriote Fursy, d'après le récit d'un anonyme

(¹) Cet édifice paraît avoir été décoré par la suite avec une grande magnificence. Au nombre des richesses qu'il renfermait, nous citerons un superbe tableau représentant le mariage de la Vierge, par Pérugin, qui fut donné au musée de Caen, où il est encore, en vertu d'un décret de l'an VIII, créant des musées dans quinze villes de province. Ce tableau avait figuré à l'exposition du 18 brumaire an VII, et avant la Révolution, il ornait la collégiale de Péronne. Au milieu est représenté le grand prêtre ; à sa gauche, la Vierge et un groupe de femmes, tandis qu'à droite, Joseph, assisté de divers compagnons, passe au doigt de l'épouse l'anneau consacré. Dans le fond s'élève un temple flanqué de pavillons à jour. L'aspect général est gai et lumineux. On ne saurait mieux rendre l'atmosphère brillante d'un beau jour et la joie générale d'une fête etc... Chaque figure en particulier mériterait d'être décrite et louée. On y trouve ce dessin exquis et ces visages modelés en pleine lumière où excelle le Perugin. (Baignères, les Beaux-Arts en province ; les musées du Calvados ; *Journal officiel* 21 octobre 1879, p. 9766).

(²) Mabillon, de re dipl. p. 312, C. — Ann. Bened. T. II, p. 299. — Hadrien de Valois, Not. Gall. p. 442.

presque contemporain de ce saint personnage, cite alors *palatium Peronensis vici*.

A la même époque, la chronique du Mont-Saint-Quentin s'exprime dans les termes suivants : « *An. 660, dedicata est ecclesia in honore sancti Quintini martyris Monte sita juxta vicum Peronam.* »

La même année, Saint-Amé, évêque de Sens fut envoyé en exil par le cruel Ebroïn *ad Peronam urbem regiam, in pago Vermandensi*, dit Mabillon ([1]), d'après le témoignage d'un ancien historien.

Mabillon ([2]), car cet auteur est inépuisable en pareille matière, Mabillon cite une bulle de Léon II qui fut pape en 682 et mourut en 683. Elle porte : « *Abbatiam in pago « Viromenduensi, supra fluvium somonam, cui Perona nomen « est* », qu'Hercheval, patrice du royaume, avait construite pour le repos de son âme.

En 687, à la suite de la bataille de Tertry, nous l'avons déjà rappelé plus haut, les fuyards de l'armée de Berthaire se réfugièrent pour la plupart dans l'église de Saint-Quentin, et quelques-uns *ad Peronam Scotorum monasterium in quo beatus Furseus corpore requiescit* ([3]).

C'est à ce petit nombre de textes que se réduit ce qu'on peut savoir de la topographie locale, pendant toute la durée de la dynastie mérovingienne. On voit que Péronne a été successivement désigné comme une villa, un palais, un vicus, et une ville royale. Or *villa* ([4]), diminutif de *vicus*, est une maison de campagne, devenue

---

([1]) De re dip. lib. IV, CXI, p. 312. D. d'après Molannus.

([2]) ib. p. 313.

([3]) Ann. de Metz, D. Bouquet, rec. des Hist. T. II. p. 679. — Mabillon, de re dipl. lib. IV, CXI, p. 312. — Had. de Valois, Not. Gall. p. 442.

([4]) Littré, Dict. V. ville ; supplément : villa.

l'origine d'un village. Sous les Mérovingiens c'est ainsi qu'on appelait certains domaines ruraux, et les palais des rois francs n'étaient parfois désignés que sous ce nom de *villæ* (¹) C'était aussi le village groupé autour du palais.

Il convient en outre de remarquer que l'expression *villa* changea de sens avec le cours des temps, et que dès le XIIIe siècle, elle fut employée simultanément pour désigner soit un village, soit une ville. La langue était alors en plein travail d'évolution, et de romane devint française. C'est ainsi que Péronne, *villa* vers le milieu du VIe siècle, *vicus* plus tard, est encore appelée *villa* en 1209 par sa charte de commune (²), mais alors avec le sens de ville.

Vicus est encore le village, mais avec plus d'importance. Ce fut, selon Ducange, un « *castrum sine munitione murorum.* » Le même auteur donne encore cette définition : « *Vici castella et pagi sunt, qui nulla dignitate civitatis honorantur, sed vulgari hominum cœtu incoluntur.* » Il fait même connaître un vicus d'une autre nature en citant cette prescription d'un capitulaire de Charlemagne : « *Ut festivitates præclare non nisi in civitatibus, aut vicis publicis teneantur.* » Il ajoute ensuite ce commentaire du concile de Ravenne en 904, « *de comitibus : In publicis vicis domos constituant in quibus placitum teneant, et secundum antiquam consuetudinem hospitentur.* »

Ce bourg public, tout à la fois le siége du fisc et du tribunal, ainsi que la résidence du comte, jouissait avec la cité du spectacle des fêtes populaires, parce que là sans

---

(¹) Ducange, glossaire.

(²) Arch. de Péronne. — Teulet, trésor des chartes. T. t, n° 897. (J. 232).

doute se rencontraient les officiers de police susceptibles de tenir en respect la turbulence de la foule.

Indépendamment de ces différents caractères, un auteur contemporain (¹) a fait ressortir que la *villa* n'était pas pourvue d'une église comme le *vicus*, et qu'elle dépendait d'un *vicus*. L'une n'était donc qu'un simple hameau, tandis que l'autre représentait le chef-lieu d'une paroisse.

Péronne réunissait assurément toutes les conditions nécesssaires pour constituer le bourg public défini par Ducange. Il est douteux cependant que la qualification de *vicus* lui ait été justement appliquée. En effet, cette expression n'est employée que dans certains textes qui ne lui donnent pas une grande authenticité : par Béda, historien anglais dont les œuvres sont postérieures de plus d'un siècle à la vie de Saint-Fursy, et par la chronique du Mont-Saint-Quentin, qui ne fut composée que beaucoup plus tard. La bulle de Léon II et les Annales de Metz, inspirées sans doute par des communications locales, citent au contraire le nom de Péronne sans y ajouter de qualificatif.

D'autre part, on voit apparaître en 666 « *Peronam urbem regiam* »; mais cette dernière appellation doit être considérée comme n'étant plus en rapport avec la réalité des faits, puisque la ville appartenait alors à Leudèse, fils d'Erchinoald, et non pas à la couronne. Sigebert qui s'exprime ainsi, comme Béda, n'est pas un historien local; il écrivait d'ailleurs au commencement du XIIe siècle, et le sens littéral des mots dont il fait usage ne peut avoir, au point de vue topographique, la même valeur que ceux d'une charte contemporaine, émanée d'un seigneur de Péronne ou d'un évêque de Noyon.

(¹) Longnon, Géog. de la Gaule, p. 19.

Vers la fin même de la dynastie mérovingienne, il serait assurément trop ambitieux de décorer Péronne du nom de ville. On voit du moins combien il est nécessaire en matière de topographie, de tenir compte des changements que la succession de plusieurs époques entraîne dans les mœurs et habitudes. Quand tout se modifie, les institutions, les races elles-mêmes fondues les unes dans les autres, il serait imprudent de ne pas avoir égard au sens primitif de certaines expressions. Indiquer qu'une localité a été successivement *curtis*, *mansio*, *villa*, ou *castrum*, *oppidum*, *urbs*, ce sera fréquemment écrire en peu de mots l'histoire de ses transformations.

CHAPITRE DIXIÈME

CASTRUM PERONENSE

On ne saurait rien dire de la palissade de bois qui renfermait primitivement la *villa* de Péronne, parce qu'elle n'a point laissé de vestiges. Ce fut sans doute une clôture plutôt qu'un ouvrage de défense proprement dit, car ce n'est que plus tard que l'on trouvera dans l'histoire la preuve certaine de son existence comme forteresse.

Mais alors nous serons transportés loin déjà des Mérovingiens. Charlemagne aura constitué son immense empire, en domptant les Sarrasins, les Lombards et les Saxons, et ses faibles successeurs, principalement occupés de luttes intestines, laisseront les pirates normands ravager le royaume, piller les monastères, brûler les villes et massacrer les populations inoffensives. La panique fut grande alors, principalement dans les provinces confinant à la mer, et en présence de l'inertie du pouvoir royal, les possesseurs des grands domaines territoriaux, toujours disposés à l'indépendance, s'ingénièrent à trouver eux-mêmes les moyens de se défendre. Partout les châteaux et les forteresses s'élevèrent comme par enchantement ([1]); non pas seulement de simples abris en terre, ou des palissades faciles à détruire par le feu, mais aussi des murailles et des tours construites en solide maçonnerie.

L'archéologie connaît mal l'architecture militaire de l'époque carlovingienne. Cela tient à ce que la plupart de ces monuments ont disparu sous la ruine du temps, et que les portions qui en subsistent encore sont le plus souvent englobées dans des ouvrages plus récents qui en masquent le caractère. Péronne à ce point de vue s'offre à l'antiquaire comme un remarquable champ d'études; mais pour n'être pas tenté d'attribuer à une époque ce qui ne peut lui appartenir, il paraît nécessaire de continuer la revue des documents historiques que les contemporains nous ont laissés sur les développements de la ville. Toutefois dans un temps si pauvre en documents écrits, on ne s'étonnera pas qu'il faille passer par bonds d'un siècle à un autre, pour trouver des textes dans lesquels la plume des commentateurs n'ait aucune part.

Les historiens ne sont pas tout à fait d'accord sur l'année où les Normands s'emparèrent de Péronne. Mabillon pense que ce fut en 881 ([2]); d'autres indiquent l'année 884. Si nous avions à prendre parti dans un tel débat, nous nous prononcerions pour l'époque désignée par les annalistes locaux. Dans les évènements de cette nature, ceux-ci sont le plus souvent inspirés par des

---

[1] De Caumont, arch. milit. fortifications.

[2] Ann. Bened. T. III, p. 224. — de re diplo. lib. IV, CXI, p. 312, F.

points de repère inconnus aux écrivains du dehors, et s'ils sont exposés à se tromper, ce n'est pas dans l'indication matérielle d'un fait, mais bien dans les considérations qu'ils cherchent à en déduire. Le patriotisme local est sujet à ce genre d'aveuglement.

Une date d'une précision absolue importe peu à notre sujet, et nous nous contenterons de citer le texte de la chronique du Mont-Saint-Quentin : « An. 880, *monasterium nostrum dirutum est a Normanis qui eodem tempore monasteria fere omnia Belgica prostraverunt.* »

L'auteur anonyme du sermon sur la sépulture de Saint-Quentin dit (¹) qu'en cette année 880 les Normands vinrent jusqu'au Mont-Saint-Quentin et l'incendièrent.

Suivant la chronique du Mont-Saint-Quentin, « *An. 883, Normani ferro et igne devastarunt urbes Atrebatum, Sanquintinum et Peronam et omnes ecclesias territorii Viromandensis.* »

Quentin de la Fons estime aussi que ce désastre frappa Saint-Quentin en 883 (²); ces deux versions locales se fortifient donc l'une par l'autre. Quant à l'expression « urbes » qui ne pouvait encore, à proprement parler, s'appliquer à Péronne, elle était commandée dans ce texte par l'énumération qu'on y fait d'Arras et de Saint-Quentin, antiques cités gauloises et romaines qui méritaient assurément le nom de villes.

La même chronique fait connaître qu'en 890 « *Herbertus I, princeps ex stirpe regiâ et comes Viromanduorum, reparavit urbes Sanquintinum et Peronam a Normanis incensas.* » C'est une date précise sur laquelle nous aurons à revenir.

(¹) Had. de Valois, Not. Gall. p. 442, d'après Rigord.
(²) Gomart, Hist. de la ville de Saint-Quentin, T. III, p. 10.

Cette chronique dit en outre : « *An. 925, Herbertus II Carolum regem fraudulenter deduxit in suum Peronense castrum.* » C'est la première fois que cette désignation *castrum* apparaît ; désormais elle se reproduira fréquemment.

Une certaine charte d'Albert-le-Pieux joue un grand rôle dans l'histoire de l'abbaye du Mont-Saint-Quentin. Reproduite par M. l'abbé Decagny (¹) à cause de son extrême importance, la date doit en être fixée à 977, selon les uns et à 980 selon les autres. La chronique du Mont-Saint-Quentin est d'un autre avis, et voici comment elle s'en explique : « *An. 944, Adalbertus, filius Herberti II et comes Viromanduorum, restauravit monasterium nostrum, cui plurima bona concessit, et antiqua reddidit, et cum a fundamentis ecclesiam et loca regularia reædificasset, Abbatem et monachos ibi constituit, quæ omnia confirmavit diplomate speciali dato an. 948...* »

Après la lecture de ces textes, trop rares au gré de nos désirs, nous rechercherons sur place, et l'histoire à la main, ce que pouvaient être les fortifications de Péronne vers la fin de la seconde dynastie.

Le chanoine Desachy nous paraît animé d'une timidité excessive (²) quand il hésite à affirmer que « les murailles qui s'étendent depuis le coin des Minimes jusqu'à la montagne de Brusle, et depuis la rue du Moulinet jusqu'à la rue des Vierges, ne sont autre chose que la première enceinte de la place. » A la vérité il semble avoir ignoré que les deux hautes murailles qui flanquent au nord et au sud le sommet du Mont-des-Cygnes, se continuent à l'est et à l'ouest de manière à former une

---

(¹) Hist. de l'arr. de Pér. T. I. p. 155, d'après les Ann. Bénéd.
(²) Essais, p. 26.

enceinte complète. Il n'en est pas moins certain que c'est là le périmètre désigné par les anciens documents sous les noms de *palatium, villa regia, vicus, castrum*. Comprenait-il une aussi grande étendue au temps de Sainte-Radegonde ? On ne saurait le soutenir ; mais on peut le croire si l'on veut y caser à l'aise toutes les dépendances qu'il a dû renfermer pour suffire aux nécessités d'une résidence royale. On ne peut même douter qu'il en ait été ainsi dès qu'Erchinoald, par la fondation de la collégiale, y eut attiré une population plus nombreuse.

Le mur d'enceinte, du côté des rues Mollerue et du Collège, supporte encore les antiques terrasses de la villa royale ; d'en bas, l'œil en distingue parfaitement le développement. Pour en retrouver la trace à l'est, il faut pénétrer dans les maisons particulières, où la différence des niveaux indique clairement son assiette. La muraille, formant le pourtour du Palais de Justice, fait un coude à angle droit dès qu'elle atteint le charmant hôtel d'Estourmel. Un peu plus loin, elle est flanquée d'une forte tour à peu près carrée, dont l'existence est ignorée de tout le monde, même des personnes qui la possèdent. A la vérité, le morcellement dont elle a été l'objet la rend méconnaissable. Les trois maisons Bulot, Lavalard, Dufour, situées au tournant de la rue Saint-Fursy, près la petite porte du Palais de Justice, se la sont partagée en parcelles sensiblement égales formant trois terrasses un peu moins élevées que l'enclos du Palais de Justice, mais infiniment plus hautes que le sol des cours voisines. Dans son intégrité, cette tour mesure environ douze mètres de côté ; elle est construite en grès et en briques disposées par assises irrégulières.

Au-delà de la tour, la muraille, poursuivant sa direction, traverse la petite entrée du Tribunal, en révélant encore sa présence par un parement de maçonnerie cyclopéenne à peine caché sous une couche de peinture. De l'autre côté de la rue Saint-Fursy se trouve une autre tour, formant un carré irrégulier, et qui est également peu connue, ensevelie comme elle l'est au milieu des édifices voisins. Depuis plusieurs années, c'est dans cette maison que M. Millant, boulanger, a établi sa boutique. Que de gens ne se doutent pas qu'ils font journellement leurs provisions de ménage dans une antique dépendance du palais d'Erchinoald, de la prison du farouche Herbert, du château d'Albert-le-Pieux et de la résidence de Robert-le-Barbu.

Cette tour présente onze mètres de large sur la rue Saint-Fursy, dont elle forme l'un des côtés de l'angle tournant; le côté opposé ne compte pas plus de neuf mètres; la troisième face, appuyée sur la muraille du *castrum*, a onze mètres trente centimètres; enfin le front extérieur mesure dix mètres quarante centimètres. Elle a donc la forme d'un quadrilatère irrégulier plutôt que d'un carré. Les murs, d'un mètre trente centimètres d'épaisseur, sont construits en maçonnerie de grès posés par assises assez régulières. L'édifice comprend un rez-de-chaussée et un premier étage, avec grenier au-dessus. Dans la salle du bas, une haute fenêtre à meneaux croisés du XVIe siècle s'ouvre sur le front extérieur; du dehors on distingue parfaitement qu'une partie du parement a été refait en pierres blanches jusqu'en haut du pignon. Du même côté, il existait une vaste cheminée de la même époque, mesurant trois mètres de large, dont le lourd manteau de pierre, chargé de moulures, était supporté par deux colonnettes. Le carrelage de l'appartement, sensiblement surélevé au-dessus de son niveau primitif,

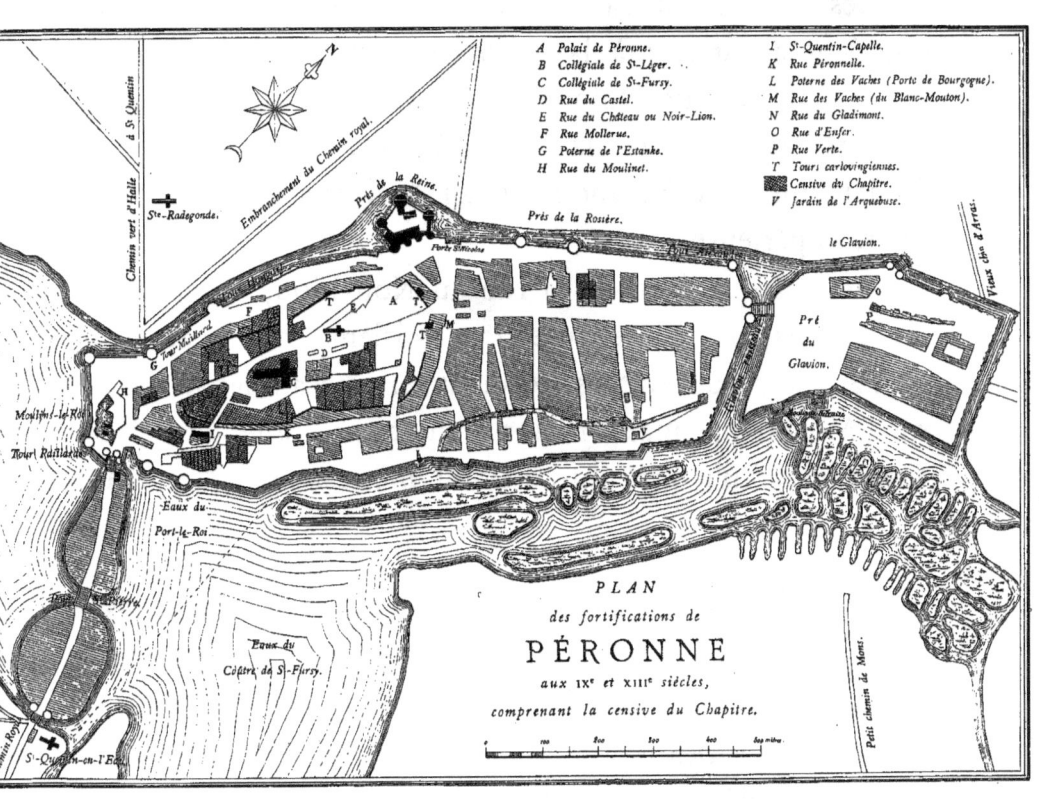

ne se trouvait plus (¹) qu'à un mètre en contrebas du manteau et cachait le socle des colonnes (²)

Il existe entre les deux tours de l'antique muraille des différences sensibles. L'une et l'autre sont bâties en grès ; mais la maçonnerie de la première est entremêlée d'assises de briques, tandis que le parement de la seconde se compose de pavés grossièrement équarris, et posés par assises, comme à l'ancien beffroi de la ville. Elles ne sauraient appartenir à la même époque, et il faut reconnaître que la tour Dufour a été reconstruite sur son plan primitif, tandis que la tour Millant, intacte dans ses fondements, n'a été modifiée au XVIe siècle que dans sa partie supérieure.

Une autre maison de la rue du Noir-Lion, celle de M. de la Fons, possède encore une troisième tour dépendant de l'ancienne enceinte et formant terrasse au-dessus de la rue Mollerue ; mais moins importante que les deux autres, elle n'a pas plus de huit mètres de front, deux

---

(¹) M. Millant a malheureusement démoli cette cheminée, dans ces dernières années, sans avoir eu soin d'en conserver les débris.

(²) Cette maison appartenait, il n'y a pas encore bien longtemps, à M. Leblant, membre de l'une des principales familles de Péronne, qui eut, comme les Dehaussy et les Hiver, le goût de rassembler de nombreux documents sur l'histoire de la ville. Ces notes paraissent avoir été consumées dans les incendies du bombardement de 1870 ; nous possédons cependant la copie de quelques dessins provenant de cette source. Les Leblant, en changeant de maison, négligèrent d'emporter un vieux tableau dont le sujet était devenu méconnaissable sous la moisissure gagnée dans le voisinage d'un mur salpêtré. M. Millant consentit sans peine à se séparer de cette toile sans mérite. Après un rentoilage et quelques retouches dues à l'habile pinceau de M. Gomart, nous avons eu la très-grande satisfaction de pouvoir offrir au musée de Péronne une précieuse vue de la ville antérieure à 1652, date de la construction de la porte de Paris qui n'y figure pas.

Un très-grand nombre de maisons de Péronne, particulièrement

mètres de saillie d'un côté, et trois de l'autre. Sa forme est donc aussi celle d'un quadrilatère irrégulier, et c'est même ce que ces antiques monuments présentent de particulièrement caractéristique. Leur plan, tracé sans le concours de l'équerre, et comme à vue d'œil, semble avoir été exécuté par des maçons plus soucieux de la solidité que de la beauté de leur œuvre. Au moyen-âge, depuis si longtemps qu'on ne bâtissait plus qu'en bois, les traditions de l'antiquité étaient perdues, et ce fut alors comme la nouvelle enfance d'un art oublié depuis les Romains.

La muraille se continue tout autour du Mont-des-Cygnes par une suite de lignes brisées. Sur son sommet ce ne sont que jardins et terrasses, et les maisons y sont en si petit nombre qu'on pourrait rétablir à peu de frais le chemin de ronde, ou rue militaire, qui dut le couronner autrefois.

Au-delà de la maison Millant, vers le sud, on ne voit plus la vieille muraille, mais elle reparaît bien vite pour soutenir les jardins de l'ancien couvent des

---

celles de la grande place, renferment de vastes souterrains dont on n'a pas expliqué la destination. Chaque galerie, large de deux ou trois mètres et creusée en pleine craie, s'ouvre à droite et à gauche sur des anfractuosités peu profondes, disposées sur le bord de l'allée principale comme des chapelles de chaque côté d'une nef d'église. Ces niches ont pu servir de magasins ou même de cachettes accidentellement pendant les époques de troubles ou de siéges ; mais les galeries, où s'effleurit le salpêtre, suintant l'eau goutte à goutte et sans moyen de ventilation, n'ont jamais pu se prêter à l'habitation. Ce ne sont vraisemblablement que des carrières, d'où furent extraits ces moëllons friables du pays qu'on ne peut employer que dans des maçonneries intérieures, sous peine de les voir se déliter à la gelée. Si l'on en excepte les souterrains de la sous-préfecture, dont le développement est considérable sous le sol de la grande place, nulle maison de Péronne n'en possède peut-être de plus profonds que la maison Millant.

Ursulines et se poursuivre sans interruption jusqu'au bas de la rue Saint-Fursy, à travers la Montagne-de-Brusle, les rues Fournier et des Grands-Carreaux, et en limitant l'ancienne maison du doyen. En bas de la Montagne devait se trouver l'une des entrées du castel ; mais l'accumulation des maisons en a fait disparaître les traces de l'un et de l'autre côté. Ce n'est plus que vers la rue Mollerue que la muraille domine de nouveau les maisons particulières.

Il serait difficile de dire comment le mur d'enceinte fut construit à l'origine. Les injures du temps ont entraîné partout sa reconstruction partielle suivant les usages du moment, et le plan seul en est intact, sauf certaines modifications aisées à reconnaître. L'ensemble de la forteresse, de forme irrégulière, est un ovale étranglé dans son plus petit diamètre, c'est-à-dire à la hauteur de la rue des Vierges et de celle de la Maîtrise.

Partout la trace des portes a disparu ; la vieille muraille a été démolie en certaines places, les terrasses nivelées et le sol réuni aux maisons situées en contrebas du plateau. Au contraire, diverses portions ont été agrandies. C'est ainsi que vers l'extrémité ouest de la rue Mollerue se remarque un saillant d'une dizaine de mètres, qui se prolonge pendant plus de quatre-vingts mètres avec le même alignement. C'est le résultat de reconstructions partielles ayant eu pour effet de donner aux propriétaires supérieurs l'occasion d'agrandir leurs terrasses aux dépens du fonds inférieur. Les frais de fondation de cette haute muraille auront été dans ce cas singulièrement atténués, si l'on veut considérer le saillant lui-même comme établi sur l'alignement extérieur de deux tours voisines qui auraient ainsi complètement disparu sous cette disposition nouvelle.

Cette hypothèse sera fortifiée si l'on veut admettre que toute l'enceinte était flanquée de tours carrées peu distantes les unes des autres. Supposons, en effet, une première tour à l'angle extrême de la muraille, à l'ouest de la rue Mollerue; à quatre-vingts mètres vers l'est, nous trouverons la place de la suivante dans le saillant dont nous venons de parler. Soixante-dix mètres plus loin, nous en placerons une troisième au débouché de la rue des Vierges, et en continuant on rencontre la quatrième qui existe encore à la maison de la Fons. Puis, viendraient la porte de la rue du Noir-Lion, et en retour d'équerre, après l'angle du jardin du tribunal, la tour Bulot, Lavalard, Dufour, qui, pour commander la porte d'entrée, n'est éloignée que de quarante-cinq mètres de la tour Millant. Enfin, une autre eût été établie près des jardins des Ursulines. Nous voilà parvenus à la Montagne-de-Brusle, où se remarque un saillant à la maison Tattegrain; nouvelle tour par conséquent, que nous ferons suivre d'une autre afin de gagner les cent soixante mètres à parcourir avant d'en poser encore une au saillant de l'ancien couvent des Minimes, aujourd'hui maison Dehaussy. La suivante trouverait sa place à la rue des Grands-Carreaux, et comme la porte de la rue Saint-Fursy ne peut avoir été privée de défense du côté de l'eau, nous en supposerons deux dernières placées à droite et à gauche du passage, comme à la sortie opposée vers la grande place. L'enceinte eût été ainsi flanquée de quatorze tours carrées distantes de soixante à quatre-vingts mètres les unes des autres sur les courtines, et d'une quarantaine de mètres seulement près des deux entrées principales.

Nous exprimons le regret de n'avoir pu démêler quelle était la disposition des portes d'entrée. Le tournant de la rue Saint-Fursy, vers la place, semble rappeler l'accès des vieux châteaux des bords du Rhin, dans lesquels on ne pouvait pénétrer qu'en longeant d'abord les murailles, afin que l'assaillant fût directement exposé aux coups de la place. Un vieux mur de grès, d'un mètre vingt centimètres d'épaisseur, et situé au fond de la cave de la maison Terlez, pourrait bien avoir joué un rôle dans la défense de la ville. Quoiqu'il en soit, toutes les maisons massées sur ce point, et visitées jusqu'au fond de leurs caves, ne nous ont pas livré le secret que nous cherchions, et qu'elles semblent avoir anéanti.

Une seule, la maison Legrand, la plus proche voisine de la tour Millant, renferme un monument de quelque intérêt; c'est un puits de forme carrée, (chose rare et probablement fort ancienne) maçonné en grès et creusé au fond de la cave, proche et à trois ou quatre mètres en contrebas de la rue Saint-Fursy. Lorsque la population de la ville eut augmenté et que l'espace vint à manquer pour établir des maisons nouvelles, on commença sans doute à envahir certaines dépendances du Palais affectées autrefois à un usage devenu moins essentiel. Le Palais dut lui-même restreindre son étendue et ne plus comprendre, peu à peu, que l'habitation principale, ainsi que la collégiale de Saint-Léger renfermées à la fois dans une même clôture. Il en fut certainement à Péronne comme ailleurs, où, dans le cours du moyen-âge, les alentours de toutes les cathédrales et des grands édifices, à la faveur d'une tolérance exagérée, furent envahis par des échoppes parasites. Par l'économie d'une muraille à édifier, on appuyait sur un monument public de modestes constructions que diverses transformations changeaient par la suite en véritables maisons. La clôture du Palais devint probablement ainsi le point d'appui des vingt maisons qui s'y trouvent encore, car nous ne pouvons nous empêcher de considérer comme une anticipation tout ce qui masque la façade du nouveau Palais de justice, depuis le tournant de la rue Saint-Fursy, jusqu'à la rue du Noir-Lion.

Par la suite, l'enceinte primitive ne put même suffire à loger tous ses nouveaux habitants. On fut forcé de bâtir en dehors et de former des faubourgs. Là encore, le mur de ville fut une ressource précieuse et une clôture toute faite pour les jardins, qui prirent, à la longue, possession des fossés. La cave Legrand fut sans doute à l'origine une cour particulière établie en contrebas du *castrum*, car les services domestiques d'une maison sont généralement installés au rez-de-chaussée, et il n'est pas d'usage d'éloigner jusqu'à la cave l'approvisionnement d'eau. Lorsque la muraille de la vieille forteresse eut été démolie, la cour primitive fut tranformée en cave, et la maison qu'on éleva par-dessus devint un rez-de-chaussée s'ouvrant de plain pied sur la rue Saint-Fursy. Ainsi peut s'expliquer la situation anormale de ce puits.

Lorsque le palais de Péronne eut été enfermé de fortes murailles, il reçut la qualification de *castrum*. Le IXe siècle donna des remparts à un grand nombre de villes secondaires ou de bourgades qui sont indifféremment dénommées, dans les documents contemporains : *oppidum*, en rappelant le souvenir des refuges gaulois, ou *castrum*, mot dont l'origine est romaine, ou même *burgus*, terme germanique. Ces trois expressions, de sources bien différentes, offrent la même signification dans le langage du moyen-âge, et s'appliquent à une place fortifiée. Le sens de chacune d'elles n'est sans doute séparé de celui des autres que par des nuances insensibles, car on les voit alternativement employées pour désigner une même localité. En effet, Péronne est appelé *castrum* en 925 et vers 1043 ([1]), *oppidum*

([1]) D. Grenier, Bibl. nat. ms. CLXXIV, p. 144.

en 1045 ([1]), et ainsi, tour à tour, jusqu'à la fin du XIIe siècle. Nesle, que « li roman de Raoul de Cambrai » appelle le *borc* de Nelle, est nommé *castrum* en 550 et *castellum* en 977 ([2]). Il n'est donc pas encore bien démontré, quoiqu'en dise un auteur moderne ([3]), que la qualification d'*oppidum* s'appliquait au moyen-âge à une place d'une importance supérieure à celle du *castrum*.

Maintenant que nous avons reconstitué les limites du Péronne primitif, l'histoire donnera par surcroît quelques indications sur le rôle joué par la forteresse.

On ne peut admettre que Saint-Amé, évêque de Sens, ait été relégué par Ebroïn dans une ville absolument ouverte. Péronne était donc muni de défenses avant l'an 660. A la vérité la clôture primitive, nous l'avons dit, fut vraisemblablement construite en bois ; mais à l'approche des terribles Normands, la pierre ne prit-elle pas la place des palissades si faciles à incendier ? En 885, sous l'impulsion des ducs de France, Paris, entouré nouvellement d'un double mur d'enceinte et de grosses tours ([4]), put résister pendant près de deux ans aux entreprises de trente mille pillards. Si Péronne était clos de murailles en 880, on ne saurait le dire. Hincmar, vingt ans plus tôt, reprochait à Charles-le-Chauve de ne pas avoir égard aux rapines normandes, et de laisser chacun se défendre à sa guise. C'est à peine si l'on peut croire que ce descendant de Charlemagne, tout occupé de la dislocation de son empire, ait eu le loisir de songer aux fortifications d'une petite ville. Et cependant, c'est à

([1]) Id. — p. 145.
([2]) Ann. Bened. T. III, p. 719. — Gall. Christ. T. X, p. 359.
([3]) Longnon, Géog. de la Gaule, p. 14.
([4]) Duruy-Guizot.

Péronne même, *ad Peronam Palatium* (¹), que, par un traité conclu en 849 avec Lothaire, le Vermandois entra dans sa part de royaume. Mais là n'étaient pas ses préoccupations principales, et quand on le voit, lui et ses successeurs, acheter à prix d'or la retraite des Normands, on peut douter qu'il ait pris soin de sauvegarder les lieux exposés au pillage, et de préserver particulièrement le Vermandois de toute atteinte.

L'abbaye du Mont-Saint-Quentin fut incendiée par les Normands en 880. Péronne, sans aucune clôture, n'eut sans doute pas échappé au même sort, et peut-être les horreurs d'un siége ne lui furent-elles épargnées qu'à la faveur de l'arrivée de l'armée royale, entreprenant au cœur d'un rigoureux hiver la poursuite des brigands du nord. La victoire de Saucourt-en-Vimeu, que gagna Louis III contre les envahisseurs à ce moment, peut avoir suggéré la pensée de fortifier les villes de la Somme; l'histoire ne parle cependant que des retranchements en bois qu'on éleva pour barrer le passage aux bandes de pirates. Trois ans plus tard, la ville de Péronne subit à son tour la plus dure calamité; elle fut brûlée et pillée, ainsi qu'Arras, Saint-Quentin, et toutes les églises de la province.

Cette perpétuité de brigandages avait amené une lassitude générale. Pour repousser les tentatives sans cesse renaissantes des envahisseurs, on avait vainement compté sur l'énergie de l'empereur Charles-le-Gros, qui ne put même intimider les Normands (²). On déposa celui-ci en 887 et, à ce moment, Eudes était élu roi à Compiègne, Boson devenait roi de Provence, Rodolphe se faisait cou-

---

(¹) Mabillon, de re diplo. p. 312, E. — Had. de Valois, Not. gall. p. 442.

(²) Duruy, Hist. de l'Eur. p. p. 174, 216.

ronner roi de Bourgogne (¹). En même temps tous les grands vassaux, prenant de plus en plus l'habitude de ne compter que sur eux-mêmes pour assurer la sécurité publique, s'affranchissaient du pouvoir royal.

Le comte de Vermandois participa comme tant d'autres à cette révolution sociale, d'où devait sortir le régime de la féodalité (²). Pépin, fils de Bernard, roi d'Italie, si cruellement châtié de sa rébellion par Louis-le-Débonnaire, avait reçu en 818 le gouvernement de cette province, en compensation de la perte de la couronne enlevée à son père. Il mourut en 875 (³), laissant le Vermandois à son fils aîné, Bernard, bien que l'édit de Kierzy, ratifiant d'ailleurs les faits accomplis, ne soit intervenu que deux ans plus tard pour autoriser l'hérédité des grands fiefs du royaume. Bernard étant mort sans enfants, sa succession fut partagée entre ses deux frères : Herbert Iᵉʳ eut Péronne et Saint-Quentin ; Pépin II reçut en partage Senlis et le Valois. Herbert « à l'exemple des ducs et comtes de Paris, « de Bourgogne, d'Aquitaine et de Toulouse » ainsi que l'exprime Quentin de la Fons (⁴), s'appropria le comté de Vermandois, et prit assurément les mesures nécessaires pour affermir son autorité ; la construction de solides forteresses dut s'imposer tout d'abord à ses soins.

Sa sollicitude devait même le porter à mettre au plus tôt sa capitale à l'abri des invasions ennemies ; en effet, ce fut en 884, d'après le dire d'Emmeré, ou en 885, suivant le sermon de la tumulation de Saint-Quentin (⁵), que, de concert avec l'abbé Thierry, il résolut de relever la ville

---

(¹) Guizot, Hist. de Fr. rac. à mes pet. enf. T. I, p. 246.
(²) Colliette, liv. VIII, XIX.
(³) Dehaussy, Généal. des Rois de Fr. ms. fº 147.
(⁴) Gomart, Hist. de Saint-Quentin, T. III, p. 13.
(⁵) Gomart, Hist. de Saint-Quentin, T. II, p. 6. — Etudes Saint-Quentinoises, T. I, p. 155.

de Saint-Quentin de ses ruines, et de l'entourer de murailles. La chronique du Mont-Saint-Quentin place cet évènement à la même époque, avec un écart insensible de quelques années, en assignant la date uniforme de 890 à la reconstruction des fortifications de Saint-Quentin et de Péronne.

On ne peut que s'incliner devant cette coïncidence des auteurs locaux ; c'est pourquoi sur ce point, qui ne permet guère que des hypothèses, nous croyons pouvoir exprimer l'opinion que Péronne ne fut pourvu de véritables murailles qu'après avoir été saccagé et incendié par les Normands. Remarquons, en passant, que si le comte Herbert a transformé ses ouvrages de défense au point de remplacer ses palissades de bois par des murs, le mot *réparer*, qu'emploie le chroniqueur, est bien faible pour indiquer un changement de système aussi radical.

Néanmoins, sa nouvelle ceinture de maçonnerie était incontestablement terminée en 898, puisque Raoul de Cambrai, fils de Baudoin, dit Bras-de-Fer, essaya vainement de s'en emparer à cette époque.

Ce fut aussi une solide forteresse en 925 lorsque Herbert II y séquestra le royal prisonnier, dont la vie devait s'y éteindre après une longue captivité. On ne peut supposer que Charles-le-Simple ait été incarcéré dans une ville mal défendue ; tandis que le *Castrum Peronense*, perché sur le haut d'une colline, et environné d'eau de tous côtés, devait offrir pleine sécurité à l'ambition jalouse du cruel Herbert.

La plupart des historiens ne se prononcent qu'évasivement sur l'emplacement de la prison de Charles-le-Simple, et se bornent à dire que ce prince fut enfermé dans le château de Péronne. D'autres, plus affirmatifs, veulent qu'il ait été détenu dans le château actuel ; c'est là une grosse erreur. Maintenant que nous avons restitué les limites du Palais et de l'ancien *Castrum*, il ne sera plus permis de dire que l'enceinte primitive s'étendait jusqu'à la porte Saint-Nicolas. Laissons donc là notre château, avec ses propres souvenirs ; il en aura par lui-même d'assez intéressants, et d'un genre bien différent, sans avoir à évoquer la pâle mémoire d'un roi de France assez faible pour subir en silence la longue et mortelle étreinte de son puissant vassal.

En 932, la ville soutint avec succès un nouveau siége. Gilbert de Lorraine vint y attaquer Herbert et perdit un nombre considérable de ses soldats. Les preuves abondent donc pour démontrer que notre antique fortification remonte à l'époque carlovingienne.

On a trouvé d'ailleurs dans quelques villes des traces de fortifications du même temps, établies dans des conditions identiques. Saint-Quentin, capitale de la province, était protégé à la fin du IVe siècle par des remparts en terre avec palissades de bois ([1]) ; mais il s'établit en dehors de la cité romaine et autour du tombeau de Saint-Quentin, une petite enceinte qui devint le chef-lieu administratif du Vermandois. Aujourd'hui encore, les rues qui en marquent le circuit s'appellent collectivement, dans le langage populaire : *le tour du gouvernement*. Au centre s'élevait le Palais des comtes, *(domus regis)* et dès l'année 680, au dire d'Emmeré, elle aurait été entourée de murailles, qui furent restaurées, on vient de le voir, par Herbert 1er en 885. Or, cette antique fortification se composait, comme celle de Péronne, d'un gros mur de grès flanqué de tours carrées.

Il en fut de même à Cambrai, qu'on mit en état de défense en 953, en présence de l'invasion hongroise.

([1]) Gomart, Etudes St-Quentinoises, T. II, pp. 87 et s.

L'Escaut coulait en bas de la ville, et dans le centre se trouvait le bourg ou château, bâti très-solidement et garni de tours carrées (¹).

Voilà donc un caractère très-marqué qui distingue l'architecture militaire au temps des Mérovingiens, et ne permet pas de confondre ses monuments avec ceux des autres époques. Les Romains entouraient leurs villes d'une forte muraille et de tours ou de demi-tours du haut desquelles l'assiégé défendait les approches de la courtine. Ces tours étaient rondes, parce que l'expérience avait démontré que le choc des béliers avait plus de facilité pour ruiner les angles de maçonnerie (²). Au contraire, si l'on en juge par les reproductions de la colonne Trajane, les Germains construisaient des forts carrés, disposition qui se prête bien mieux que la forme circulaire à l'emploi du bois.

Les Francs importèrent sans doute cet usage dans la Gaule ; leur préférence pour la ligne droite se perpétua même lorsque la pierre fut substituée au bois, puisqu'à Péronne, Saint-Quentin et Cambrai, les fortifications carlovingiennes furent flanquées de tours carrées, bâties en maçonnerie de grès. Ainsi donc se trouve confirmée cette observation de M. de Caumont, lorsqu'il dit que les donjons carrés furent les plus anciens (³).

Nous étudierons plus loin les modifications qui furent apportées par les Capétiens à ce système d'architecture militaire.

(¹) Le Glay, Hist. des Comtes de Flandre, T. II, p. 105.
(²) Vitruve, lib. I, cap. V.
(³) Congrès arch. à Fontenay, 1864, T. XXVIII, p. 63.

CHAPITRE ONZIÈME

DÉVELOPPEMENTS DE PÉRONNE

Un sentiment général de résistance finit par prévaloir au milieu des esprits, et réussit à paralyser les progrès de l'invasion normande. Le régime féodal, qui peu à peu avait pris naissance, profita de la faiblesse de l'autorité royale pour étendre son essor. Les forteresses et châteaux nouvellement bâtis, mirent un frein à la hardiesse des pirates, et rendirent momentanément aux campagnes la tranquillité perdue. Néanmoins une partie de la population rurale avait quitté les champs dans un moment de panique, et, satisfaite de la sécurité que lui offraient les villes, elle y fixa définitivement son séjour.

Péronne, comme tant d'autres châteaux, vit alors augmenter le nombre de ses habitants. Son enceinte ne put suffire à les loger tous et les faubourgs commencèrent à se former au pied de ses murailles. De nouvelles églises suburbaines devinrent nécessaires, malgré le voisinage de Saint-Quentin-en-l'Eau et de Sainte-Radegonde. C'est ainsi que tout d'abord prit naissance Saint-Quentin-Capelle, dont la paroisse s'étendit, en dehors du *castrum*, d'un côté jusqu'à la rue Puchotte, et de l'autre jusqu'au marché aux pourceaux (¹).

L'extension de la ville était déjà considérable au temps d'Albert-le-Pieux, (943-988) ainsi que le démontre la charte donnée par ce prince en faveur de l'abbaye du Mont-Saint-Quentin (²). Au nombre des biens concédés alors, on remarque : « *in vico Perronnæ, capella Sancti* « *Quintini cum quatordecim hospitibus.* » L'expression *vicus* doit être prise ici dans le sens de village de Péronne, attenant au *castrum*; et chef-lieu de la paroisse Saint-Quentin-Capelle. Les quatorze maisons soumises à une redevance seigneuriale indiquent en effet que, dès le milieu du X⁰ siècle, Saint-Quentin-Capelle était déjà le centre d'un important noyau de population.

Il ne faut pas croire à une confusion et supposer qu'on a entendu désigner Saint-Quentin-en-l'Eau, paroisse de Sobotécluse; car une bulle de Grégoire VI, confirmative de cette donation, porte, en 1046, ces mots qui ne laissent aucune prise à l'équivoque : « *in Peronnellâ ecclesia cum* « *hospitibus.* » Peronnelle, ce fut le quartier suburbain, diminutif probable du nom de Péronne, où était précisément situé Saint-Quentin-Capelle. Le plan de la ville de 1752 nomme la rue du Collége : rue Peronnelle allant au Collége, et les archives municipales font fréquemment mention de cette désignation (³).

Peronelle existait d'ailleurs dès 898, au moment où la ville fut assiégée, car « li roman de Raoul de Cambrai » s'exprime ainsi :

> *Que ne conquère Péronne et Péronnelle*
> *Et Ham et Roie et le borc de Nelle.*

(¹) Arch. de Péronne, comptes de 1581, C C, nº 12 fᵒˢ 16 à 22.
(²) Ann. Bened. T. IV, lib. 58, nº 101, p. 475 et append. p. 734.
(³) Arch. de Péronne, C C, 12 comptes de 1581, fᵒˢ 20 22. — B. B, 24, fᵒ 69 vᵒ.

Par un singulier rapprochement, l'épouse de Raoul 1er, qui aimait à s'appeler comte de Péronne, portait le nom de Péronnelle (¹). Elle était fille de Guillaume, duc d'Aquitaine, et sœur d'Eléonore, femme de Louis VII, le jeune.

Péronnelle n'était pas d'ailleurs le seul faubourg qui s'étendit au dehors. La bulle de 1046 désigne encore, parmi les biens de l'abbaye : « *Malendinus de Bellisacis* « *cum aqua et suis adjacentiis. In suburbio Peronnæ vigenti* « *septem curtilli cum malendino et vineis.* » Sans rechercher quel pouvait être ce dernier moulin innommé, il suffit à notre démonstration de faire ressortir que, dès les Xe et XIe siècles, l'extension de Péronne au-delà de ses vieilles murailles est ainsi mise en lumière.

L'arrivée des reliques de Saint-Marcoul à Péronne en fournit une nouvelle preuve dans le siècle suivant. En 1101 (²), les Bénédictins de Corbéni provoquaient, par un pieux pèlerinage, les aumônes des fidèles en faveur de leur monastère. Ils vinrent à Péronne après avoir traversé Reims, Soissons, Noyon, c'est-à-dire en suivant le chemin royal ou voie des Saints, et retournèrent dans leur pays en passant par Homblières et Laon. La châsse de Saint-Marcoul, qu'ils portaient avec eux, déposée d'abord à Saint-Fursy, fut ensuite transférée, avec la permission du chapitre, dans l'église Saint-Jean-Baptiste, dont le nom apparaît ainsi pour la première fois dans l'histoire.

Cet édifice primitif était sans doute encore debout, lorsqu'en juin 1398, on établit, dans son enceinte, une fournaise destinée à la fonte des cloches nouvelles (³), au

---

(¹) Martenne et Durand, Veter. Script. T. V, p. 114.
(²) Ann. Bened. T. V, p. 442.
(³) V. notre opuscule sur les cloches de Péronne.

nombre desquelles se trouvait la *bancloque* si malheureusement détruite par le bombardement de 1870 ([1]).

Quant à l'église actuelle, elle est marquée avec trop d'évidence, en l'un de ses arcs doubleaux, de la date de 1509, pour qu'il soit possible au plus ignorant de se méprendre sur l'époque de sa construction. Déjà bien connue par plusieurs publications modernes, il serait surabondant d'en reproduire ici une description nouvelle ; mais, puisque l'occasion s'en présente, nous croyons à propos de combler certaines lacunes des monographies antérieures en donnant une explication détaillée des armoiries représentées par les clés de voutes de cet élégant monument.

Dans la grande nef, au-dessus du buffet de l'orgue, on voit briller un écu : d'argent fretté de sable de six pièces, entouré du collier d'or de l'ordre de Saint-Michel et surmonté d'un casque posé en face, sommé d'un cimier de plumes ainsi que d'un chien naissant posé de face. Ce sont les armes de Jean II, seigneur d'Humières, de Becquincourt, de Monchy, etc., etc..., époux de Françoise, dame de Contay, qui le rendit père de dix-huit enfants ([2]). Il fut pourvu, le 3 décembre 1519, du gouvernement de Péronne, Montdidier et Roye. Ce fut lui qui, en 1530, accompagna, lors de son entrée en France, la reine Eléonore d'Autriche, seconde femme de François Ier. Au cours de cette mission, il faut croire qu'il n'oublia pas les intérêts de la petite capitale de son gouvernement, préoccupée sans doute alors de mettre la dernière main aux décorations de l'église Saint-Jean, car l'écu du gouverneur et celui de la reine, signe probable d'un don de joyeux

---

([1]) Ramon, l'Invasion en Picardie, p. 545.
([2]) Grands officiers de la couronne.

avènement, sont reproduits avec une importance particulière à la voûte de l'édifice.

A la seconde travée se trouve l'écusson d'Eléonore, sœur de Charles-Quint et seconde femme de François Ier, qu'elle épousa près de Mont-de-Marsan. Ses armes, écartelées de celles du roi, (d'azur à trois fleurs de lis d'or) sont tellement compliquées qu'elles ne sauraient être déchiffrées que par un héraut d'armes consommé. Nous en ferons cependant la lecture avec facilité, grâce au P. Anselme ([1]), qui les blasonne dans les termes suivants, assez exactement observés d'ailleurs à la voûte de l'église Saint-Jean : « écartelé, au I; contrecartelé, au 1 et 4, « de gueules au château d'or, sommé de trois tours de « même, qui est Castille; aux 2 et 3, d'argent, au lion « de gueules, qui est Léon. Au 2e quartier, d'or à quatre « pals de gueules, qui est Aragon, party d'Aragon Sicile, « qui est de même flanqué d'argent, à deux aigles de « sable; à la pointe de ces deux quartiers, d'or à une « grenade de gueules, tigée et feuillée de sinople, qui est « Grenade. Au 3, de gueules à la fasce d'argent, qui est « Autriche, soutenu et bandé d'or et d'azur de six pièces, « qui est Bourgogne ancien. Au 4, semé de France, à la « bordure componnée d'argent et de gueules, qui est « Bourgogne moderne, soutenu de sable au lion d'or « lampassé et armé de gueules, qui est Brabant. Sur ces « deux quartiers, d'or au lion de sable lampassé et armé « de gueules, qui est Flandre, party d'argent à l'aigle de « gueules, couronné, becqué et membré d'or, chargé « sur la poitrine d'un croissant de même, qui est « Tyrol. »

Par une inadvertance du sculpteur, cet écusson est

([1]) Grands off. T. I, p. 132.

représenté sous la forme losangée, bien qu'il soit écartelé aux armes du roi.

Vient ensuite l'écusson de François Ier, portant : d'azur, à une salamandre d'or, lampassée de gueules dans des flammes de même.

Au centre de la nef, on voit le bel écusson des rois de France : d'azur à trois fleurs de lis couronnées d'or.

Plus loin sont les armes de la ville : d'azur, au P gothique couronné d'or, accompagné de trois fleurs de lis de même, 2 et 1.

Au-dessus du sanctuaire, on voit trois écussons représentant, l'un les armoiries du dauphin : d'azur à trois dauphins d'or, et les deux autres les armes de France : d'azur, à trois fleurs de lis d'or.

Enfin au-dessus même du maître-autel se trouvent, sur un pendentif, trois anges surmontant l'agneau pascal, avec la croix de Saint-Jean-Baptiste et l'incription : *Ecce agnus Dei*.

Dans la nef de droite, on voit en entrant le nom de Saint-Jean-Baptiste, J, E, A, N, sur quatre clés de voûtes, puis un dauphin couronné, puis un autre dauphin avec couronne royale fleur-de-lisée, et à la suite une grande fleur de lis.

Sur la gauche se trouve un écusson dont nous ne pouvons déterminer l'attribution ; il porte : de gueules, à une lance en pal d'or, accostée de deux roses de même.

Près de là, se rencontre la chapelle Sainte-Anne, où une heureuse restauration a remis au jour une précieuse peinture murale représentant la bonne mort (¹).

(¹) Gomart, Etudes Saint-Quentinoises, T. III, p. 273. — Magasin pittoresque 1863, T. 31, p. 301.

LA BONNE MORT
Peinture murale a l'église Saint-Jean-Baptiste. — (Collection Gomart.)

Plus loin est sculpté l'écu de Morel de Foucaucourt : d'azur, à la fleur de lis d'or, accompagnée de trois glands effeuillés de même, les tiges en bas.

On voit ensuite l'écusson des évêques de Noyon : d'azur semé de fleurs de lis d'or, à deux crosses adossées de même.

Au dessus de l'autel de la Sainte-Vierge sont figurées les armes de Nicolas d'Amerval, l'époux de la célèbre Gabrielle d'Estrées, qui fut surnommé le courrier de la ligue : d'argent à trois tourteaux de gueules chargés chacun d'une arbalète d'...

On y voit aussi le blason de Gourlay : d'argent à la croix ancrée de sable, écartelé d'Humières : d'argent fretté de sable de six pièces. Madame de Gourlay fut sans doute fille de Jean II d'Humières, et l'un de ces dix-huit descendants que les généalogistes ont passés sous silence. Le blason de son mari est probablement la marque de sa pieuse munificence envers l'église.

La confrérie des pélerins de Saint-Jacques, celle qui marchait la première à la procession du siége, en portant le suaire du glorieux Saint-Fursy ([1]), y est représentée par des attributs de pélerinage, gourdes, bâtons, écailles, etc....

Celle des couvreurs y avait placé ses armoiries qu'on ne retrouve plus depuis la dernière restauration de l'édifice. Elles portaient une enclume et un marteau de couvreur d'or, accompagnés des lettres gothiques C. I.

Les canonniers et arquebusiers ont aussi là l'emblême de leur compagnie, sous la forme de leur patronne, Sainte-Barbe, au pied d'une tour avec son père qui tente de lui faire renier le culte de Jésus-Christ pour revenir au paganisme.

Dans la nef de gauche, beaucoup moins ornée que les

([1]) Dehaussy *Journ. de Pér.* ms f° 86.

deux autres, on retrouve de nouveau Sainte-Barbe ; plus loin un écu portant : d'azur, à la croix d'or, avec deux

arbalètes pour supports ; plus loin encore, une arbalète.

Le chœur est entouré d'une colonnade en marbre d'un aspect à la fois sévère et élégant. Au dessus de la frise, quatre écussons sont placés. Le premier, à droite, représente les armes de France : d'azur à trois fleurs de lis d'or, écartelé de Navarre : de gueules, aux chaînes d'or posées en orle, en croix et en sautoir. Le second porte les armes de François Ier et d'Eléonore.

Du côté opposé sont les armes de la ville, et enfin le blason de Potier de Blérancourt, gouverneur de Péronne, Montdidier et Roye depuis le 16 novembre 1616 jusqu'en 1639 : écartelé, aux 1 et 4 d'azur, à la bande d'argent, accompagnée de deux dragons d'or, qui est de Baillet, seigneur de Tresmes, famille maternelle de Potier ; aux 2 et 3 d'or, à la croix de gueules, cantonnée de vingt alérions d'azur, qui est de Montmorency ; et sur le tout, en abime, d'azur à deux mains dextres d'or, au franc quartier échiqueté d'argent et d'azur, et à la bordure engrêlée de gueules, qui est de Potier.

Combien est-il d'habitants de Péronne en état de traduire aujourd'hui ces diverses armoiries qui frappent tous les regards ? Le sens en est absolument perdu, et il n'est pas hors de propos d'en mettre ainsi l'interprétation à portée de tout le monde. Nous en tirerons nous même un autre enseignement, car en pareille matière il n'y a pour ainsi dire rien d'indifférent, et toute description archéologique serait stérile, si elle ne devenait le point de départ de quelque déduction historique.

On sait que l'église Saint-Jean fut bâtie en 1509 ; mais elle ne fut consacrée que le 25 novembre 1525, par Nicolas Lagrené, évêque d'Ebron *in partibus* ([1]). Les décorations sculpturales n'étaient sans doute pas terminées à cette époque, puisque l'une des principales clés de voûte porte les armes d'une reine qui ne vint en France qu'en 1530. Par le même motif, il faut attribuer l'écu placé près de l'orgue au gouverneur de Péronne de 1518 à 1550, plutôt qu'à Louis ou Jacques d'Humières ses successeurs. L'écusson des Foucaucourt est sans doute celui de Philippe Morel, qui fut mayeur de Péronne en 1520. Enfin les armes de Navarre, et celles de Potier de Blérancourt indiquent clairement que la charmante colonnade du chœur, qui les porte, date seulement du règne de Louis XIII.

Pour ne pas entraver plus longtemps le but principal de cette étude, nous reporterons à l'appendice un certain nombre d'indications inédites relativement à l'église Saint-Jean-Baptiste.

([1]) Dehaussy, Généal. des rois de F. fᵒˢ 197, 243.

CHAPITRE DOUZIÈME

COMMUNE DE PÉRONNE

EN 925, nous avons vu Péronne recevoir la dénomination de *castrum*, qui dorénavant sera fréquemment usitée. Bientôt la ville eut ses seigneurs particuliers, par la donation qu'en fit Othon, comte de Vermandois, à Robert Ier, comte de Péronne, en 1044 ([1]). Une ère de prospérité et de quiétude semble alors s'étendre sur la contrée ; c'est le moment où la collégiale de Saint-Léger fut fondée pour le service du Palais. La population de la ville trop nombreuse, s'établit sans crainte au dehors des murailles, et l'on vit s'élever des églises nouvelles dans les quartiers suburbains. Bientôt même la maison de Saint-Lazare sera établie plus au loin dans la campagne, sur la limite du territoire de Bussu, afin d'éviter aux habitants tout contact avec les lépreux. Nous avons déjà dit que cette fondation charitable remonte à 1118 ; mais il convient de relever les termes avec lesquels la chronique du Mont-Saint-Quentin en fait mention : « *Peronenses* « *edificaverunt domum et capellam pro leprosis suis civibus,* « *in villâ sanctæ Radegundis, sed bonorum istius domus et*

([1]) Dehaussy, Généal. des rois de Fr. ms.

« *capellæ administratio data est monachis hujus abbatiæ, qui
« præsbyterum etiam ægroturum curam habentem nomina-
« bant.* »

Ce ne furent ni le seigneur ni l'évêque, mais les Péronnais qui prirent l'initiative de cette fondation et en confièrent l'administration temporelle et spirituelle à l'abbaye du Mont-Saint-Quentin. N'est-ce pas là un acte administratif bien caractérisé, qui ne pouvait émaner que d'un pouvoir dûment constitué, ou tout au moins toléré ? D'ailleurs, la qualification de citoyens implique certainement l'idée de la république dont ceux-ci étaient les membres. Faut-il en conclure que l'établissement de la commune de Péronne fut antérieur à l'année 1209, date de la charte qui fut concédée par Philippe-Auguste ? On l'a toujours soupçonné et nous croyons pouvoir en donner des preuves décisives, surtout si l'on tient compte du courant d'idées qui animait alors tous les esprits.

Les bourgeois de Cambrai étaient en guerre ouverte avec l'autorité épiscopale depuis plus d'un siècle, lorsqu'ils parvinrent pour la première fois, en 1076 ([1]), à établir une commune à la suite d'une insurrection.

La charte de commune de Noyon, spontanément consentie par l'évêque Baudry, et confirmée par Louis-le-Gros, porte la date de 1108.

En 1102, les bourgeois de Beauvais s'étaient constitués en commune, par suite d'une conjuration ; tandis que Raoul, comte de Vermandois, pour prévenir chez lui de pareils troubles, octroyait une charte de commune aux habitants de Saint-Quentin, sans se croire obligé, comme l'évêque de Noyon, de faire ratifier cette concession par l'autorité royale.

([1]) Aug. Thierry, lettres, XIV, XV.

Les citoyens de Laon jouissaient, en 1112, depuis plus de trois ans, du régime de l'affranchissement, lorsqu'éclata la révolte pendant laquelle l'évêque Gaudri fut massacré.

L'idée de l'émancipation locale, enflammait alors toutes les imaginations avec une violence qui s'est partiellement réveillée de nos jours dans un but politique, et ne semble pas près de s'éteindre si l'on en juge par l'ardeur avec laquelle un certain nombre de politiciens et d'assemblées électives réclament de nouvelles libertés municipales. Ce besoin d'indépendance civile, dont les bienfaits étaient déjà goûtés dans quelques grandes villes, dût avoir son contre-coup dans toute la contrée, et par la force des circonstances, les affranchissements de communes durent être concédés en très grand nombre.

D'ailleurs, on a déjà dit que ces octrois seigneuriaux ne firent le plus souvent que consacrer des droits acquis. C'est ainsi que la ville de Doullens, affranchie moyennant finances, vers le milieu du XIIe siècle, ne reçut cependant une charte de commune qu'en 1202 ([1]). A Bapaume, il en fut de même, car la charte de 1196 démontre par elle-même qu'elle ne fait que ratifier l'émancipation prononcée au temps de Philippe, comte de Flandre ([2]). On en peut dire tout autant d'Hesdin ([3]), et de bien d'autres villes.

La plupart des chartes émanées de l'autorité royale sont connues depuis longtemps, parce que nos grandes archives les ont précieusement conservées ; d'autres, comme celles d'Encre et de Ham, concédées seulement par les seigneurs locaux, n'ont été remises au jour que dans ces dernières

---

([1]) Delgove, Hist. de Doullens, pp. 44, 45.
([2]) Bédu, Hist. de Bapaume, 2º éd. p. 282.
([3]) Danvin, Hist. du vieil Hesdin.

années (¹), et Nesle n'a pas encore retrouvé la sienne. Saint-Quentin ne connaît pas le texte de sa charte de 1102, dont Quentin de la Fons (²) ignorait jusqu'à la date. Cet historien démontre à la vérité que l'érection de la commune fut antérieure à la réunion du Vermandois à la couronne; mais de son temps, comme aujourd'hui, on ne possédait que le texte de la charte de 1195, octroyée par Philippe-Auguste (³). Or cette dernière, ratificative des faits antérieurs, confirme tous les droits et usages observés du temps du comte Raoul et de ses prédécesseurs. En réalité, celle de Péronne, en 1209, ne s'explique pas autrement, quoiqu'en termes différents, quand elle énonce au paragraphe 26 que « les pâturages, les herbages, les « eaux communes seront de l'étendue dont la bonne foi « publique dira, avec serment, qu'ils étaient du temps du « comte de Flandre et du nôtre. »

La charte de Ham fut confirmée par Philippe d'Alsace, comte de Flandre, en 1188 (⁴); mais déjà, en 1158, on possédait à Encre une copie d'une charte de Ham antérieure en date, et, dès 1145, on voit comparaître un mayeur de Ham dans un acte de donation (⁵). Ces exemples, qu'il est inutile de multiplier outre mesure, démontrent suffisamment que les actes d'émancipation locale n'ont été fréquemment que la ratification d'évènement antérieurement accomplis.

Il en fut assurément de même à Péronne. On connaît la liste chronologique des mayeurs, publiée par M. Villemant,

---

(¹) Gomart, Hist. de Ham, p. 29.

(²) Gomart, Hist. de Saint-Quentin, p. 218.

(³) Gomart, Essai sur l'ère féodale ; Etud. Saint-Quentinoises, T. 1, p. 56.

(⁴) Emmeré, Aug. Viro. p. 169.

(⁵) Gomart, Hist. de Ham, p. 29.

qui n'est que la reproduction de celle des manuscrits Dehaussy, de Colliette et du chanoine de Saint-Léger. Elle remonte sans interruption jusqu'à 1230, avec une seule lacune pour les dix-neuf premières années de la commune officielle. On n'y voit pas figurer le nom d'un mayeur connu par « le devis de la banlieue que Guis de « Besttisi, prouvos le roi, par le commandement le Roy « de Franche livra au castel de Péronne au tans que « Baude fut maire (¹). » Desachy (²) fixe à 1228, par une erreur de lecture, la date de ce document qui se trouve simplement transcrit aux archives de Péronne, sur un rouleau de parchemin daté de 1238, à la suite de la traduction d'une charte de Philippe-Auguste; mais ce n'est pas la date du devis lui-même. Tout ce qu'on en peut dire, c'est que Baudes ne fut mayeur qu'après la réunion de Péronne à la couronne.

Bien que l'histoire se taise à l'égard de nos premiers magistrats, on connaît du moins le nom de l'un d'entre eux: Waltérius de Felkyère, qui fut mayeur en 1182, suivant une charte par laquelle Philippe, comte de Flandre et de Vermandois, donna aux frères de Saint-Lazare de Péronne un droit de forage du vin vendu dans la ville. Cette charte fut portée par Barthélemy Dehaussy à la page 317 du deuxième volume du recueil des privilèges (³), qui a disparu des archives de l'hôtel-de-ville. D'après les mémoires manuscrits de M. Pieffort, Waltérius de Felkière aurait été mayeur en 1180 et 1182 (⁴). Son existence n'en doit pas moins être tenue pour certaine,

---

(¹) Arch. de Pér. 2 AA, 2. — Mém. de la Soc. des Ant. de Pic. T. X, p. 348.
(²) Essais, p. 93.
(³) Dehaussy, ms.
(⁴) Desachy, Essais, p. 86.

et l'on peut en déduire que l'affranchissement de la ville doit remonter au moins au temps des comtes de Flandre, (1160) sinon même plus tôt puisque les Péronnais avaient constitué eux-mêmes leur maison de Saint-Lazare en 1118.

Au surplus, aucun doute ne peut subsister à ce sujet, en présence d'un document qui a échappé jusqu'ici à tous les historiens locaux. Par une charte donnée à Paris en 1205, Philippe-Auguste, à la demande de Robert de Fillièvre, accorda aux habitants de Fillièvre-sur-la-Canche, une commune d'après le modèle de Hesdin et des assises de Péronne (¹). Les franchises municipales sont donc antérieures à l'année 1209, et Philippe-Auguste, en les confirmant à cette date, accomplit seulement un acte politique destiné à se concilier les sympathies d'une population récemment réunie à la couronne.

Il serait difficile de dire ce que furent ces anciennes assises de Péronne. Dom Carpentier, dans son supplément au glossaire de Ducange, n'en donne qu'une explication hypothétique, en traduisant ce mot par loi municipale, à moins, dit-il, qu'on ne préfère l'interpréter par la juridiction des assises qui se tenaient à Péronne. Assurément on retrouverait cette expression dans l'histoire locale, avec le sens d'exercice de la justice. C'est ainsi qu'un arrêt de 1270 ordonne de passer outre à l'appel d'un jugement rendu à l'assise du bailli à Péronne, entre Jean d'Ablancourt et messire Jean de Ballues, chevalier, bien qu'une partie des hommes de la Cour de Péronne eussent fait défaut (²). On ne saurait toutefois assimiler l'exercice

---

(¹) Ord. des Rois de Fr. T. XI, p. 291. — Léop. Delisle, act. de Ph. Aug. 211, n° 921.

(²) Boutaric, Inv. et doc. T. I, p. 135, n° 1517. — Olim. I, f. 176 v°.

de la justice royale aux coutumes concédées à un petit village comme Fillièvre. Mieux vaut donc considérer les assises de Péronne comme la loi municipale de cette ville, autorisant peut-être la levée de certaines *assiz*, et impositions sur les denrées, à l'exemple des concessions qui furent faites à différentes reprises par les comtes de Flandre à la ville de Hesdin (¹).

Nous reprendrons maintenant la revue des documents historiques, où la désignation du *Castrum Peronense* deviendra dorénavant si fréquente qu'on peut abréger certaines citations, et n'en relever que ce qui sera essentiel pour cette étude.

Une charte d'Othon, comte de Vermandois, en faveur de l'abbaye de Saint-Prix, à Saint-Quentin, fut souscrite *in Perunna castro*, vers 1043 (²). Une série de chartes successives donnent à la ville une qualification analogue ; on dit en 1045 : *oppido Peronense* (³) ; en 1095, 1102 et 1103, ainsi que dans deux bulles de 1164 et 1182 : *Peronensi castro*. En 1090, Othon, seigneur *castri Peronensis* et les princes de sa famille, firent d'importantes donations à l'abbaye du Mont-Saint-Quentin (⁴). En 1095, Robert de Péronne et son épouse Adèle donnèrent au même monastère la villa d'Allaines, avec ses dépendances et justice, en présence de Odon, châtelain de Péronne, de Gérard, fils de celui-ci, de Drogon, officier du Palais, sous la ratification de Ratbode, évêque de Noyon, prononcée devant l'autel de la basilique du Mont-Saint-Quentin (⁵).

(¹) Danvin, Vieil-Hesdin, pièces just. p. 51. — Arch. de Lille, 7ᵉ cartulaire de Flandre, f. 84 et s.
(²) D. Grenier, Bibl. nat. CLXXIV. p. 144.
(³) Ib — p. 145.
(⁴) Ann. Bened. T. V. app. p. 649.
(⁵) Ann. Bened. T. V. lib. LXIX, n° IX, p. 349.

Adèle de Péronne, avec l'assentiment de Raoul et Henri, ses fils, profita du passage du roi à Péronne pour faire confirmer cette donation par Louis-le-Gros, selon un diplôme qui se termine ainsi : « *actum publice Peronam in* « *palatio, anno dominicæ incarnationis MCIX* (¹). »

Dans un autre ordre d'idées, une charte de 1112, de Baudry, évêque de Noyon, pour les dîmes de Barleux, donne au chapitre Saint-Fursy « *parochialia jura et decimas* « *Peronensi castri* (²). »

En 1123, Simon, évêque de Noyon donne à Lambert, doyen du chapitre « *curam canonicorum sancti Fursei et* « *canonicorum sancti Leodegarii de oppido* (³). »

Simon, évêque de Tournai, confirma en 1138 une donation à l'abbaye de Prémontré, par un diplôme « *actum apud Clarivillam* « *quæ sita est juxta Peronam, Viro-* « *mondense castrum* (⁴). »

ADÈLE DE VERMANDOIS
(Collect. Gomart).

Deux bulles de 1154 et 1164, d'Anastase IV et d'Alexandre III, portent : « *Decanus habet omnia jura paro-* « *chialia et justitiam Peronensis castri, et justitiam canonicorum*

(¹) Martène et Durand, Vet. Script. T. I, p. 623.
(²) Dehaussy, Généal. des rois de Fr. ms. f. 179.
(³) Ib. f. 178. On trouvera à l'appendice le texte de ce document.
(⁴) Gall. Christ. T. V, inst. col. 326. — De Smet, corpus chron. de Flandre, T. I, p. 707.

« *sancti Fursii et sancti Leodegarii* (¹). » Ces documents énoncent notamment que le seigneur de Péronne doit annuellement deux repas aux chanoines, à Pâques et à Noël ; ils portent en outre confirmation des biens du chapitre.

En 1178 (²), une autre bulle d'Alexandre III, dit : « *Decanus, capellas infra parochiam pretextatæ ecclesiæ pro* « *dilatatione oppidi et multiplicatione populi constitutas, reget.* »

Le Vermandois était échu à Elisabeth, épouse de Philippe d'Alsace, comte de Flandre. Après la mort de cette princesse, sa sœur Eléonor éleva la prétention de recueillir

Sceau et contresceau d'Eléonor — (Collect. Gomart).

sa succession, et elle réussit vraisemblablement à en prendre momentanément possession, car elle a laissé une

---

(¹) Dehaussy, Généal. des rois de F. ms. f. 176.
(²) Ib.

série de monnaies qu'elle fit frapper à Saint-Quentin (¹), à l'exemple des comtes de Vermandois ses prédécesseurs.

Monnaies d'Éléonor — (Collect. Gomart).

La chronique du Mont-Saint-Quentin dit en effet : *An. 1150. Rodulfus, comes Viromandensis utebatur moneta particulari dicta Viromandensi, seu Sanquintinensi, ut patet in diplomate dato pro fundatione abbatiæ Longiponsis an. 1153.*

Éléonor ne put toutefois lutter avec son puissant beau-frère, qui ne voulait pas se dessaisir du Vermandois, et réduite à la nécessité de renoncer à ce riche héritage, elle céda tous ses droits à Philippe-Auguste. Le roi accueillit avec empressement cette occasion d'élargir les limites de son royaume, et sut bien obtenir en 1184 la cession du Vermandois; cependant, au dire de Rigord, Philippe d'Alsace conserva sa vie durant *castrum sancti Quintini et castrum quod Peronna vocatur* (²).

Par ces citations, l'existence du *castrum* ou *oppidum*, ce qui est une seule et même chose (³), se trouve surabondamment constatée. Il ne faut pas perdre de vue qu'en

---

(¹) Gomart, Hist. de Ribemont, p. p. 81, 82.

(²) Mabillon, de re dipl. p. 313, D. — Guizot, mém. relatif à l'hist. de France, T. XI, p. 37.

(³) Had. de Valois, Not. Gall. p. XIII. — Ducange, gloss.

1184, Péronne ne possédait d'autre *castrum* que son ancienne enceinte déjà deux fois séculaire. Réédifier la forteresse en enveloppant les nouveaux faubourgs, était une entreprise, non-seulement dispendieuse, mais exigeant surtout quelque confiance dans l'avenir. Quel est le prince du Vermandois dont les vues auraient pu s'étendre au-delà de sa propre existence? Albert II, Robert II et Raoul II moururent sans enfants; Othon donna Péronne à Robert Ier dit le Barbu; Herbert IV n'eut pour fils qu'Eudes l'insensé, qui fut deshérité, tandis que sa fille Adèle, devenue son unique héritière, porta le comté de Vermandois à son époux, Hugues-le-Grand, presque exclusivement préoccupé de batailler en terre sainte contre les infidèles. Elisabeth annexa le Vermandois aux biens de son époux; Philippe

Sceau de Raoul Ier de Vermandois — (Collect. Gomart).

d'Alsace, comte de Flandre, fut simplement usufruitier de Péronne, selon les conventions qu'il arrêta avec Philippe-Auguste.

On ne verrait que Robert-le-Barbu (1046), ou Raoul-le-Grand (1119), qui, par leur attachement bien connu pour la ville, auraient pu entreprendre d'élargir sa ceinture de muraille. Ni l'un ni l'autre n'ont opéré cet agrandissement, car la bulle de 1178 témoigne qu'à cette date l'enceinte n'était pas encore agrandie puisque les églises succursales de Saint-Fursy se trouvaient alors établies au dessous du *castrum*.

Mais voici venir le règne de Philippe-Auguste, et bientôt tout changera de face. Le pouvoir royal, constamment en progrès depuis Louis-le-Gros, va s'épanouir sous l'impulsion d'une organisation nouvelle, et à l'oppression féodale, opposera hardiment l'affranchissement des villes. C'est une ère nouvelle qui se prépare, et il nous faut en étudier les conséquences locales.

CHAPITRE TREIZIÈME

RÉUNION DÉFINITIVE

DE PÉRONNE A LA COURONNE

PHILIPPE d'Alsace ayant été tué le 1ᵉʳ juin 1191 au siège d'Acre en Syrie, Péronne fit définitivement retour à la couronne, en vertu de stipulations antérieurement arrêtées avec le comte de Flandre. Philippe-Auguste, par une lettre datée de son camp, devant Acre, notifia lui-même la mort de leur seigneur aux Péronnais : « *Philippus Francorum rex*, disait-il, *amicis suis universis « nobilibus in Peronensi potestate constitutis.* » Il leur promit de conserver leurs coutumes et droits dans toute leur intégrité et de les chérir plus encore que ne le faisait le comte de Flandre : « *Scita pro certo quod consuetudines « vestras et jura illibata conservare conabimur et si comes, « quamdiu vixit, vos charos habuit, de charis chariores vos « habebimus* (¹). »

Cette lettre ne peut que confirmer la croyance d'une émancipation de la ville antérieure au règne de Philippe-Auguste. En dehors d'une commune établie, il n'aurait

---

(¹) Mezerai, T. IV, in-12º, pp. 448, 468.

pu se trouver dans la ville que des serfs, et ce fut assurément à des hommes libres que la missive royale décerne le titre de nobles, bien que cette expression ait reçu par la suite un sens qu'elle ne possédait pas à cette époque. D'ailleurs, qu'on le remarque, il y avait des droits et coutumes à sauvegarder, et le régime du servage ne comportait pas d'autres droits que la volonté du seigneur. Ne voit-on pas en outre qu'en faisant un appel amical aux habitans établis *in Peronensi potestate* (¹) le roi reconnaît implicitement l'existence d'une autorité propre ou seigneurie relevant de la ville, sauf assurément la suzeraineté des comtes de Flandre.

Il est à croire, cependant, que la nouvelle charte de franchise, plus explicite que les concessions précédentes, apporta quelques modifications à l'ancien état de choses. On connaît le texte de ce document du mois d'octobre 1209 ; il a été publié dans le trésor des chartes (²), ainsi que par M. Alexandre Villemant, d'après le manuscrit des archives de la ville (³), et l'on y remarque, pour la première fois, qu'il est question des bourgeois de Péronne. Dix-huit ans plus tôt, le roi appelait ceux-ci ses nobles amis.

L'expression *villa* y apparaît encore fréquemment ; mais ce n'est plus dans le sens de résidence royale ou de village. Nous l'avons dit plus haut, c'est la ville elle-même qu'on entend ainsi désigner. C'est avec la même acception qu'elle est employée par un certain nombre de documents de 1258, 1260, 1263, 1278, etc., etc... (⁴). Plusieurs fois enfin est exprimé le mot *Castrum*, et toujours par

---

(¹) Ducange, gloss. V. potestas.
(²) Teulet, T. I, n° 897. (J. 232.)
(³) 1862, Quentin, typ. in f°.
(⁴) Olim. T. I, pp. 66 ; IX, 120, 560, IV.

opposition à la banlieue. Cette dernière dénomination se retrouvera longtemps encore dans l'histoire ; d'après Rigord, en 1214, Philippe-Auguste partit le lendemain de la fête de Sainte-Marie-Madeleine *de castro quod Perona vocatur* pour entrer de vive force sur les possessions de Ferrand, comte de Flandre ([1]). Guillaume de Nangis raconte que le même roi, avant la bataille de Bouvines, assembla son armée *apud Peronam oppidum Veromendense* ([2]). Jusqu'en 1280 ([3]), et même au-delà, on rencontre la même expression signifiant exclusivement la ville à l'intérieur de ses murailles. Le concordat de Guy, évêque de Noyon, s'exprime ainsi en 1289 : « *Item volumus quod* « *Decanus et Capitulum ecclesiae Peronensis qui pro tempore* « *fuerunt et etiam Capitulum vacante decanatu soli et in* « *solidum liberi habeant et exerceant in villâ et in toto castro* « *Peronensi, curam animarum, etc., etc...* ([4]). On voit que *villa* représentait alors en un seul mot tout le territoire municipal ; *castrum* ne s'appliquait qu'à l'enceinte fortifiée, car, dès ce moment, il n'y avait plus de faubourgs, et tous les quartiers suburbains avaient été renfermés dans une nouvelle muraille.

Le *castrum* de 1184 présente, en effet, avec celui de 1289, une différence considérable ; le premier comprenait seulement le sommet du Mont-des-Cygnes, tandis que le second, beaucoup plus étendu, renfermait tout le périmètre actuel de la ville.

L'autorité royale, par la main énergique de Philippe-Auguste, entendait conserver ses annexions et ses conquêtes, et consolider la possession des provinces réunies

---

([1]) Mabillon, de re diplo. p. 313, D.
([2]) Ib. E.
([3]) Olim. T. II, p. 159, n° XVII, arrêts.
([4]) Dehaussy, Généal. des rois de Fr. ms. f. 177.

dès ce jour au royaume de France. On vit alors apparaître un nouveau système d'architecture militaire, ou plutôt l'art de défendre les villes reprit, en les perfectionnant, les traditions de l'antiquité complètement perdues de vue sous les deux premières races. Les tours cylindriques reparaissent au XIIe siècle; mais elles n'ont encore qu'un petit diamètre (¹). C'est qu'en effet elles ont été simplement copiées sur les tours antiques qu'on voit encore aujourd'hui debout dans un certain nombre de villes (²).

Philippe-Auguste ne pouvait laisser le Vermandois à la discrétion de toutes les entreprises de ses puissants voisins, les comtes de Boulogne et de Flandre, toujours tentés de lui disputer son nouveau domaine les armes à la main. Après avoir donné une charte de commune à Montdidier, en 1195, il rétablit et développa les fortifications de cette ville en 1210 (³). Péronne, placé vers l'extrême frontière, ne devait pas lui inspirer moins de sollicitude. Quoique l'histoire ne l'ait pas fait connaître, c'est à lui qu'on doit attribuer la construction de la seconde enceinte, flanquée de nombreuses tours de petit diamètre et munie d'une forteresse tenant d'un côté au rempart, vers le point le plus faible, et en même temps présentant du côté de la ville le formidable front de quatre tours crénelées.

Il semble qu'aucun doute ne peut s'élever à ce sujet. En effet, le vieux Palais de Sainte-Radegonde, d'Erchinoald et des comtes de Péronne, dut perdre de son utilité dès qu'il fut entré dans la possession d'Eléonore,

---

(¹) Viollet-le-Duc, Dict. d'Arch. T. I. p. 375.

(²) En 1855, plus de soixante tours gallo-romaines ou du XIIe siècle, se comptaient encore sur le circuit des murailles de Bourges.

(³) De Beauvillé, Hist. de Montdidier, T. I.

dont la résidence était en Flandre. Philippe-Auguste assurément ne songea pas à y demeurer, et sur l'emplacement de cette habitation superflue, probablement fort délabrée, on éleva l'Hôtel-Dieu aussitôt après la réunion de Péronne à la couronne. Par qui fut consommée cette fondation ? Philippe-Auguste abandonna-t-il le vieux Palais à ses nobles amis les bourgeois de Péronne, ou bien créa-t-il spontanément cet établissement charitable ? On l'ignore ; les archives de l'hospice se taisent sur ce point et celles de la ville ne sauraient plus nous l'apprendre depuis que, par dilapidation, fanatisme révolutionnaire ou négligence, des documents précieux en ont disparu pour toujours.

Nous pouvons dire du moins que l'Hôtel-Dieu a été fondé en 1196. Le titre de sa création était rapporté au tome II du recueil des privilèges, page 382, écrit par Jean Dehaussy, greffier en chef ([1]). On peut regretter de n'en pas connaître le détail puisque le registre est perdu ; mais, émanée d'une source aussi autorisée, cette date ne paraît pas pouvoir être mise en suspicion. C'est un sujet d'ailleurs qui n'a été qu'effleuré par les chroniqueurs locaux, et s'il se rencontre quelque écrivain résolu à l'approfondir, celui-ci sera conduit à concilier l'époque de cette fondation avec une bulle du 28 novembre 1193 ([2]), par laquelle le pape Célestin III autorise l'érection d'une chapelle à l'hôpital Saint-Jean, qui, dans l'opinion commune, ne fut pas autre chose que l'Hôtel-Dieu. Et si nous n'avons pas recherché nous-même à établir cette concordance, c'est que, entraîné dans un autre genre d'études, il nous suffit que l'une et l'autre de ces deux dates se prêtent à démontrer que dès

---

([1]) Ms. Dehaussy, copie de la Chron. du Mt-St-Qtin f. 14 note.
([2]) Arch. de l'hospice, 33, n° 1.

l'avènement de Philippe-Auguste il n'y eut plus de Palais, puisque l'Hôtel-Dieu en prit la place.

Ce dernier établissement subsista jusqu'à la révolution, avant d'être réuni à l'hôpital Saint-Agnès et transféré dans la rue des Cordeliers. Son ancien emplacement est maintenant occupé par le Palais de Justice qu'on y construisit en 1860-1861, et dont l'assiette exigea des fondations de quatre ou cinq mètres de profondeur. Le sol, dès longtemps remblayé pour dominer les abords de l'ancien *castrum,* en son point le plus faible, fut encore exhaussé par les nombreuses sépultures de l'Hôtel-Dieu. Rien d'intéressant n'a été mis au jour par les fouilles, si ce n'est une pièce d'or du XIVe siècle, qui fut offerte au musée d'Amiens, par M. Cornuau, Préfet de la Somme. Les déblais, transportés en partie dans le jardin de la nouvelle Sous-Préfecture, sur la grande Place, ne renfermaient que des débris de sépultures chrétiennes. Dans ce sol que foulèrent Sainte-Radegonde, Erchinoald et Charles-le-Simple, l'archéologie ne trouva rien à récolter.

Il n'en sortit que quelques tronçons de colonnettes, ainsi qu'un écusson en pierre, entouré du cordon de Saint-Michel et aux armes du maréchal de la Marck, qu'on est assez étonné de retrouver là. En effet, quelque temps après la levée du siége de 1536, les mayeur et échevins ([1]) « reçurent la nouvelle que le maréchal de
« la Marck, ce fameux guerrier, l'honneur de son siècle,
« dont le nom et la mémoire est et sera à jamais mé-
« morable parmi les Péronnais, et duquel ils ne doivent
« parler sans éloge, était décédé; ensuite desquelles, ils
« lui ont fait faire un service solennel pour le repos de
« son âme, dans l'église collégiale de Saint-Fursy, et

([1]) Dehaussy, *Journ. de Pér.* ms. f. 83.

« payé toute la dépense. Et afin d'éterniser son nom et
« que toute la France avoue qu'ayant, par sa valeur sans
« pareille et par sa prudence sans exemple, maintenu la
« ville dans l'obéissance du roi, il lui a conservé tout
« son état; ils ont fait mettre et apposer ses armes :
« échiquetées de gueules et d'argent de trois traits, au
« lion naissant de gueules en chef, qui sont les anciennes
« armes de la Marche d'Anconne, sans lion, qui depuis
« leur a été donné pour leur grande noblesse et géné-
« reux faits d'armes; au-dessous du cadran de l'horloge
« étant au frontispice de la tour du beffroi, qui fait face
« sur la place, pour y demeurer à perpétuité. »

La perpétuité s'est écroulée; ainsi en est-il des institutions humaines! Il en restera du moins le souvenir de l'enthousiasme avec lequel nos pères savaient, autrefois, marquer leur reconnaissance des services rendus. Nous nous plaisons à en consigner ici le témoignage, qui ne pourra qu'être agréable aux Péronnais chez lesquels l'égoïsme contemporain n'a pas éteint tout patriotisme local.

M. le président Tattegrain a eu d'ailleurs la bonne pensée d'assurer la conservation de tous les débris d'architecture mis au jour dans les fouilles du tribunal, en les faisant maçonner ensemble dans l'un des angles du jardin. Péronne conservera donc longtemps l'écusson du maréchal de la Marck, avec la mémoire des évènements qui se rattachent au siége de 1536.

CHAPITRE QUATORZIÈME

VILLE DE PÉRONNE

OUTES les observations du chapitre précédent peuvent se résumer en disant que la seconde enceinte et le château furent construits au temps de Philippe-Auguste. La charte de commune ne laisse d'ailleurs aucun doute sur l'intérêt que ce prince portait à son œuvre, car, aux chapitres IV et XI, il est édicté certaines amendes dont le produit devait être employé à la fortification de la ville. Charles V, en restituant la commune, par charte du 28 janvier 1368, ordonna également que les amendes prononcées par le mayeur fussent converties en la réparation des fortifications et forteresses de la ville, et non ailleurs.

Comme autrefois, la ville agrandie se trouvait encore au milieu des eaux de la Somme et de la fontaine Villette. L'ensemble de la place était formidable et a mérité à Péronne cette réputation d'imprenable qui ne devait s'évanouir que lorsque ses moyens de défense ne furent plus en harmonie avec les progrès de l'artillerie moderne. Aussi le moine de Saint-Rémy en parlait-il comme d'une ville située dans une position extrêmement forte, peuplée d'un grand nombre d'habitants et surpassant les autres forteresses du Vermandois (¹).

Le périmètre de son enceinte est à peu près de nos jours ce qu'il fut alors. Des tours rondes, d'une dizaine de mètres de diamètre, flanquaient les angles et les courtines. La maçonnerie primitive se composait de moëllons de grès grossièrement équaris, posés à bain de mortier par assises assez régulières, comme les quatre tours du château en offrent encore le modèle.

Il convient toutefois de remarquer qu'au temps de Philippe-Auguste, les grands moulins ne durent pas être renfermés dans l'enceinte. Il est facile de s'apercevoir que la muraille située du côté de la Somme, ainsi que celle qui côtoie la rue Mollerue, ne continuent pas leur trajet naturel pour se souder l'une à l'autre en bas de la Montagne de Saint-Fursy; en un mot, elles ne suivent pas la courbe des rues Saint-Quentin-Capelle et Mollerue. Cette partie de la ville a dû subir un agrandissement ultérieur pour mettre les moulins à couvert. Une charte de Gaultier, abbé du Mont-Saint-Quentin, confirme cette présomption, quand elle dit en 1221 (²) : « *notum faciunt se novem modios frumenti annui redditus, quos habebant in novis malendinis domini regis apud Peronam...* »

Dans ce texte, deux points sont à remarquer : aussitôt après avoir réuni la ville à la commune, Philippe-Auguste fit sans doute rebâtir les grands moulins, puisqu'on

---

(¹) Mabillon, de re diplo. CXI, p. 313, B.
(²) Teulet, Layettes du trés. des Ch. T. I, n° 1463, (J. 238, Boulogne n° 9).

les appelle neufs en 1221; en outre, ils n'étaient pas dans Péronne, mais près de Péronne. A la vérité, l'expression *apud* peut prêter à l'équivoque. On l'emploie souvent par extension pour désigner un lieu précis; mais chaque époque eut son langage propre et l'on peut citer nombre de chartes contemporaines de Gaultier dans lesquelles ce mot est pris avec un autre sens. Au cartulaire d'Ourscamps ([1]), c'est ainsi qu'on lit dans un titre de 1243, relatif à une difficulté survenue pour le transit de certaines marchandises : « ... *apud Compendium per aquam...* » Or, l'Oise ne traverse pas Compiègne et coule en dehors. Une transaction, survenue en 1310, sur le même sujet, ne laisse aucun doute à cet égard, puisqu'il est question, à trois reprises différentes, du droit de passage que prétendait s'arroger l'abbaye d'Ourscamps « contremont le « rivière d'Oise courant par devant le vile de Com- « piègne ([2])... » La Somme est dans une situation absolument identique à son passage au-dessous du vieux Péronne; il n'est donc pas téméraire d'interpréter dans le même sens le texte de 1221.

Desachy ([3]) confirmerait au besoin cette opinion lorsqu'il avance qu'en 1336 les grands moulins étaient encore hors de la ville. Toutefois, on ne se contente plus aujourd'hui, comme au temps du bon chanoine, d'une simple allégation pour étayer une discussion historique, et s'il est vrai que les moulins restèrent longtemps en dehors des murailles, ils s'y trouvaient probablement renfermés en 1336. En effet, suivant une charte de 1309, frère Laurent, doyen de l'église Saint-Pierre, de Lihons,

---

([1]) Peigné-Delacourt, mém. de la Soc. des Ant. de Pic. T. VI, p. 31.
([2]) Ib. p. 412.
([3]) Essais, p. 108. — Martel, Essai, p. 31.

acheta une maison que l'abbaye d'Ourscamps possédait depuis longtemps : « *sitam in villa Perone, videlicet inter ecclesiam S^{ti} Fursei et molendinum hujus ville* (¹). » Evidemment on n'eut pas employé de tels termes si les moulins eussent encore été en dehors de la ville.

Ces moulins, que nous considérons comme contemporains de Sainte-Radegonde, sont restés longtemps dans le domaine seigneurial. Dès Philippe-Auguste, on les appelait les Moulins-le-Roi. On sait qu'ils ne devinrent la propriété de la ville qu'en 1336, suivant une charte de Philippe VI qui (²), moyennant cent soixante livres parisis chaque année, les lui céda en même temps que tout son domaine utile, à l'exception du forage des vins. La ville acquit ainsi : la justice et sterlage (droit seigneurial sur chaque septier de blé vendu) la prévôté de Soibautécluse, l'eau séant devant le pont des neufs moulins, qu'on appelle l'eau du Port-le-Roi, le portage (droit seigneurial sur toute marchandise portée à dos) de la rue de Bretagne, et une coutume appelée la Fouée-le-Roi (redevance seigneuriale due par chaque feu). Cette concession démontre, bien que les historiens locaux ne l'aient pas encore remarqué, qu'alors Soibautécluse n'avait point encore fait partie de la ville ; cette agglomération d'habitants avait eu jusque-là sa prévôté, sa banlieue, ses eaux communes en mot son existence propre, parce qu'elle était plus ancienne même que Péronne. Autrement, comme les rues Péronnelle, Saint-Sauveur et de Bretagne, elle n'eût jamais formé qu'un simple faubourg dépendant de la juridiction et de l'administration du *castrum*. Au surplus, la ligne de démarcation entre les deux localités a

---

(¹) Peigné-Delacourt, cart. d'Ourscamps, p. p. 279, 280.

(²) Arch. de Péronne, cote 18. — T. I du recueil des privilèges, p. 25.

longtemps laissé son souvenir dans le langage usuel. On en trouve la trace jusqu'en 1770, lorsque le pont Saint-Pierre « entre le faubourg de Paris et Sobotécluse a été rebâti au mois de mai, et élargi de deux pieds de chaque côté, aux dépens de la ville ([1]). »

La dénomination de : grands moulins et moulins neufs, implique nécessairement l'existence collatérale d'usines plus petites ou plus anciennement réparées. C'est qu'en effet le chapitre de Saint-Fursy possédait un petit moellin ([2]), dont le nom s'est conservé dans la rue du Moulinet, conduisant de la rue Saint-Fursy à la rue Mollerue. Il était situé sur le barrage établi à côté de Sainte-Claire, pour retenir les eaux de la fontaine Villette dans les fossés de la place.

De plus, le pont Saint-Pierre était flanqué d'un moulin à huile et d'un moulin à tan ([3]), qui furent achetés par la ville le 2 janvier 1510, avec les eaux en dépendant, parce qu'ils gênaient les Moulins-le-Roi. Aux mois de juin et juillet 1705, il fut effectué de grosses réparations à leurs charpentes et maçonneries.

En 1630, un moulin à foulon existait en outre à Sobotécluse ([4]), auprès de Saint-Quentin-en-l'Eau. Nous rencontrerons même, en suivant le circuit des fortifications, la trace de quelques moulins à vent qu'on avait établis sur les remparts pour compléter les moyens d'approvisionnement de la ville.

L'histoire militaire de Péronne au moyen-âge, résume principalement dans le récit du siége de 1536 soutenu par la ville avec tant de courage et d'honneur. En suivant les vieilles murailles, nous allons bientôt retrouver

---

([1]) Dehaussy, Journ. de Pér. ms. f. 270.
([2]) Arch. de Pér. résolut. du 3 novembre 1356.
([3]) Ib. cotte 42. — BB, 24, f° 109, III.
([4]) Cœuill. des cens de Saint-Barth. de Noyon, f. XL, V°.

le souvenir de cet évènement capital ; aussi ne sortirons-nous pas de notre sujet, en indiquant sommairement les mesures qu'on prenait habituellement pour veiller à la défense.

Les mayeur et échevins étaient, à l'origine, chargés de tous les soins administratifs et militaires. C'est le mayeur qui conservait toutes les clés de la ville et seul donnait le mot du guet; il présidait aussi aux approvisionnements de guerre, car on voit ce magistrat très préoccupé, en 1417, des moyens de fabriquer de la poudre à canon ([1]). Plus tard, des capitaines, élus par l'échevinage, furent institués pour veiller spécialement à la garde et défense de la ville. On ne saurait dire à quelle époque prit naissance ce capitaine de Péronne; le premier dont le nom soit connu fut Floridas de Bazincourt, seigneur d'Hardecourt, qui resta en charge de 1380 à 1400. Cet officier, choisi parmi les gentilshommes, devait résider dans la ville, aux gages de quarante-huit livres par an ([2]). Il gardait la moitié des clés de la ville et donnait le mot du guet; en son absence, le mayeur conservait toutes les clés et reprenait toutes ses anciennes attributions.

Les bourgeois contribuaient de leurs personnes à la garde de la ville. Dès que la tranquillité publique était menacée, jour et nuit on veillait aux portes ; mais en temps de paix, la surveillance se relâchait bien de sa rigueur, et les habitants se faisaient habituellement remplacer dans l'accomplissement de leurs devoirs militaires. Il fut même décidé par l'échevinage, le 13 août 1353, qu'on prendrait des portiers à gages, pour garder les portes. En 1398, par résolution du 12 août, six sergents furent

---

([1]) V. à l'appendice.
([2]) Dehaussy, Journ. de Pér. ms. f. 27.

nommés, aux gages de huit sols chacun, pour commander les gens des six maireries. En même temps, les six mayeurs des maireries devaient s'assurer que chacun des habitants était suffisamment armé pour garantir la défense de la ville ; il leur était même prescrit, par résolution du 6 avril 1464, de visiter leurs hommes, afin de vérifier l'état de l'armement.

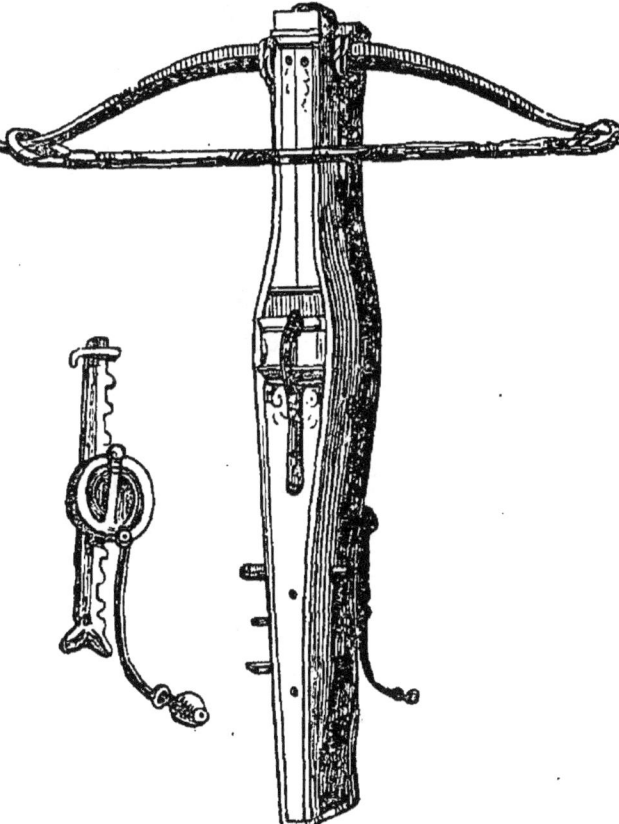

ARBALÈTE A CROC — (Collect. Gomart).

Les ecclésiastiques n'étaient pas affranchis du service militaire, en cas de danger ([1]), malgré leurs nombreuses tentatives de résistance. Les gens du roi, de leur côté, se prétendaient privilégiés, et refusaient parfois d'aller au guet et à la porte, comme le commun des habitants ; mais on fit toujours plier leur mauvaise volonté, sans préjudice d'un assez grand nombre d'exemptions motivées par des considérations spéciales. Ainsi furent dispensés de la garde, le 13 septembre 1529, le Grenetier et le Receveur des

---

([1]) Arch. de Pér. résolut. des 30 septemb. et 19 oct. 1410 ; 3 juin 1412, 22 juillet 1417, 7 sept. 1508 etc. etc....

domaines et des Aides, et le 17 mai 1768, la même faveur fut accordée aux bas officiers du chapitre de Saint-Fursy. Les nouveaux mariés étaient particulièrement traités avec indulgence; il leur était permis de passer leurs six premiers mois de lune de miel sous le toit conjugal, sans être astreints au service des portes, en vertu d'une résolution du 11 août 1755.

La garde était faite d'une manière sérieuse quand les nécessités le commandaient, car on décida en 1529 « que « le guet du beffroi et de l'hôtel-de-ville se fera et se « continuera, c'est-à-dire que de jour il y aura un homme, « et un autre pendant la nuit ; que le gardien de nuit « sonnera de demi-heure en demi-heure la petite clochette « avant que celle de l'hôtel-de-ville n'ait sonné. Il lui est « aussi enjoint de sonner à volée toutes les fois que « l'heure sonnera, et en après tinter autant de fois que « les heures sonneront. Les guetteurs de la ville répon- « dront et sonneront chaque fois, sous peine de tenir « prison. » Excellent moyen, comme on le voit, pour maintenir les gardiens en haleine et les empêcher de succomber au sommeil; en même temps que le mayeur et le capitaine de la ville pouvaient ainsi se rendre compte de la vigilance des guetteurs sans même sortir du lit.

En 1536, l'échec du comte de Nassau devant Péronne, valut à la ville un concert universel de louanges. Les Péronnais en conçurent le plus légitime orgueil, et le rôle très-efficace qu'ils avaient rempli pendant le siége leur fit comprendre plus que jamais la nécessité d'appliquer toute leur vigilance à la garde de leur cité, si voisine de la frontière et exposée par conséquent à supporter à l'improviste les premiers coups de l'ennemi.

Le service militaire devint plus sérieux ; on se rendit au guet et à la garde avec plus d'empressement que par le passé, et cependant une douzaine de personnes, sous prétexte de noblesse ou charges de judicature, cherchèrent encore à s'en exempter. Beaucoup de bourgeois tentèrent peu à peu d'imiter ce fâcheux exemple, jusqu'à ce que, par acte du 6 novembre 1683, MM. de la ville eurent décidé qu'il n'y aurait d'exemption pour personne en cette ville où tout le monde était obligé à la garde, en échange des priviléges des habitants, tels qu'exemption du ban, arrière-ban, tailles et autres charges. Tous, aussi bien nobles que bourgeois, furent astreints à faire ponctuellement le service de jour et de nuit, même les médecins. Il n'y eut alors qu'une seule dispense accordée à M. Louis Houbrel, doyen des médecins, à charge par celui-ci de donner ses soins aux pauvres malades de l'Hôtel-Dieu, moyennant une somme annuelle de soixante-quinze livres (¹).

L'expérience ne tarda pas à faire reconnaître certains défauts dans l'organisation de la garde. Plusieurs détachements ne pouvaient envoyer aux portes plus de deux ou trois personnes, tandis que d'autres bandes fournissaient un contingent d'une quinzaine d'hommes. On mit bon ordre à cette irrégularité, en prescrivant, le 13 décembre 1686, que chaque bande n'excéderait pas dix hommes, et que les derniers admis dans celles qui en posséderaient davantage devraient en sortir et se rattacher à une autre, à peine de dix livres d'amende (²). Chacun avait la faculté de s'affilier au détachement qui lui convenait le mieux ; il en devait assurément résulter bien des abus et plus d'un échec à la discipline. Aussi fit-on mieux encore : toute la ville fut divisée en douze

---

(¹) Arch. de Pér. BB. 22. § 143.
(²) Ib. BB. 22. § 386, 375, 392.

quartiers commandés chacun par un ou deux capitaines, un ou deux lieutenants, un ou plusieurs sergents, et un tambour, suivant leur importance numérique. L'état-major comprenait en outre un colonel, un lieutenant-colonel, un major et un aide-major.

Chaque année, après le renouvellement de l'échevinage, les officiers étaient maintenus ou remplacés dans leurs fonctions, et exemptés de ban, arrière-ban, droits de francs-fiefs, logement des gens de guerre, contribution d'iceux, tutelle, curatelle, commission de syndics, séquestres et autres charges publiques ([1]).

La garde de jour et de nuit était commandée par un sergent à verge ([2]), revêtu d'une bandoulière, d'une casaque, d'une capote, d'un justaucorps, et muni d'une verge et d'un sceau ([3]). Les sergents avaient en outre à procurer aux troupes le bois et la paille, et étaient chargés de la publication des ordres du roi et de la ville.

Les bourgeois devaient faire la garde en personne, chacun à leur tour, et rester au corps de garde depuis l'ouverture des portes, jusqu'à leur fermeture ([4]) à la chute du jour. Tous les détails du service, exactement réglés dorénavant, fonctionnèrent à la satisfaction générale; ils furent cependant modifiés en 1703. La lecture de ces réglements serait bien aride ; mais ils renferment des renseignements intéressants sur la topographie de la ville, et nous en reproduirons quelques extraits à l'appendice. Nous y joindrons, pour le même motif, quelques documents sommaires, qui ne manqueront pas d'éveiller la curiosité des Péronnais, parce qu'on y trouvera des

---

([1]) Arch. de Pér. BB. 23. § 157, 6 décemb. 1694.
([2]) Ib. § 153.
([3]) Ib. BB. 24. fs. 106 v°, 119.
([4]) Ib. BB. 23, § 226. — BB. 29, § 5.

indications multipliées sur un grand nombre de maisons et d'anciennes enseignes de la ville.

Après, comme avant le siége, il appartenait au mayeur de former la garde bourgeoise, et d'en exercer le commandement supérieur, à charge de donner avis au lieutenant de roi des détails journaliers du service (¹). On aurait peine à se représenter aujourd'hui, sous le régime de la séparation des pouvoirs, un magistrat cumulant avec ses devoirs administratifs et judiciaires des attributions militaires considérables. Tel fut autrefois l'usage, et constamment les mayeurs surent lutter avec énergie pour éviter que leurs anciens priviléges ne fussent trop amoindris. En l'absence du gouverneur et de son suppléant, le lieutenant de roi, le mayeur, comme par le passé, commandait les troupes et faisait la ronde militaire (²), tenait les conseils de guerre, en qualité de commandant de la place, conservait toutes les clés de la ville, donnait le mot du guet aux officiers de la garnison, etc., etc...

Cette dernière prérogative motiva des discussions cent fois répétées, et sans cesse le mayeur réussit à la conserver intacte. Cependant, le sentiment de la résistance était si bien enraciné dans l'esprit des officiers, qu'un jour le domestique du lieutenant de roi voulut donner lui-même le mot du guet, à cause de la maladie de son maître (³). On peut se figurer le scandale causé par une telle prétention.

Bien que ces dernières précautions ne fussent pas encore en usage en 1536, on voit qu'à toute époque on

---

(¹) Arch. de Pér. résol. du 22 août 1721.
(²) Ib. 7 juillet 1664, 19 mars 1667, 3 juillet 1674, 1567, cotte 115.
(³) Ib. 4 sept. 1728.

faisait bonne garde. La ville ne se trouva donc pas prise au dépourvu lorsque le comte de Nassau vint l'assiéger à la tête de quarante mille hommes de pied, dix mille chevaux et soixante pièces de canon (¹). Contre une armée aussi redoutable, qu'auraient pu faire les habitants livrés à eux-mêmes ? Indépendamment de la noblesse et de la bourgeoisie, on ne comptait pas plus de deux mille hommes en état de porter les armes (²). A la vérité, « la « population entière, jusqu'aux femmes, filles, valets, « servantes, même les valétudinaires, s'employèrent à « réparer les brèches pendant la nuit avec une telle « ardeur que les ennemis se disposant à donner un assaut « le lendemain matin, les trouvaient entièrement répa- « rées (³). »

L'héroïsme de nos pères eut sans doute succombé sous les coups des Impériaux, si des troupes solides n'étaient venues à leur secours. Le maréchal de la Marck, spécialement chargé de la défense, arriva de Ham, à la tête de sa compagnie de cent hommes d'armes, accompagné par son lieutenant, le seigneur de Moyencourt (⁴). Avant lui, le seigneur de Sarcus s'était jeté dans la ville avec la première légion du régiment de Picardie, composée de mille hommes. Le seigneur de Sesseval y accourait de son côté avec ses mille fantassins formant la seconde légion du même régiment. Le comte de Dammartin y commandait en outre cinquante hommes d'armes de la compagnie du duc d'Angoulême, dont il était lieutenant, et,

---

(¹) Dehaussy, Journ. de Pér. ms. f. 64 v°, d'après les mémoires de Martin Devaux.

(²) Ib. f. 67.

(³) Ib. fs. 70, 72.

(⁴) Ib. f. 65 v°, 66, 66 v°, 78 v°.

enfin, dans le cours du siége, le duc de Guise réussit à faire entrer quatre cents arquebusiers par-dessus les murs, sous la conduite de Jean de Haizecourt.

Ces troupes ne formaient ensemble qu'une garnison bien peu nombreuse pour résister à une attaque formidable et l'heureuse issue du siège témoigne hautement de l'habileté du commandement, de l'énergie des soldats, et de la vaillance de la population. C'en était fait cependant de cette poignée de défenseurs, si les cinquante mille hommes du comte de Nassau n'avaient eu en même temps à lutter contre la solidité des murailles. Ce ne sera donc que rendre justice à la forteresse imprenable, d'en passer une revue d'honneur, pour constater l'état où elle se trouvait alors.

CHAPITRE QUINZIÈME

FORTIFICATIONS

DE PÉRONNE

Quoique les fortifications de Péronne aient été remaniées à différentes époques nous essayerons de les reconstituer telles qu'elles furent fondées au temps de Philippe-Auguste. En passant, nous rappellerons brièvement les principaux évènements dont chacun de leurs points fut le théâtre en 1536, tout en complétant cet examen rétrospectif par l'indication des modifications principales que subirent successivement les ouvrages de défense pour s'harmoniser avec les progrès de la science militaire.

I. Sobotécluse, noyé dans les eaux de la Somme, était tout naturellement défendu contre les entreprises ennemies. La porte extérieure, qui fermait le faubourg, fut reconstruite aux frais de la ville, aux termes d'une résolution du 16 septembre 1621, par laquelle on invita en même temps le chapitre de Saint-Fursy à contribuer à cette dépense pour cent vingt livres. Cette porte était flanquée de deux tours rondes ([1]) et laissait l'église Saint-Quentin-en-l'Eau, ainsi que son prieuré, en dehors du faubourg ([2]); tous les plans de Péronne la placent en effet sur la rive droite du dernier bras de la Somme qu'on rencontre après le pont Saint-Pierre.

A la date du 24 janvier 1628, on trouve, dans les résolutions de la ville, un contrat d'acquisition d'un terrain vague au faubourg de Paris, pour être employé aux fortifications. Ce fut le moment où l'art militaire se mit à construire des ouvrages compliqués, précurseurs du système Vauban ([3]). En 1648, le gouverneur fit élargir et approfondir à corvées le fossé du bonnet à prêtre, afin d'y maintenir constamment une profondeur de sept à huit pieds d'eau ([4]). L'année suivante, M. d'Hocquincourt fit élever, des deniers de la ville, la demi-lune de la Chapelette, ainsi que celle du bonnet à prêtre. Chacun de ces ouvrages a bien coûté douze cents livres ([5]). Ce fut sans doute en 1675 que fut construite la couronne du faubourg, car la Chapelette fut alors condamnée à disparaître pour permettre l'établissement des glacis. Cette Chapelette avait été elle-même bâtie en 1500 « hors des

---

([1]) Bannière de Péronne. — Plan de Péronne dressé par Levert, en 1789. — Topographia Galliæ, Amsterdam 1661, etc., etc.

([2]) Caraby, notice sur Sobotécluse, p. 26.

([3]) Tous les ouvrages modernes sont indiqués avec soin sur le plan de M. Gomart.

([4]) Dehaussy, Journ. de Pér. ms.

([5]) Ib.

« portes du faubourg de Soybotécluse, du côté de
« Biaches, par les frères et sœurs de l'Hôtel-Dieu, pour
« servir de cimetière pour les pauvres qui décèdent audit
« Hôtel-Dieu ([1]). » En 1676, elle fut reportée de l'autre
côté de la route de Flandre, proche Bayencourt ([2]), et
vers l'emplacement occupé aujourd'hui par la gare du
chemin de fer.

Du côté de la ville, Sobotécluse se terminait au pont
Saint-Pierre. Là se trouvait *la tour du guet* ; elle existait
encore en 1780, dit Desachy ([3]), mais nous ne la voyons
figurer sur aucun plan de la ville, à moins qu'elle n'ait
été placée près de la porte de Paris, où un fort carré est
représenté sur deux plans de 1789 et de 1827 ([4]).

II. La porte de Paris, d'après la bannière de Péronne ([5]),
fut primitivement, comme celle de Sobotécluse, flanquée
de deux tours rondes. Le siège de 1536 l'exposa aux plus
dures épreuves, car elle fut alors attaquée avec acharnement ; elle n'a été cependant reconstruite qu'en 1652.
Au mois d'avril, on en commença la démolition, pour la
refaire aux dépens du roi, « pourquoi Sa Majesté a donné
« quarante mille livres ([6]), à prendre moitié sur les traites
« de la ville et moitié sur les deniers de la taille des
« Elections de Péronne et de Montdidier. » Le 25 juillet,
le maréchal d'Hocquincourt y posa la première pierre,
dans laquelle ses armes : de gueules à trois maillets d'or,
avaient été gravées ; au milieu des trois maillets, on

---

[1] Dehaussy, Journ. de Pér. ms. f. 47, v°.
[2] Ib. f. 209, v°.
[3] Essais, p. 52.
[4] De notre collection.
[5] On ne connaît pas de plan de Péronne plus ancien que celui que représente cette bannière.
[6] Dehaussy, Journ. de Pér. ms. f. 172 v°, 177 v°.

enferma un écu d'argent, fabriqué dans le cours de l'année. L'édifice ne fut terminé qu'en 1654. Sous la voûte, derrière la façade tournée vers le faubourg, on lisait cette inscription :

« Cette porte fut bâtie du règne de Louis XIV, par le
« commandement de M. Louis Phelippeau, seigneur de
« la Vrillière et de M. le maréchal d'Hocquincourt,
« gouverneur de cette ville, en 1653. Du règne du même
« prince, on a rétabli les voûtes architraves et piedestal,
« par le commandement de M. de Chauvelin, intendant
« de Picardie, et de M. le marquis d'Hocquincourt, gou-
« verneur, en 1685. »

De nouvelles réparations y furent encore effectuées en 1765. Desachy a donné une description détaillée de ce monument, qui se trouve représenté sur une vue partielle de Péronne que nous avons copiée dans la collection Leblant. Il ne nous reste plus à dire que la porte actuelle, beaucoup plus simple que la précédente, a été édifiée en 1826 par le génie militaire. A l'intérieur de la place, le logement du portier-consigne a remplacé le corps de garde affecté jadis au service militaire des bourgeois.

L'un des épisodes les plus remarquables du siège de 1536 s'est passé tout auprès de la porte de Paris, où commandait le seigneur de Sesseval [1]. Le canon avait ouvert une large brèche dans la muraille, en aval de la chaussée, et ce fut là que l'héroïque Marie Fourré renversa les assaillants dans le fossé, en leur arrachant leur étendard. La bannière représente très-distinctement ce glorieux fait d'armes, dont les Péronnais conservent toujours la mémoire.

Pour n'y plus revenir, nous dirons une fois pour

---

[1] Dehaussy, Journ. de Pér. ms. f. 71.

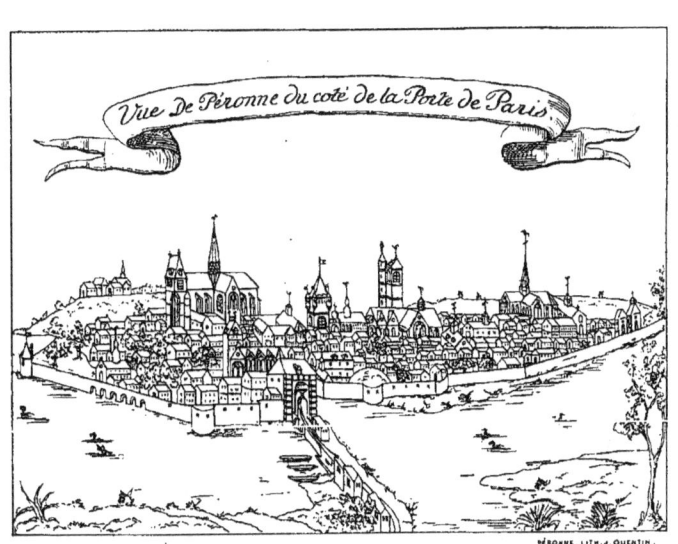

toutes que les murailles, primitivement construites avec un parement de grès équarris, ont été successivement remaniées et faites en briques. Quelques portions, en très petit nombre, sont encore maçonnées de grès; le plus souvent on ne voit que quelques rangs de pavés formant le soubassement de la muraille, et on peut affirmer que, depuis 1536, toutes les reconstructions ont été opérées avec la brique. Ainsi fut fermée la brèche de la porte de Paris dont on ne distingue plus aucune trace.

Près de la porte de Paris, l'angle de la muraille est protégé par une première tour, dont il est question en 1434, dans les résolutions de la ville, alors qu'on proposa « de faire un moulin à vent sur la tour Paillarde, qui est « derrière les moulins à eau. » Pour rehausser l'édifice, on dut prendre des grès au bout du faubourg de Bretagne, à la tour des Cordeliers devenue inutile.

Au-delà de la tour Paillarde, la muraille se détourne à peu près à angle droit et se trouve bientôt interrompue par le passage de l'eau coulant sous les moulins. Jadis un pont comblait cet intervalle, ainsi d'ailleurs qu'on peut le voir sur la bannière et sur notre vue de la porte de Paris. Quand on procéda à sa reconstruction en 1765, on découvrit dans ses démolitions un grand nombre de pièces d'or ([1]).

Plus loin, une seconde tour forme l'angle d'un nouveau coude du rempart; moins exposée que les autres aux coups de l'ennemi, par sa situation en pleine eau, elle a conservé aussi plus longtemps son caractère primitif. Elle est bâtie en grès avec fruit à la base; le premier étage est percé d'étroites meurtrières hautes de 1^m 50, qui représentent, avec leur étroite ouverture de cinq ou six

---

([1]) Desachy, Essais, p. 365.

centimètres, le type en usage avant l'invention des armes à feu ([1]). Postérieurement, ces meurtrières ont été perforées d'un trou circulaire destiné à laisser passer la gueule d'une couleuvrine. La courtine qui se poursuit ensuite vers l'est, ne possède plus qu'un soubassement de grès de deux mètres de hauteur, tandis que le haut de la muraille est formé de vieilles briques au moins contemporaines du siége de 1536.

Avant la troisième tour, il existe une poterne, refaite à neuf de nos jours, passage bien modeste aujourd'hui et qui fut sans doute autrefois d'une autre importance. C'est par là que passait l'embranchement du chemin royal allant vers le Mont-Saint-Quentin, ainsi que le chemin vert d'Halles à Saint-Quentin-Capelle. Cette sortie est appelée la poterne de l'Estanke dans les résolutions de la ville d'octobre 1355 et du 3 novembre 1356.

La troisième tour est bâtie, comme les autres, sur un soubassement à fruit ; son flanc ouest est construit en grès, tandis que son flanc est, plus exposé aux coups de l'ennemi, a été réédifié en briques. De hautes meurtrières sont percées au premier et au second étage. Une résolution de la ville, du 3 avril 1352, lui applique le nom de tour messire Maillard, à cause du voisinage de l'hôtel Maillard de Sailly, qui la touchait alors.

La muraille se poursuit en présentant alternativement des maçonneries d'époques diverses. Un soubassement de pavés, de deux ou trois mètres de haut, se prolonge

---

([1]) Congrès arch. à Alby en 1863, T. XXVII, p. 466.

jusqu'à la tour suivante ; tout le haut de la muraille est en briques et bientôt tout est en grès. Plus loin on retrouve la brique, puis le grès.

En approchant de la quatrième tour, tout bon Péronnais devra recueillir ses souvenirs patriotiques, comme à la porte de Paris, car là fut le théâtre de l'une des plus violentes attaques de 1536. Une brèche considérable y fut pratiquée par le canon. De Sarcus défendait cette partie de la muraille, en regard de l'église Saint-Fursy ([1]), et repoussa vaillamment toutes les escalades ennemies.

La quatrième tour, exposée en plein feu, à droite et à gauche, eut sans doute à supporter le contre-coup de cette furieuse entreprise. En partie reconstruite sur un plan nouveau, c'est maintenant une tour géminée, composée de deux fragments de tours accolés l'un à l'autre. La partie ouest, vers la Somme, est en grès avec fruit à la base ; la portion située à l'est se compose d'une maçonnerie de briques, avec contrefort au pied. Nous trouverons son nom en 1525 lorsque « la digue de maçonnerie, « derrière la tour Hangard, entre le château et Sainte-« Claire a été faite ([2]). » Le barrage dont il s'agit n'existe plus depuis longtemps ; la dénomination Hangard est elle même oubliée, mais le bastion 24, établi devant l'ancienne brèche, (bastion Saint-Fursy) ([3]) a pris la place de la demi-lune de Hangard, ainsi désignée sur plusieurs vieux plans de Péronne ([4]).

En 1552, 1553, 1554, la plus grande partie des murailles et plates-formes ont été relevées, principalement

---

([1]) Dehaussy, Journ. de Pér. ms. f. 71

([2]) Ib. f. 59.

([3]) Gomart, plans de la ville de Péronne.

([4]) Bibl. nat. plans des places de Picard, 1677, f. 9, Estampes I. D. 13. — Plan du cabinet Leblant.

de ce côté de la ville si fortement éprouvé par les opérations du siége ; le Chapitre contribua à cette dépense pour une somme de cinquante livres tournois ([1]). Le mur, reconstruit depuis par fragments, à différentes époques, se compose d'un soubassement de pavés et de briques de différents âges.

Provisoirement nous laisserons le château de côté, pour le visiter avec plus de détails, lorsque nous aurons terminé l'examen du perimètre de la ville. La vieille muraille se poursuit, au-delà du château, avec des parements alternativement de grès ou de briques. La porte Saint-Nicolas, qu'on rencontre presqu'aussitôt, a été percée en 1851, rétablissant ainsi le passage de la voie d'Encre, supprimé depuis plus de trois siècles. En effet, l'ancienne porte existe encore tout près de là, en pleine muraille de grès, fermée elle-même avec une maçonnerie de briques. Or, c'est en 1537, aussitôt après le siège, qu'on l'a condamnée, en même temps qu'on a rompu sa chaussée ([2]). On voit donc que, sous le règne de François Ier, les constructions de grès étaient complètement passées de mode.

La ville possédait jadis de ce côté, un troisième faubourg formant le prolongement de notre rue Saint-Nicolas. Le siége de 1536 lui fut fatal, et depuis lors il ne se releva pas de ses ruines. Au temps de Concini, il en restait une douzaine de maisons, au bord de la vieille route d'Encre, entre la ville et le Quinconce ([3]). D'ailleurs, encore aujourd'hui, on peut remarquer sur le rideau de la route d'Albert, au-dessous du jardin anglais, quelques

---

([1]) Dehaussy, Journ. de Pér. ms. f. 102.
([2]) Ib. f. 95 v°.
([3]) Topographia Galliæ.

moëllons qui semblent n'être autre chose que des restes de fondations. L'existence de ce troisième faubourg ne saurait être mise en doute, car la charte de François Ier, renouvelant en février 1536, les priviléges de la ville, dit expressément « que pendant et durant le siége, il leur a « convenu (aux habitants) pour la seureté et tuition et « défense d'icelle, porter et soustenir plusieurs grands « frais, bouter le feu et brûler les trois faubourgs d'icelle « ville.... »

L'ancienne brèche, si bravement défendue par le sieur de Moyencourt, commence à une trentaine de mètres au-delà de la vieille porte Saint-Nicolas. Elle a été bouchée en briques et est parfaitement reconnaissable jusqu'au premier ressaut que fait la muraille. Vingt hommes auraient pu y passer de front, selon le P. Fénier. Elle avait, dit Philippe Le Convers en ses mémoires, trois cents vingt pieds de largeur. Ces deux versions ne sont pas inconciliables; en effet, jusqu'au bastion de Richelieu, la muraille, moins ruinée qu'auprès de la porte, dut subir une certaine atteinte. Elle est encore en maçonnerie de grès sur une hauteur d'environ six mètres; mais toute la partie supérieure, démolie sans doute pendant le siége, a été rétablie en briques. Ce mur ainsi réparé, présente environ cent mètres de développement; si on y ajoute la brèche principale, proche la porte Saint-Nicolas, et large d'une dizaine de mètres, on trouve la dimension à peu près exacte qu'indique Le Convers.

Au-delà on rencontre une nouvelle tour, en maçonnerie de grès avec fruit à la base, bientôt suivie d'une seconde entièrement semblable. Toutes deux sont maintenant masquées par les fortifications modernes. La première pierre du bastion de Richelieu, qui protège aujourd'hui ce rempart, a été posée le 7 septembre 1634, par M.

Mydorge, ingénieur (¹), et le 30 janvier 1638 il intervint un arrêt du Conseil par lequel la ville fut condamnée à employer 13,500 livres pour achever la demi-lune de Saint-Fursy, à l'aide des terres extraites du bastion de Richelieu, dominé alors par un cavalier.

La porte du nord, qui n'est plus aujourd'hui qu'une poterne, débouche près de là ; elle remplaça longtemps la porte Saint-Nicolas, en infligeant à la route d'Albert un long détour, par le Quinconce, le chemin de Péronne à Bertincourt, le prolongement du vieux chemin d'Arras (²) et l'Orgibet, où se retrouvait l'ancienne voie.

L'extrémité de la courtine se termine par une muraille de grès de vingt-quatre mètres de hauteur, à l'angle de laquelle est posée la tour Alexandre, bâtie en grès ; le socle en est droit, légèrement en saillie, mais sans fruit. Elle est maintenant enveloppée par le bastion de Vendôme. La terrasse et maçonnerie de ce dernier ouvrage a été commencée en 1553, alors que M. de Vendôme était gouverneur de la province (³). C'était d'ailleurs l'usage de donner le nom des grands personnages du moment aux ouvrages de fortifications. Ainsi le 13 août 1571 (⁴), le mayeur de Péronne remontra au duc de Longueville que les boulevards, tours et bastions de la ville ont pris leurs noms des gouverneurs au temps desquels ils ont été construits, tels que le bastion de Vendôme, le boulevard d'Humières, la tour de Piennes ; il lui demanda en conséquence la faveur d'appeler bastion de Longueville l'ouvrage dont ce gouverneur avait ordonné la construction derrière Sainte-Claire. Cependant la demi lune 27, placée près de

---

(¹) Dehaussy, Journ. de Pér. ms. f. 148.
(²) Plan cadastral d'Allaines.
(³) Dehaussy, Journ. de Pér. f. 101.
(⁴) Ib. f. 119, v°.

la Somme, est constamment désignée, dans les anciens plans, sous le nom de Sainte-Claire.

Avant de nous éloigner du rempart du nord, il convient de remarquer que tous les terrains sur lesquels il est établi dépendaient autrefois du domaine royal. Les prés de la Reine, de la Rosière et du Glavion, s'étendant depuis la Somme jusqu'à la fontaine Villette, et du bastion de Vendôme au moulin de Bellesaize, avaient été donnés à rente à la ville, en juin 1278, par le bailli de Vermandois, au nom du roi ([1]). En 1513, Louis XII en fit une nouvelle concession à la ville ([2]); mais en réalité, il ne fit que décharger celle-ci de la rente due pour ces terrains absolument improductifs, puisqu'ils avaient été successivement utilisés pour établir l'assiette des fortifications et des fossés.

D'autre part, en 1341, Philippe de Valois concéda les étangs et prés situés depuis la porte Saint-Nicolas jusqu'au lieu dit: *les Tanches* ([3]). C'est pourquoi, au 15 juillet 1700, on voit qu'il est question des vannes appartenant à la ville, depuis le bastion de Richelieu jusqu'au bastion de Vendôme et à la digue qui est au coin du faubourg de Bretagne, derrière la maison appelée anciennement *le Soleil* ([4]). Cette digue, destinée à relever le niveau de l'eau dans les fossés, fût bâtie en maçonnerie par la ville, en 1650 ([5]).

On construisit en 1558 l'allée voutée qui conduisait du cimetière de Saint-Sauveur, dans le bastion de Vendôme, sous la tour Alexandre ([6]). L'ancienne porte Saint-Sauveur

---

([1]) Arch. de Pér. cotte 8.
([2]) Dehaussy Journ. de Pér. ms. f. 57.
([3]) Arch. de Pér. n° 17, liasse.
([4]) Ib. B. B. 24.
([5]) Manuscrits Dehaussy.
([6]) Dehaussy, Journ. de Pér. f. 105.

est flanquée de deux vieilles tours, noyées maintenant dans le revêtement du bastion ; elles sont construites en briques, sur un socle légèrement en saillie et sans fruit. Là s'ouvrait l'une des sorties de la ville, franchissant le ruisseau du Glavion sur un pont que la bannière de Péronne représente très distinctement, et qui fut réparé en 1646, au moyen de 4,500 livres provenant de l'octroi ([1]).

Le ruisseau, si modeste aujourd'hui qu'on n'en soupçonne plus l'existence depuis que sa source est tarie, servit à limiter le principal corps de la place au temps de Philippe-Auguste. On trouve en 1257 un arrêt rendu en faveur des habitants des *sept-poestés (septem potestatum)* contre le mayeur et les bourgeois qui prétendaient imposer à ceux-ci une contribution pour curer et vider le fossé de Péronne appelé Glavion ([2]). Sans ce ruisseau, la rue Saint-Sauveur et le faubourg ne formeraient qu'une voie continue, car la sortie de la porte Saint-Sauveur débouche à peu près en face de la rue Verte.

La nouvelle porte de Bretagne fut commencée en 1601, et a été ouverte pour la première fois le 26 décembre 1606 ([3]). Elle ne fut cependant terminée que plusieurs années après. Au delà de la porte, la muraille a été reconstruite par la ville en 1647 et 1652, à l'aide d'un subside de 3,000 livres que le roi avait donné pour les fortifications ([4]).

Le bastion royal, formant l'angle de la forteresse vers Flamicourt, resta de longues années avant de prendre la forme définitive qu'on lui voit de nos jours. Suivant un accord fait avec la ville le 28 avril 1636, Martin Caudron,

---

[1] Dehaussy, Journ. de Pér. ms. f. 161.
[2] Boutaric, Inv. et doc. T. I, p. 9, n° 99.
[3] Manuscrits Dehaussy.
[4] Dehaussy, Journ. de Pér. ms. f. 166, 172.

demeurant rue des Naviages, y éleva un moulin à vent qui n'eut que peu de durée, car il fut démoli suivant une résolution de la ville du 7 avril 1660 ([1]). Le bastion ne fut palissadé qu'en 1648 ; dix ans plus tard, le gouverneur en fit creuser les fossés et établir près de là une digue de bois destinée à relever le niveau du Glavion. La première pierre de la maçonnerie du bastion royal fut posée à l'angle nord, le 25 septembre 1663, par M. de Camps, lieutenant de roi, en présence de M. de Chatillon, intendant général des fortifications de France ([2]).

C'est en ce point que la bannière de la ville fait escalader la muraille par les quatre cents arquebusiers envoyés par le duc de Guise au secours de Péronne, sous la conduite de Jean de Haizecourt. On l'a déjà fait remarquer ([3]), et si nous insistons sur ce sujet, c'est pour en donner une preuve certaine, contrairement à l'opinion du P. Fénier, qui, dans sa relation du siége, fait entrer ce détachement par le faubourg de Paris. On sait en effet, que Jean de Haizecourt franchit la muraille derrière le jardin des archers ([4]) ; or le jardin de l'arquebuse était placé tout près de là, dans un triangle situé au-dessous de l'école actuelle, entre le ruisseau de la ville et les fortifications ([5]).

La muraille, du côté de Flamicourt, est entièrement en briques et suit, dans une direction à peu près droite, une série de lignes brisées indiquant un assez grand nombre de reconstructions successives. Au bas de la rue du Sac, une résolution de la ville, du mois de décembre 1636,

---

([1]) Arch. de Pér.
([2]) Dehaussy, Journ. de Pér. ms. f. 204.
([3]) E. Quentin, notice sur la bannière, p. 53.
([4]) Vicomte d'Auteuil, piéc. et doc. relat. au siége de Pér. p. 22.
([5]) Plan de la collection Leblant.

autorise la construction d'un moulin à vent qu'on voit figurer en 1660 sur un plan de Péronne (¹), en même temps que celui du bastion royal. Une tour carrée, en briques, formant plate-forme, se trouve au débouché de la rue des Naviages. Vers l'extrémité de la rue Boutry se voit une tourelle bâtie en briques sur un encorbellement de grès ; elle porte les armes de François Ier si grossièrement sculptées qu'il est malaisé d'y reconnaître une couronne royale et une tête de salamandre couronnée.

A une époque que rien ne permet de déterminer, une sortie fut percée du côté de Flamicourt ; ce fut sans doute celle dont il est question dans les résolutions du mois d'octobre 1355, lorsqu'à l'approche de l'armée anglaise récemment débarquée à Calais, le mayeur recommanda de fermer toutes les poternes, à l'exception de celle de la rue des Vaches. En effet, en 1581, la rue du Blanc-Mouton paraît avoir porté le nom de la rue des Vaches (²), en souvenir sans doute du passage des animaux qui sortaient jadis de l'ancien *castrum*, pour aller pâturer vers Flamicourt sur l'emplacement de la rue Péronnelle. Plus tard cette sortie est appelée porte de Bourgogne (³), peut-être parce qu'elle fut réédifiée au temps des ducs de Bourgogne. Elle est représentée sous un aspect monumental dans l'ancienne vue de Péronne que nous avons offerte à la ville, ainsi que dans un dessin de la collection Hiver qui semble n'être que la reproduction exacte de ce tableau.

Ce fut probablement la même porte qui s'appela plus

(¹) Bibl. nat. Rec. des plans par le Ch. de Clairville, I, 16.
(²) Arch. de Pér. Comptes de 1581, CC, 12, f. 16.
(³) Dehaussy, Journ. de Pér. f. 143. — Quentin, Journal de Péronne du 26 juillet 1874.

Vue partielle de Péronne du côté de Flamicourt avant 1652.

(Collection Hiver.)

tard la porte de Fer, située, selon Desachy (¹), à l'extrémité de la rue du Blanc-Mouton, sous le rempart. C'est par là que la dame de Bruntel abordait en bateau, lorsqu'elle se rendait à Saint-Fursy ; c'est par là aussi que le mayeur Louvel de Fontaine contraignit, en 1655, le traître d'Hocquincourt à quitter la ville. Nous supposons qu'elle était placée au débouché de la rue Sans-Bout, parce que le corps de garde Saint-Michel, que la bannière représente vers ce point, et qui se trouvait près de la rue Puchotte (²), devait en être très-rapproché.

Non loin du collége, une croix de fer, plaquée contre la muraille, marque la limite des eaux du Port-le-Roi (plus tard eaux de M. le mayeur) et celles du Coûtre de Saint-Fursy, appartenant aujourd'hui à Mme Alexandre Dehaussy (³).

La *topographia Galliæ*, en 1661, représente tout ce côté de la ville avec cinq tours de défense ; deux d'entre elles, bâties en briques, avec fruit à la base, subsistent encore du côté de la porte de Paris. Le bastion qui termine le corps de la place a sans doute été établi sur le lit de la Somme, car les divers travaux qui y ont été exécutés pendant le siége de 1870-71 ont permis de constater qu'il repose sur une série d'arcades destinées peut-être à laisser le cours de l'eau libre vers les moulins.

Pendant le siége de 1536, cette muraille eut, comme les autres, beaucoup à souffrir. Une brèche y fut pratiquée à coups de canon (⁴); cependant malgré la trahison du

---

(¹) Essais, p. p. 187, 314.

(²) V. append. régl. de la garde bourgeoise en 1703, 10° compagnie.

(³) Arch. de Pér. Plan (non classé) des lieux appartenant à la ville et à Saint-Quentin-Capelle, 31 décembre 1706. — Plans des biens de l'église Saint-Fursy en 1730, app^t à Mme Dehaussy.

(⁴) Dehaussy, Journ. de Pér. ms. f. 72.

meunier de Bellezaize, qui eut pour effet de faire abaisser le niveau des eaux lorsque la chaussée de Sobotécluse eut été coupée par l'ennemi, aucun assaut ne paraît y avoir été donné. Sans doute le marais ne se prêtait pas facilement au passage. D'ailleurs, le sieur de Momberon, guidon de la compagnie des gendarmes du maréchal de la Marck, veillait de ce côté à la défense, et s'il l'eut fallu, il aurait assurément repoussé les assaillants aussi bien qu'on le fit à Saint-Nicolas, au château, à la tour Hangard et à la porte de Paris.

III. Le faubourg de Bretagne ne conserve plus vestiges de ses anciennes fortifications. Autrefois renfermé de murailles de grès, ainsi que le principal corps de la place, il fut considéré comme une forteresse non tenable par diverses ordonnances du roi Charles V ([1]), et condamné à perdre son mur d'enceinte. Aussi le roi a-t-il autorisé la ville, par charte du 25 avril 1376, à y prendre autant de grès qu'il en faudrait pour reconstruire le beffroi au lieu où il était avant d'être abattu. De même, en 1434, ce fut à la tour des Cordeliers, c'est-à-dire à l'extrémité du faubourg, qu'on prit les grès nécessaires à la surélévation de la tour Paillarde.

Les fondations de ces vieilles murailles ont été retrouvées en 1634 ([2]), lorsqu'on a enveloppé le faubourg d'une enceinte de terre qu'il possède encore. En 1828, le génie militaire en a revu les traces, et en 1863, nous avons pu relever nous-même le plan du pont-levis et de la porte d'Enfer, flanquée de deux tours, alors que l'approfondissement et l'élargissement du fossé vint mettre au jour ces anciennes substructions. La muraille, d'une

---

([1]) Arch. de Pér. cotte 28.
([2]) Dehaussy, Journ. de Pér. ms. f. 1.

épaisseur de 2^m 50, établie sur pilotis de chêne, se compose de pierre tendre du pays, revêtue à l'extérieur d'un parement de grès. Le mortier, en sable vert du bois de Rocogne, ne contenait plus que quelques atomes de chaux réduite en bouillie ; sous les injures du temps, presque tout le calcaire a disparu. C'est bien la preuve que, sous le climat du nord de la France, les monuments les plus solides sont fatalement condamnés à s'ébranler après une durée de quelques siècles.

Non loin de la porte d'Enfer, la muraille était flanquée d'une demi-tour de dix mètres de diamètre, à parement de grès et d'une épaisseur de 2^m 50. Si l'on songe à l'immense quantité de craie qu'il a fallu trouver sur place pour édifier les fortifications, on s'expliquera facilement d'où proviennent les souterrains et carrières qui existent en si grand nombre dans le sous-sol de la ville.

La porte d'Enfer est figurée sur la bannière ; au 8 octobre 1703, nos archives parlent encore du ruisseau qui va à l'égoût de la porte d'Enfer ([1]). Elle fut cependant condamnée et fermée, dit Desachy ([2]), en 1621, c'est-à-dire à peu près au moment où l'on éleva de nouvelles fortifications en terre autour du faubourg. En 1648, M. le gouverneur fit palissader ces nouveaux remparts, ainsi que le bastion royal, avec du bois dont il avait imposé la fourniture à tous les villages du gouvernement de Péronne, Montdidier et Roye ([3]). Le faubourg de Bretagne paraît en effet complètement entouré de palissades de bois, sur une vue de Péronne dessinée et gravée par Job. Peters, dans la *topographia Galliæ*.

([1]) Arch. de Pér. B.B. 24, f. 83.
([2]) Essais, p. 284.
([3]) Dehaussy, Journ de Pér. ms. f. 168 v°.

En 1655 un ouvrage à corne terminait déjà le faubourg, car le maréchal d'Hocquincourt, qui voulait alors livrer la ville au prince de Condé, y fit dresser une batterie de six pièces de canon, en même temps qu'il palissadait le faubourg de Paris (¹). Déjà en 1648, le même gouverneur avait fait élargir le fossé de la demi-lune placée à la tête du faubourg de Bretagne.

Nous ne pouvons quitter cette partie de la ville sans dire un mot de son origine, à propos de laquelle on nous semble avoir avancé bien des erreurs. Ce ne fut pas, comme le prétendent plusieurs mémoires locaux, une dépendance primitive de l'abbaye du Mont-Saint-Quentin, parce que, dans ce cas, la juridiction, tant civile qu'ecclésiastique, eût relevé de l'abbaye. Les archives de Péronne démontrent qu'il n'en fut pas ainsi. Par une transaction du 8 avril 1416 (²), l'écluse du moulin de Bellezaize fut reconnue commune avec la ville, bien que le moulin appartînt à l'abbaye ; la justice en fut réservée à la ville, ainsi que celle de toutes les maisons dudit couvent situées proche Saint-Sauveur. Des lettres du seigneur, comte d'Etampes, des 10 et 27 juillet 1451, deux titres de cens dûs par l'abbaye, en date des 23 et 24 mars 1537, et une transaction du 2 juillet 1343 se prononcent dans le même sens. Il ressort même de ces documents que l'abbaye dut reconnaître que la justice et seigneurie, sur le chemin du Mont-Saint-Quentin, dépendait de la ville. D'autre part, l'abbaye avait établi une maison de refuge, non pas dans le fort de Bretagne, où elle possédait cependant plusieurs maisons, mais dans

---

(¹) Dehaussy, Journ. de Pér. ms. f. 180.
(²) Arch. de Pér. cotte 37. — 16. — Recueil des priviléges, T. I. f. 136. — Chron. du Mont-Saint-Quentin, 1343.

Péronne même (¹), et lorsqu'elle voulut y annexer un oratoire, un arrêt du 4 août 1422 lui enjoignit d'avoir à prendre la permission du chapitre Saint-Fursy (²).

La soi-disant ville de Bretagne, dépendant du Mont-Saint-Quentin, doit donc être reléguée au rang des fables ; on peut toutefois penser que le voisinage du monastère des Ecossais et Hibernois contribua à donner le nom de Bretagne à ce quartier excentrique. Le faubourg se forma tout naturellement par la suite des temps, au delà du Glavion et fut la conséquence de l'accroissement de la ville. Ce n'est à proprement parler que le prolongement de la rue Saint-Sauveur et du chemin royal se bifurquant en deux branches, sous les noms de rue Verte et rue de Bretagne, et se poursuivant au loin vers Arras et Cambrai.

On sait d'ailleurs que le couvent des Cordeliers, avant d'être ruiné par le siége de 1536, était situé, comme l'indique la bannière, à l'extrémité est du faubourg de Bretagne. Or une bulle de Nicolas III, rendue au profit de cette communauté en 1277, appelle les religieux : « *fratres ordinis minorum de Perona* » et non pas de Bretagne. De même, en 1289, une bulle de Nicolas IV parle de la supplique « *fratrum dicti ordinis villæ Peronensis* (³). » Dans le siècle suivant, Philippe VI, en cédant les grands moulins à la ville, se réserva le portage de la *rue de Bretagne*. Charles V, par sa charte du 25 avril 1376, permit de prendre des grès pour la construction du beffroi, en une rue appelée la *rue de Bretagne*. Plus tard encore et par extension, on en vient à dire : « *la paroisse Notre-Dame*

(¹) Ramon, Chron. Pér. p. 46.

(²) Dehaussy, Journ. de Pér. ms. f. 33, note.

(³) Dehaussy, Généal. des rois de Fr. ms. f. 201. — Journ. de Pér. ms. f. 8.

en Bretaigne (¹) » et ce fut sans doute cette dénomination qui fit penser à nos anciens auteurs que le faubourg avait été jadis indépendant de la ville. On voit combien ce sentiment est peu justifié.

Il eut été facile d'étendre ce que nous venons de dire des fortifications, en énumérant avec plus de détails l'origine de certains ouvrages modernes; décrire des demi-lunes ou bastions que des travaux postérieurs ont fait disparaître, eut été, sans grande utilité, rendre ce sujet encore plus aride. Nous en avons assez parlé pour expliquer ce que furent les défenses de la ville. La muraille d'enceinte, flanquée de tours et de demi-tours, à la manière romaine, remonte, selon nous, au règne de Philippe-Auguste. Bâtie à l'origine sur une épaisseur de 2^m 50, avec des moëllons tendres revêtus d'un parement extérieur de grès, elle a été successivement reconstruite presqu'en entier en maçonnerie de briques.

Dans la seconde moitié du XVIe siècle, l'art militaire fit de tels progrès qu'une simple clôture devint insuffisante, malgré sa solidité, pour assurer le salut de la ville; les demi-lunes et bastions vinrent les uns après les autres protéger le corps de la place. Il a fallu près d'un siècle pour compléter ce système de défense, devenu à son tour absolument insuffisant aujourd'hui, en présence des progrès réalisés par l'artillerie. Nous ne pensons donc pas qu'on puisse attribuer à un seul ingénieur le mérite d'avoir tracé le plan de ces fortifications, successivement modifiées à vingt reprises diverses. Si le chevalier de Ville, comme le dit Piganiol de la Force (²), en a conçu le projet primitif, ce n'est plus du moins son œuvre que nous avons sous les yeux.

(¹) Arch. de Pér. CC, n° 12, f. 333 v°, comptes de 1580, 1581.
(²) Description de la France, p. 205.

CHAPITRE SEIZIÈME

CHATEAU DE PÉRONNE

A description du château mériterait de longs développements, si M. Gomart n'en avait récemment publié une intéressante monographie ([1]), qui nous permettra d'abréger ce que nous aurions à en dire. Cette citadelle possède encore quatre tours de grès, reliées par une courtine en briques, et faisant front sur la ville. Elles flanquent le principal corps de logis, bâti en grès, dans lequel on pénètre par une porte ogivale. La tour ouest a dix mètres de diamètre ; la seconde, placée à l'entrée du château, neuf mètres ; toutes deux ont eu leurs meurtrières remaniées à une époque ultérieure, pour former des embrasures à l'usage des armes à feu. La tour qui forme le côté est de la porte d'entrée est un peu moins grosse que les autres ; elle est munie de hautes et étroites meurtrières semblables à celles des tours de l'enceinte ; la quatrième, vers la porte Saint-Nicolas, a 9 ^{m} 50 de diamètre.

([1]) Etudes Saint-Quentinoises, T. V.

En regard de la campagne, il ne subsiste plus que la base d'une seule tour, de douze mètres de diamètre, formant l'oreillon du bastion moderne. A la pointe de ce bastion se trouvait la grosse tour, d'un diamètre d'environ vingt mètres, dont il ne reste plus que l'escalier voûté aboutissant à un pont-levis extérieur. Une dernière tour, dont on ne voit plus trace, faisait face à la campagne, au témoignage d'un dessin de la collection Hiver que nous reproduisons. L'extrémité ouest du corps de logis, percée de hautes et anciennes meurtrières, était terminée par une muraille de grès qu'on voit encore dans l'un des magasins du rez-de-chaussée.

Maintenant que nous avons examiné en détail tous les ouvrages de défense de la ville, il convient de faire particulièrement ressortir que toutes les plus vieilles tours ont à la base un fruit sensiblement marqué ; il en est de même de la muraille percée de meurtrières qui ferme le château à l'ouest, ainsi que d'un parement de maçonnerie qui forme comme le vestibule de la grosse tour, soit que ce donjon ait été primitivement indépendant de la citadelle, ou que sa construction ait été postérieure à celle du château.

Les tours et courtines romaines ont leur parement monté d'aplomb, afin que l'escalade en soit plus difficile. On sait au contraire que ce fut vers la fin du XIIe siècle [1] que les travaux de défense furent munis d'un glacis peu prononcé, autant pour empêcher l'approche des beffrois roulants que pour mettre l'assaillant directement sous les trous des hourds de bois qui garnissaient le sommet de la muraille.

C'est là l'un des caractères distinctifs de toutes

---

[1] Viollet-le-Duc, Dict. d'arch. courtine.

Vue extérieure du Château de Péronne avant 1556.

(Collection Hiver)

les tours de Péronne qui portent ainsi le cachet de

l'époque de Philippe-Auguste. On peut penser toutefois que ce ne fut pas l'œuvre d'un jour d'envelopper la ville de tours crénelées et d'une ceinture de quatre kilomètres de mumurailles, épaisses de deux mètres et demi et hautes de plus de vingt. La construction a donc pu s'en poursuivre pendant un nombre indéterminé d'années ; nous trouverons cependant assez d'indices historiques pour constater que le château était bâti dès le temps de Philippe-Auguste.

Au dire de Colliette, Jean, châtelain de Péronne, avait un frère nommé Lupart, qui donna son nom à l'une des tours du château. Ce Jean de Péronne est connu par une donation qu'il fit, en 1231, de vingt-deux muids de froment à l'abbaye de Fervacques ([1]). Quant à la tour Lupart, on ne saurait dire ce qu'elle est devenue, ni laquelle a porté ce nom.

Il n'est pas douteux d'ailleurs que le castel existait déjà en 1211, car il fut alors le témoin d'une singulière aventure. Jeanne de Flandre, pupille de Philippe-Auguste, était fiancée à Ferrand de Portugal ; le roi, peu rassuré par le caractère turbulent de ce prince, appelé à devenir l'un de ses plus puissants voisins, refusa de consentir à cette union, à moins que la comtesse de Flandre ne remit entre ses mains les villes d'Aire et de Saint-Omer ; il fallut

---

([1]) Desachy, Essais, p. 88.

céder à cette exigence. Le mariage fut célébré à Paris, dans ce nouveau palais de la tour du Louvre dont la magnificence se prêtait à toutes les splendeurs d'une semblable fête.

Les jeunes époux, comblés des prévenances royales, prirent aussitôt la route de Flandre, avec la persuasion qu'ils pouvaient fermement compter sur l'alliance et l'amitié de Philippe-Auguste. Mais le prince Louis, qui fut depuis Louis VIII, eut soin de les précéder avec une grande escorte de gendarmes, afin de les contraindre à tenir leur promesse. Dès que les voyageurs eurent franchi les murs de Péronne, les portes de la ville se fermèrent derrière eux; on les arrêta et ils furent enfermés dans le château avec leur suite. Ce fut sans doute une triste nuit de noces que trouvèrent dans ce sombre castel d'aussi grands personnages, nuit probablement suivie de plusieurs autres; car le prince Louis se hâta de courir à Aire et à Saint-Omer, s'en mit en possession, massacra tout ce qui s'y trouvait de flamands fidèles, garnit ces villes de vivres et de munitions, après quoi seulement il donna l'ordre de mettre en liberté le comte et la comtesse de Flandre (¹).

Ferrand n'oublia jamais cette odieuse violence et devint désormais l'ennemi mortel du roi de France. Bientôt coalisé avec Regnaud, comte de Boulogne, tous deux crurent pouvoir à l'avance se partager le royaume; mais ils furent vaincus et faits prisonniers à la bataille de Bouvines. Dans les dépouilles de Philippe-Auguste, Ferrand s'était attribué Paris; Regnaud devait obtenir Péronne. Aussi par comble de confusion, le comte de Flandre fut enfermé dans la nouvelle tour du Louvre, et

---

(¹) Le Glay, Hist. des C^{tes} de Flandre, T. I, p. 472.

le comte de Boulogne, avec les fers aux pieds et autour du corps, fut plongé dans la *tour de fer* (¹) de Péronne, que du Tillet, en ses chroniques de France appelle la *tour neuve*, sans doute parce que le château était alors de construction récente.

La preuve de l'existence de la citadelle se trouve encore en 1280, dans un arrêt qui condamne le traître Guillaume d'Aulnay à être retenu « *in castelletto per octo dies et in castro Peronense per quadraginta* (²). » On voit que le castel est ici clairement désigné, en même temps que l'enceinte fortifiée de la ville.

Quelques évènements historiques, en très petit nombre, font connaître certaines particularités relatives au château. Ainsi on apprend qu'il possédait en 1360 une avant-cour, à laquelle les bourgeois vinrent mettre le feu, dans la défiance que leur inspirait l'arrivée du duc d'Orléans et du comte d'Eu (³). Cette échauffourée entraîna même la suppression de la commune, qui fut prononcée aussitôt par charte du roi Jean. Huit ans plus tard, Charles V rendit ses franchises à la ville, en modifiant sensiblement les réglements édictés par Philippe-Auguste. Nous donnerons à l'appendice le texte de ce document encore inédit, qui présente le plus grand intérêt pour l'histoire municipale de Péronne.

L'année 1418 amena des évènements non moins graves. La ville était depuis de longues années réunie à la couronne, lorsque Jean-sans-Peur, abusant de la faiblesse de Charles VI, fit donner Péronne à son fils Philippe-le-Bon (⁴), qui n'était encore que comte de Charolais. Jusque-là les

---

(¹) Guillaume le Breton, vie de Philippe, p. 292.
(²) Olim, T. II, p. 159, n° XVII.
(³) Desachy, Essais, p. 116.
(⁴) Ib. p. 121.

bourgeois avaient constamment tenu le parti du roi et du comte d'Armagnac; passer sans transition au pouvoir des Bourguignons ne fut pas de leur goût. Encouragés d'ailleurs par Thomas de Lersies, bailli de Vermandois, qui s'était établi dans le château pour les exhorter à se ranger du côté du dauphin, ils se résolurent à la résistance. La grosse tour du château possédait une porte de sortie sur la campagne, et dans la crainte de voir les partisans du duc de Bourgogne s'introduire par cette issue, dont la garde ne leur appartenait pas, les habitants en démolirent le pont-levis. Ils furent néanmoins obligés de se soumettre, dans des conditions que l'histoire ne nous fait pas connaître. Philippe de Bourgogne se montra bon prince envers ses nouveaux sujets qu'il avait tout intérêt à ménager. Le 11 février 1418, il leur envoya d'Arras des lettres de dédommagement et d'absolution ([1]), en leur promettant de ne pas leur savoir mauvais gré de leur révolte. Thomas de Lersies au contraire paya de sa tête les frais de la guerre; cerné dans le château, dont il ne put sortir puisque la porte extérieure en avait été condamnée, il fut pris, mené à Laon et décapité. On exécuta pareillement Jean de Brunencourt, son lieutenant, et Allard de Vertigneul ([2]). Cette sanglante expiation ne traîna sans doute pas en longueur, car les lettres d'absolution parlent déjà du feu bailli qu'elles chargent à la fois de toutes les iniquités. De concert avec ses complices, est-il dit, il voulait faire entrer au castel des ennemis du roi et du duc de Bourgogne, tandis que les bourgeois, complètement innocentés de leur tentative séditieuse, n'auraient abattu et démoli le

---

([1]) Arch. de Pér. T. I, des priviléges, p. 303. Ce document inédit est reproduit à l'appendice.

([2]) Monstrelet, chroniques.

pont-levis que pour empêcher le traître de s'enfuir. Ainsi en est-il des jugements dans lesquels la politique vient à s'immiscer.

La leçon n'en fut d'ailleurs pas perdue, car au mois de juin suivant, lorsque la ville fut invitée à se soumettre à l'entière obéissance du comte de Charolais ([1]), on se contenta de parlementer pendant quinze jours, et l'on finit, le 28 août, par aller en grande cérémonie au devant de Philippe de Bourgogne, qui fit son entrée par la porte Asson, et reçut ensuite les présents de la ville ([2]).

Cet incident nous donnera l'occasion d'insister sur une particularité archéologique. On ne connaît pour ainsi dire pas d'exemple, au moyen-âge, d'une tour ouvrant directement au dehors; c'est qu'en effet une surface circulaire se prête mal, au point de vue architectural et pratique, à être coupée par une surface plane. L'entrée des villes et châteaux était placée entre deux tours, ainsi qu'on le voit d'ailleurs à la porte principale de notre forteresse du côté de la ville. Les lettres d'absolution de 1418 ne laissent aucun doute, quand même le dessin de la collection Hiver ne le démontrerait pas, que ce fut bien la grosse tour elle-même qui s'ouvrait directement au dehors, puisque les habitants, voulant empêcher... « à mettre aucuns « ennemis dedans ledit castel par la grosse tour derrière, « eussent abattu et démoli le pont-levis. » Au surplus, qu'on ne l'oublie pas ; l'escalier de cette sortie existe encore.

S'il nous fallait citer un second exemple d'une semblable disposition, nous ne pourrions indiquer que celui de la vieille citadelle de Bourges. « La grosse tour, dit la

---

([1]) Martel, Essai, p. 51.
([2]) Dehaussy, mss. f. 32, 33.

« Thaumassière (¹), était entourée de courtines garnies
« de cinq tours, dont la première était la tour de la
« porte. » Cette enveloppe extérieure y compris la tour
d'entrée, fut l'œuvre de Jean Iᵉʳ, duc de Berry, et
peut-être pourrait-on penser que ce fut le donjon de
Péronne qui lui a servi de modèle. Ce prince, en effet,
possédait en Picardie la terre de Honnecourt, et plus
nouvellement celle de Briost. Lorsqu'il visitait ces
domaines, Péronne situé à peu près entre l'un et l'autre,
le conviait à traverser ses murailles. C'est ce qui eut lieu
en 1394; le 14 août, le conseil délibéra pendant que le
duc était à dîner à Honnecourt, et il fut décidé que le
mayeur, accompagné de quelques échevins, irait à cheval
au-devant de lui, et qu'à son arrivée on lui offrirait une
kenne de vin (²).

Jean de Berry a donc vu le château de Péronne, et il
est bien possible que la sortie extérieure, tout en n'offrant
pas un aspect magistral, lui ait paru pouvoir être d'autant
mieux appropriée à sa citadelle de Bourges, qu'elle lui
procurerait l'occasion de faire l'économie d'une double
tour d'entrée.

Les évènements dont le château de Péronne fut le
théâtre ne dépassent pas, la plupart du temps, les limites
d'un intérêt purement local. Il est cependant bien accrédité
que Charles-le-Simple a été retenu en captivité dans ses
murs; cette erreur historique n'est pas une nouveauté,
car Commines (³) raconte que « le roi Louis XI, qui se
« vit renfermé dans ce château, qui est petit, et force
« archiers à la porte, ne fut point sans doute : et se
« voyait logé rasibus d'une grosse tour, où un comte

(¹) Hist. de Berry, liv. II.
(²) Dehaussy, ms. f. 28, v°.
(³) Mémoires, liv. II.

« de Vermandois fit mourir un sien prédécesseur, roi de
« France. »

Au fond du vieux souterrain, on pourrait encore montrer certain clou, planté dans une voûte d'ailleurs reconstruite de nos jours, où aurait été fixée la chaîne du royal prisonnier. Rien n'est plus tenace qu'une apparence matérielle, et sans se laisser intimider par cette fabuleuse supercherie, inventée à l'usage des voyageurs réalistes par quelque concierge intéressé, on ne saurait trop répéter que la prison de Charles-le-Simple se trouvait dans l'ancien *Castrum* et le vieux Palais des comtes de Vermandois. Le château, au contraire, placé hors des anciennes murailles, dépendait de la paroisse Saint-Jean-Baptiste ([1]), l'une des chapelles élevées « *pro dilatione oppidi* » ; il n'a été bâti que près de quatre siècles après le règne de Charles-le-Simple.

Le nom de Péronne éveille toutefois le souvenir d'un incident qui tient une place considérable dans l'histoire. Si petit que fût le logis de son château, selon l'expression de Commines, il renferma un moment la fortune de la France. Louis XI, qui « a mieux sceu entendre cet art de « séparer les gens que nul aultre prince ([2]) », pensa facilement faire participer Charles-le-Téméraire à ses propres desseins, et vint trouver celui-ci à Péronne. Mais se voyant entouré d'ennemis, « le roi entra en grand « peur et envoya prier le duc de Bourgogne qu'il peust « loger au château. » De bon gré d'abord, de force ensuite lorsque sa perfidie fut reconnue, car la ruse est souvent prise au piége, l'astucieux monarque, fit avec le castel une pénible connaissance.

([1]) Arch. de Pér. BB, n° 12, comptes de 1581.
([2]) Commines, mém.

La ville était d'ailleurs pour lui une ancienne amie, car il en avait déjà traversé les murs. On lit en effet dans les résolutions du 20 février 1463, qu'en prévision de l'arrivée du roi, il a été recommandé aux hôteliers et taverniers de se pourvoir de foin, avoine, vin et autres vivres, et d'avoir soin de mettre leurs maisons en état. En outre on envoya à Compiègne, afin de se procurer un quart de vin, le meilleur possible. Le roi devait faire son entrée dans la ville le 24 février; on s'assembla à la hâte pour régler les détails de sa réception et prendre à l'avance les instructions du comte d'Etampes. Il fut décidé qu'on lui offrirait quatre muids de blé, autant d'avoine et deux kennes de vin. Et le mercredi 11 avril, on se réunit de nouveau en la maison de ville pour arrêter le compte des dépenses, qui s'élevèrent à soixante-treize livres, quatorze sols, un denier monnaie courante.

Louis XI connaissait donc la ville, son aspect à la fois simple et élégant, ses rues larges et aérées et par-dessus tout sans doute l'aménité de ses habitants qui l'avaient accueilli avec la plus respectueuse déférence. Qui sait si en choisissant Péronne pour théâtre de son entrevue avec Charles-le-Téméraire et en s'y présentant avec une suite peu nombreuse, il n'espérait pas trouver au besoin, même contre son puissant rival, un point d'appui dans le sein de cette population si constamment attachée à la couronne. Se remettre entre les mains d'un implacable ennemi, au cœur d'une ville hostile, c'eût été une double faute. Un prince si habile, et doué d'une si grande pénétration d'esprit, dut assurément tenir compte à l'avance du milieu dans lequel il allait se trouver. Peut-on croire qu'il se fût rendu avec autant de tranquillité dans l'Artois ou le Cambrésis où la population était disposée à crier : *Vive Bourgogne* plutôt que *Montjoie Saint-Denis* ?

Assurément non, et si Péronne fut le siège de cette conférence, ce choix, témoignage de la confiance du rusé monarque, est tout à l'honneur de la ville et de ses habitants.

Charles-le-Téméraire était entré à Péronne dès le 22 août 1468. Le matin, on s'était assemblé en la maison de ville ; il fut ordonné aux boulangers de s'approvisionner de pain pendant tout le temps du séjour de M. le duc et de ses gens. On avait ensuite décidé d'offrir au duc vingt-quatre kennes de vin et un ponchon ou une bie de bon vin ; douze torches furent confectionnées sans retard, pour aller au-devant de lui s'il arrivait de nuit. On a présenté à M. le chancelier de Bourgogne huit kennes de vin ; à M. le connétable de France, six kennes ; à M. du Maine, quatre kennes ; et à M. le doyen de Saint-Fursy, deux kennes.

La ville, comblée jadis des faveurs royales, ne pouvait se consoler d'avoir été détachée de la couronne. Aussi dès que la mort du duc de Bourgogne fut connue, on se réunit les 20 et 31 janvier 1477, à l'hôtel de ville, où malgré l'absence du gouverneur, Guillaume de Bische, seigneur de Cléry, et nonobstant certaines sollicitations en sens contraire, il fut résolu de se rendre immédiatement au sieur Guipre, bailli de Vermandois et commissaire du roi. On voit donc que la perspicacité de Louis XI avait été bien inspirée, en se fiant, huit ans plus tôt, aux bonnes dispositions des Péronnais à son égard.

Aussi la nouvelle de la mort du roi fut-elle accueillie, en 1483, avec une grande tristesse. On ne pouvait oublier que sa tenacité avait arraché la ville des mains du Bourguignon, dont le voisinage immédiat devait être si longtemps encore une cause de perpétuel danger, et l'on ne crut pouvoir mieux faire que de montrer quelque reconnaissance pour la mémoire d'un prince qui avait confirmé les antiques priviléges de la ville, aussitôt après la réunion de celle-ci à la couronne (¹).

Louis XI était mort le 31 août. Dès le 4 septembre on en reçut officiellement la nouvelle, par lettres de M. de Guerdre, lieutenant de roi. Guillaume de Bische, gouverneur, convoqua en l'hôtel de Baudoin Bocquet, dit Buffart, général de Picardie, MM. les doyen, chanoines et chapitre de Saint-Fursy, les officiers du roi, le mayeur et les jurés. Il engagea MM. de l'église à célébrer un service pour le repos de l'âme du roi, et ceux de la ville à s'associer à cette solennité. On prit jour au mardi suivant pour faire les vigiles et au lendemain pour chanter le service. Toutefois, il survint au dernier moment une difficulté : à qui, de la ville ou du chapître, incombait le soin de fournir le luminaire ? Les cérémonies furent remises aux jeudi et vendredi, afin d'avoir le temps d'en référer au gouverneur. Raoul Gaman et Louis Nayet, clerc, furent députés pour aller s'informer de l'opinion de Guillaume de Bische, qui répondit que le chapitre devait livrer les cierges. Ainsi fut-il fait ; MM. de la ville se bornèrent à assister aux offices, cependant il n'est pas bien certain s'ils n'envoyèrent pas quelques écussons et blasons destinés à décorer l'église pour cette circonstance (²).

Le château de Péronne joua un rôle important dans la défense de 1536, sous le commandement du comte de Dammartin, qui gardait en même temps la courtine jusqu'à la porte Saint-Nicolas (³). C'est en vain que le canon avait ouvert des brèches dans les murailles voisines ; du

---

(¹) Arch. de Pér. par charte donnée à Falvy en février 1476, Rec. des titres, T. II, p. 201.

(²) Dehaussy, Journ. de Pér. ms. f. 46.

(³) Ib. fs. 70, v°, 71.

haut de la grosse tour, les projectiles pleuvaient sur l'ennemi dès qu'il s'élançait à l'escalade. Le comte de Nassau ayant reconnu la difficulté d'emporter la ville tant que l'artillerie de la place prendrait ainsi ses soldats en écharpe ([1]), résolut, on le sait, de miner le château. Il réussit à souhait dans son entreprise ; quelques tonneaux de poudre firent sauter la grosse tour le 6 septembre, en ensevelissant le comte de Dammartin qui creusait en même temps une contre-mine. Le lendemain, le reste du donjon fut complètement rasé par l'effet de la canonnade ennemie.

Les historiens locaux, sur la foi du P. Fénier, ont répété que le corps du comte de Dammartin ne put être retrouvé. A la vérité, les évènements du siége ne laissèrent pas le loisir de se livrer dès le premier moment à cette recherche ; mais le 12 septembre, dès que le maréchal de la Marck sut avec certitude que les Impériaux s'éloignaient de la ville, il pria les magistrats de prescrire les mesures nécessaires pour rendre la sépulture au comte de Dammartin. Son corps fut porté et inhumé en grande pompe dans l'église Saint-Fursy ; « mais ce fut le deuil et la tris-« tesse publique qui donnèrent à cette cérémonie le plus « d'ornement et de magnificence ([2]). »

Après le siége, la grosse tour ne fut pas relevée de ses ruines. Quant au château, les bourgeois ne pouvaient lui pardonner d'avoir trop fréquemment servi de refuge à leurs oppresseurs. En effet, les habitants s'étaient violemment opposés, en 1360, à ce que des princes détestés pussent y pénétrer, et ils en avaient été punis par la privation de leur droit de commune. En 1418, le bailli de Vermandois, dont ils furent alors les complices résolus, y

---

([1]) Dehaussy, Journ. de Pér. ms. f. 76.
([2]) Ib. f. 82, d'après les archives de la ville.

avait été saisi, puis condamné à subir la peine capitale. Le château, en un mot, semblait comme une perpétuelle menace à l'égard des franchises municipales, et il était devenu aussi odieux à la ville que le beffroi lui était cher. Loin donc de le réparer, on profita plus tard des troubles de la Ligue pour le démanteler [1]. Henri IV passa condamnation sur cette peccadille, d'une importance bien minime en compensation de l'inestimable bienfait de l'apaisement des esprits qui suivit son abdication, et dans sa charte du 6 juin 1594, il s'engagea à oublier « la prise d'armes, « desmantellement et desmolition du château. »

Cette satisfaction eut été bien insuffisante, au gré des bourgeois, s'ils n'eussent reçu en même temps la garantie de n'être plus exposés à la domination de la citadelle. Aussi fut-il spécialement exprimé, sur leur demande, « que « pour le bien, repos et conservation des habitants de la « dicte ville de Péronne, le château d'icelle ne sera refaict, « fortifié, ni rétably, ains demeurera comme il est à pré- « sent pour y poser les sentinelles, à passer et repasser « les rondes, comme les autres endroicts des remparts de « la ville. »

Les différents priviléges énumérés dans cet édit, ont été lus et publiés en la cour du parlement, et en la chambre des comptes, les 5 et 10 mars 1636. Le plaidoyer des gens du roi, prononcé à l'occasion de cet enregistrement, est un curieux monument du boursouflage littéraire de cette époque ; le Digeste, Pline et Tite-Live sont tour à tour mis à contribution pour prouver le sublime dévouement des habitants de Péronne. Quoiqu'il en soit, la ville n'avait plus à redouter l'oppression d'une citadelle dont la

---

[1] Arch. de Pér. cotte, 62, 63, 64, charte de Henri IV, 6 juin 1594, § 6, 7.

garde allait dorénavant lui appartenir au même titre que le circuit de ses murailles. En même temps, une telle concession était devenue sans danger de la part de l'autorité royale, car l'idée communale avait singulièrement changé de caractère avec le cours des temps. Une longue pratique des libertés municipales avait enlevé des esprits toute pensée de violence ou de rebellion et conduisait insensiblement les communes vers ce régime de tutelle où les a placées de nos jours la centralisation administrative.

Henri IV fut fidèle à sa promesse ; le château resta en ruines, et c'est par erreur que nos chroniqueurs ont répété à l'envi qu'il fut rebâti sous le règne de ce prince tel qu'on le voit aujourd'hui. A la vérité, sa restauration suivit de près la mort du roi. Charles de Créqui-Canaple, prince de Poix, gouverneur de Péronne, fut alors contraint de céder son gouvernement à Concino Concini, marquis d'Encre ([1]). L'indigne protégé de Marie de Médicis ne fit pas son entrée dans la ville, en 1610, sans y occasionner des scènes ([2]) tumultueuses, et de coups de lances en barricades, de mauvais procédés en violence, on en vint de part et d'autre à une situation des plus tendues.

Concini pensa sans doute que rien ne serait plus propre à contenir la mutinerie du peuple que la reconstruction du château. En 1611, le jour de l'Ascension ([3]), il fit venir à Péronne l'ingénieur de l'archiduc, espagnol de nation, pour arrêter le plan de cette citadelle, au grand deuil des habitants. Les quatre tours, faisant face à la ville, furent avec soin conservées, ainsi que le corps de logis contigu ; ce sont les seules parties de l'édifice, bâties en grès, qui

---

[1] Dehaussy, Journ. de Pér. ms. f. 162.

[2] Desachy, Essais, p. 269. — Martel, Essai, p. 95. — Decagny, Hist. de l'arr. T. I, p. 91.

[3] Dehaussy, pièces diverses, ms. f. 2.

gardent encore un caractère bien marqué d'ancienneté. La courtine fut vraisemblement réédifiée en briques, et, sur l'emplacement des tours extérieures plus ou moins ruinées, on éleva le bastion de terre qui existe encore aujourd'hui.

D'après la *Topographia Galliæ*, donnant un plan de Péronne assez inexact d'ailleurs et sur une échelle réduite, une sortie extérieure s'ouvrait du côté de Sainte-Radegonde, et un courant d'eau régnait entre les quatre tours de façade et le bastion. En réalité, on retrouve encore le passage de ce fossé intérieur d'une part auprès de l'oreillon et à l'emplacement d'une porte qui fut surmontée d'un pont en 1678 [1]; d'autre part, son point de sortie se remarque sous le magasin à poudre, où la muraille extérieure renferme au sud l'arcade aveuglée d'un large égoût.

Sous ce nouvel aspect, l'ancien château était si méconnaissable que ce n'est peut-être pas sans quelque apparence de raison qu'on parle de sa reconstruction complète à cette époque. C'est cependant sans aucun fondement qu'on a tenté d'attribuer au règne de Henri IV l'édification des quatre tours qui figurent déjà sur la bannière de la ville, avant que le bastion moderne n'ait été établi.

A une époque indéterminée, le canal intérieur fut supprimé et l'eau rejetée à l'extérieur, pour rétablir l'ancienne cour sur son emplacement primitif [2]. Depuis lors, les modifications de détail qu'on a pu faire subir à la forteresse n'ont pas changé sensiblement sa physionomie.

---

[1] Gomart, Plan du chât. de Pér. Etud. Saint-Quentinoises, T. V, p. 67.

[2] Plans de Péronne en 1660, 1677, 1678, 1691, etc., etc..

Aujourd'hui plus encore qu'au temps de Commines, « le logement y est petit et ne vaut rien; » mais les Péronnais ont cessé de frémir devant ses quatre tours qui ne menacent plus personne, et ne rappellent à leur cœur que le souvenir patriotique de la valeur de leurs ancêtres.

CHAPITRE DIX-SEPTIÈME

JURIDICTION

DE LA VILLE ET DU CHAPITRE SAINT-FURSY

Ce ne sont pas seulement les antiques fortifications carlovingiennes de Péronne qui donnent les limites précises du berceau primitif de la ville ; on trouve encore de précieuses indications topographiques dans le périmètre des juridictions ressortant aux diverses autorités locales.

Il existait jadis autant de justices et de juridictions que d'autorités diverses. En première ligne se plaçait la justice royale ; c'est la seule qui se soit perpétuée jusqu'à nos jours. Venaient ensuite : la justice seigneuriale, appartenant à un propriétaire de fief ayant droit de justice ; enfin la justice ecclésiastique, appartenant à l'église. C'est de celle-ci dont nous avons principalement à nous occuper.

La juridiction des évêques était de deux natures bien différentes. L'une, propre et essentielle, est toute spirituelle ; elle tire son origine du pouvoir que Jésus-Christ a laissé à son église, et concerne exclusivement les choses de la foi et de la discipline ecclésiastique. Elle ne relève que des consciences, et se trouve encore aujourd'hui dans toute sa vigueur. En même temps les évêques ont possédé, de toute ancienneté, une juridiction contentieuse et temporelle qui résultait de nombreuses décisions des conciles, ainsi que des capitulaires de Charlemagne et de Charles-le-Chauve. Ces attributions profanes s'étendaient aux causes personnelles des clercs, c'est-à-dire aux obligations et délits des ecclésiastiques considérés comme citoyens; elles étaient exercées au nom de l'évêque, par le tribunal de l'Officialité.

Un certain nombre de chapitres et d'abbayes avaient peu à peu usurpé le droit d'avoir un Official à leur usage. Cette juridiction des chapitres était d'origine fort ancienne; son empiètement sur les prérogatives épiscopales est manifeste et paraît avoir pris naissance à la suite continue de la participation de ces communautés au gouvernement des églises du diocèse, principalement en certains cas, comme après la mort de l'évêque et pendant son absence.

Au moyen des explications précédemment données sur l'origine de Péronne et ses développements, il sera facile de comprendre comment ces différentes juridictions se sont juxtaposées dans notre ville.

Tout d'abord les Mérovingiens ont occupé le Palais, dans les dépendances duquel se trouvait une prison, témoignage incontestable de la suprématie royale sur la *villa* et le pays d'alentour. Après la fondation de la collégiale, la juridiction du chapitre de Saint-Fursy vint s'établir à côté de la justice royale ou seigneuriale; Baudry, évêque de Noyon, donna à celui-ci, en 1112, nous l'avons dit plus haut ([1]), les droits curiaux et le bénéfice de la dîme dans l'étendue du *Castrum*; mais cette concession parut sans doute insuffisante aux chanoines qui revendiquaient des droits encore plus considérables.

([1]) p. 130

On sait même qu'ils eurent la prétention de relever directement du Saint-Siège. Les évêques de Noyon luttèrent pendant bien longtemps contre de telles tendances et sans cesse ils défendirent leurs priviléges épiscopaux contre le chapitre.

La mésintelligence fut profonde de part et d'autre, si l'on en juge par la charte de Simon, rappelant à diverses reprises, en 1123, la nécessité de la paix, et l'évêché, de concessions en concesions, dut souvent s'incliner devant la toute puissance de ses subordonnés ecclésiastiques. Baudry avait abandonné le droit de direction des paroisses. Simon alla plus loin encore. Il concéda à Lambert, doyen du chapitre, après avoir reconnu que celui-ci et ses prédécesseurs étaient en possession de ces avantages, les droits curiaux et la juridiction de l'église Saint-Fursy, c'est-à-dire la justice sur les chanoines de Saint-Fursy et de Saint-Léger, les clercs de Saint-Fursy, les prêtres et vicaires des églises de secours, de celles seulement qui étaient établies ou à établir au-dessous de l'enceinte de Péronne, relevant pertinemment de l'église Saint-Fursy ; il concéda au doyen le droit de présenter à l'ordination, quand il lui plairait, ceux des vicaires dont il aurait besoin pour le service du culte.

De telles prérogatives indiquent clairement la défaite de l'évêque, qui stipula en retour certaines réserves de forme, pour l'honneur des principes. Le chapitre, est-il dit, ne relèvera en toutes ces questions que de l'évêché, et lorsque ceux qui auront manqué à la discipline ou aux devoirs de leur ministère, seront, sur l'initiative du doyen, évoqués par la justice épiscopale, les coupables se soumettront à sa compétence et juridiction.

Il est à croire que le doyen se montra rarement disposé à se dessaisir spontanément de ses justiciables au profit de l'évêque, alors au contraire que la lutte s'est souvent prolongée entre eux au-delà de toute mesure pendant plusieurs siècles. Les prétentions de l'évêque étaient assurément légitimes, et l'on ne concevrait plus, de nos jours, qu'une communauté religieuse pût avoir la pensée de s'affranchir de la subordination hiérarchique. D'un autre côté, la résistance du chapitre n'était-elle pas quelque peu fondée, puisqu'elle s'appuyait sur une possession immémoriale formellement reconnue ? Aussi les bulles de 1154, 1164 et 1178, déjà citées, ratifièrent-elles cette situation, en concédant au doyen la justice *Peronensis castri* ([1]), ainsi que toute juridiction sur les chanoines et le personnel des chapelles succursales.

Il intervint en 1289 un concordat de Guy, évêque de Noyon, dont nous ne pouvons malheureusement citer que quelques lignes ([2]) : « *Item volumus quod decanus et capi-« tulum ecclesie Peronensis qui pro tempore fuerunt et etiam « capitulum vacante decanatu soli et in solidum liberi habeant « et exerceant in villa et in toto castro Peronensi curam « animarum virtute privilegiorum ejusdem a sede apostolica « indultorum nec curam illam a nobis et successoribus nostris « recipient.* »

Le chapitre ne jouit pas longtemps du triomphe de son indépendance, car à la suite d'une procédure dont le chanoine de Saint-Léger rapporte les incidents ([3]), Nicolas IV, par une bulle du 22 juillet 1291, rétablit la suprématie diocésaine sur certains points contestés jusque-là.

([1]) Tous les historiens locaux, à la suite de Desachy, qui ne donne d'ailleurs qu'une traduction de ces textes, ont interprété ces mots comme s'appliquant à la justice sur la ville et le *château*, ce qui est une erreur.

([2]) Dehaussy. Généal. des rois de Fr. ms. f. 177.

([3]) Essais, p. 102.

De ces discussions, qui durèrent bien au-delà de cette époque, nous ne rappelons que ce qui est le moins connu ; c'en est assez cependant pour démontrer que le chapitre avait une juridiction certaine sur tout le personnel ecclésiastique de la collégiale et de ses succursales ; ce pouvoir s'étendait en outre sur un certain nombre d'immeubles, car il était de principe que tout propriétaire avait une juridiction inférieure sur son propre domaine.

La justice capitulaire, d'après les titres cités, frappait donc l'étendue du *Castrum*, c'est-à-dire le périmètre circonscrit à l'intérieur des antiques murailles carlovingiennes, où elle se trouvait côte à côte avec le pouvoir royal ou seigneurial. On ne saurait admettre, en effet, que les habitants du palais de Pépin-le-Bref, de Charlemagne et de Louis-le-Débonnaire fussent jamais devenus les justiciables du doyen de Saint-Fursy. Cette juridiction comprit ainsi plus de la moitié du *Castrum* et s'appliqua particulièrement à la collégiale de Saint-Fursy, y compris son cimetière, à la maîtrise des enfants de chœur, aux maisons des chanoines et au couvent des Minimes. Elle respectait l'emplacement du vieux palais, ses dépendances, et sans doute aussi les habitations d'un certain nombre d'officiers ou gens du roi.

Au-dehors de l'enceinte, le doyen n'avait d'autre autorité que celle que lui donnait sa qualité de directeur des chapelles de secours, établies à la suite de l'extension de la ville ; autorité toute spirituelle, si l'on en excepte le pouvoir temporel qu'il exerçait sur le personnel de ces mêmes chapelles, ainsi que les droits seigneuriaux frappant certains immeubles possédés par le chapitre, probablement depuis une haute antiquité.

Une troisième autorité vint plus tard s'ajouter aux deux

autres. A la naissance des Assises de Péronne, la situation était ainsi acquise ; mais quelles qu'aient été peut-être les anticipations précédentes du chapitre, à la faveur de l'absence presque continuelle des seigneurs locaux, du moins la commune ne dut pas tolérer qu'il fut commis de nouveaux empiètements sur le domaine du pouvoir séculier ; en même temps la ville se trouvait elle-même substituée en partie aux attributions de la justice royale. C'est qu'en effet sa charte de 1209 contient une série de dispositions pénales et civiles qui donnait au tribunal des échevins une juridiction considérable. Ces priviléges municipaux, maintenus quoique modifiés par la charte de 1368, reçurent un nouvel accroissement lorsque Philippe VI concéda à la ville la prévôté de Soibautécluse, tenue jusque là par un officier du roi.

Le droit écrit était alors bien loin de suffire à toutes les nécessités ; l'usage fit établir des lois qui se conservèrent par l'habitude d'une longue tradition, et donnèrent naissance au droit coutumier. Ce sont ces lois, codifiées au XVIe siècle, qui formèrent les coutumes locales de chaque ville ou province. Celles du gouvernement des trois villes de Péronne, Montdidier et Roye sont suffisamment connues pour qu'il soit superflu d'en parler ici ; mais ce que n'a dit aucun historien local, c'est que Péronne particulièrement eut sa vieille coutume s'appliquant exclusivement à la ville et banlieue.

Ce document inédit, rédigé en 1507 en trente-sept articles, et que nous reproduirons à l'appendice comme un complément des chartes d'affranchissement, dispose que les mayeur, échevins et jurés étaient hauts justiciers et seigneurs-voyers en la ville, banlieue et eaux communes, et qu'en cette qualité il leur appartenait la connaissance de tous méfaits commis en leur juridiction, sauf en cas privilégiés réservés au roi et à ses officiers. Ils avaient pouvoir de faire pilori et de mettre à l'échelle; quant à la torture, mort, ou autres peines corporelles, l'exécution en était dévolue aux officiers du roi, auxquels le condamné devait être livré. L'appel se portait devant le gouverneur de Péronne, et en dernier ressort devant le parlement. L'échevinage exerçait en outre dans la ville la police des poids et mesures et de tous les objets de consommation. Enfin, pour suppléer au silence du droit écrit, le tribunal municipal prit l'habitude de condamner tous délinquants à une amende arbitraire.

La ville avait pris à ferme la justice étroite et rigoureuse qui s'exerçait autrefois par le châtelain et justicier du roi. Voilà pourquoi on ne retrouve plus de châtelains de Péronne à partir du règne de Saint-Louis. En cette qualité, les mayeur et échevins pouvaient, dans certains cas, faire saisir les débiteurs ou leurs biens, excepté la personne de ceux qui étaient en mairerie de la ville ou clercs relevant du chapitre, ou nobles et hommes de fiefs réservés à la justice du roi. Enfin trois des échevins exerçaient la même justice au nom de la ville en la rue de Sobotécluse.

Sans qu'il soit nécessaire de s'étendre davantage sur ce sujet, ces citations suffisent pour indiquer sommairement les règles qui fixèrent la compétence respective des uns et des autres. Les pouvoirs de l'officialité ecclésiastique, jadis limités par les murailles de l'ancien *Castrum*, y furent rigoureusement confinés, sauf certaines exceptions motivées par des circonstances particulières, et, en dehors de l'enceinte primitive, on peut dire d'une manière générale que toute juridiction appartint à la ville et au roi.

Des démêlés inévitables survinrent de temps à autre entre tous ces justiciers collatéraux. En février 1643, un arrêt de réglement de justice, rendu entre les mayeur, échevins et les officiers du roi que l'on appelait MM. de la justice ordinaire (¹), confirma à MM. de la ville la justice civile et criminelle sur tous les habitants, sauf sur les nobles et officiers du roi (²).

En 1662, un autre arrêt du parlement, qui fut imprimé, a réglé la justice entre la ville et le chapitre (³). Le 3 juillet 1723, une sentence fut rendue sur le même sujet d'accord entre les mêmes parties (⁴). Une transaction du 21 juin 1734 intervint enfin entre le chapitre et la ville, par-devant M. Cabour, notaire, pour déterminer les lieux tenus et mouvants du chapitre et de la fabrique, et dépendant de sa justice et seigneurie (⁵). Pour ne laisser aucune prise aux difficultés à venir, un plan très-clair, bien qu'inexact comme topographie, fut dressé le 7 août 1752 par Alexis et Paul Coquerel, arpenteurs à Maurepas, afin de figurer les églises, cimetières, maisons et lieux étant de la censive et justice du chapitre. Ce plan, conservé aux archives jusqu'au siège de 1870, donne de précieuses indications sur les anciennes juridictions locales; mais, et c'est là surtout où nous voulons en venir après ce long préambule, il a bien autrement d'importance au point de vue historique et topographique.

Nous en avons reproduit les dispositions sur le plan des fortifications de Péronne, et du premier coup d'œil, on peut voir que la justice du chapitre fut à peu près concentrée vers l'ouest de l'ancien *Castrum* et aux alentours de la collégiale. La légende qui l'accompagne

---

(¹) Arch. de Pér. 8 janvier 1644, Entrée du duc d'Elbeuf.
(²) Dehaussy, ms. f. 153.
(³) Arch. de Pér. cotte 82.
(⁴) Ib. cotte 104.
(⁵) Arch. de Pér. cotte 127.

désigne en totalité soixante-douze héritages dont le plus petit nombre est situé au dehors de l'enceinte primitive. Parmi ces derniers, on ne s'étonnera pas de rencontrer le presbytère de Saint-Quentin-Capelle, le chœur seulement de cette église avec une partie de son cimetière, le collége, dirigé alors par les religieux Trinitaires, et neuf parcelles situées entre le coulant de la fontaine Saint-Fursy et le rempart, appartenant à la fabrique.

Pourquoi Saint-Quentin-Capelle et son cimetière ne dépendaient-ils pas en entier de la justice du chapitre ? Nous avons constaté plus haut que cette église existait déjà en 948, au temps d'Albert-le-Pieux. Son autel, dit le chanoine de Saint-Léger ([1]), était posé précisément où fut le four commun des chanoines. Le chapitre avait non-seulement la propriété de ce four, mais encore sa justice et seigneurie, de même que Jehan li Caisnes avait de son côté la justice de son four à Péronne, ainsi que le constate un arrêt de 1091 ([2]). Lorsque Saint-Quentin-Capelle fut bâtie, cet emplacement insuffisant ne put contenir que le chœur de l'église, ainsi que la plus petite partie du cimetière. La construction s'étendit alors sur le terrain contigu. Dans ces conditions l'édifice appartenait bien au chapitre, seulement la seigneurie du terrain annexé ne lui fit pas retour, et resta l'apanage sans doute des comtes de Vermandois et de Péronne, puis de la couronne, jusqu'à ce que la ville en ait à son tour recueilli le bénéfice. Ainsi se justifie cette anomalie de deux juridictions différentes s'appliquant à deux portions distinctes d'un seul édifice.

Un laps de temps neuf fois séculaire s'est écoulé depuis

([1]) Essais, p. 58. La transaction de 1734 le dit aussi expressément.
([2]) Boutaric, Invent. et doc. T. I, p. 442, n° 804.

lors ; les évènements ont rasé l'église et son cimetière, sur l'emplacement desquels s'élèvent plusieurs maisons modernes. On a pu sourire peut-être lorsque nous avons prétendu que le morcellement du territoire laissait des traces à peu près indestructibles ; nous trouverons ici une démonstration évidente de cette proposition. En effet, on pourrait croire que le marteau révolutionnaire a nivelé les divisions parcellaires en même temps que l'église ; point du tout, elles existent encore, à la différence que l'état des lieux comportait anciennement quatre parcelles, tandis qu'aujourd'hui il en contient huit. Le morcellement s'est simplement multiplié, et dans le pâté de maisons compris entre les rues de la Fontaine et Saint-Quentin-Capelle, la limite séparative de l'ancien four commun des chanoines existe encore ([1]).

Le presbytère de cette paroisse dépendait aussi moitié de la justice de la ville et moitié de celle du chapitre, sans qu'il soit possible d'expliquer cette anomalie.

A l'intérieur du *Castrum*, il est frappant de voir la juridiction du chapitre respecter à l'est à peu près tout l'espace compris entre la vieille muraille et les rues Montagne-de-Brusle et des Vierges. Là était le vieux Palais, et c'est pourquoi l'on peut penser que les dépendances de cet édifice s'étendaient peut-être non-seulement au-delà de la rue du Noir-Lion, mais aussi à travers la rue Saint-Fursy, sur l'emplacement des Ursulines.

Le couvent des Minimes dépendait de la juridiction du chapitre, tandis que celui des Ursulines en fut affranchi. A quoi tient cette différence ? Ne sont-ce point deux maisons religieuses, érigées à peu près à la même époque,

---

([1]) De l'autre côté de la rue, la maison Gaudefroy conserve un joli bas-relief, fixé dans sa muraille intérieure. C'est tout ce qui reste de Saint-Quentin-Capelle.

et pouvant se prêter l'une autant que l'autre à la subordination envers l'autorité ecclésiastique ? L'histoire locale va répondre à cette question que le chapitre avait cédé à vie l'une de ses maisons canoniales à Guillaume de Bische, seigneur de Cléry, gouverneur de Péronne, et qu'en 1480 ce contrat viager fut transformé en cession définitive ([1]). A la suite de plusieurs alliances, cette propriété, en même temps que la seigneurie de Cléry, étant échue à Charles de Créqui, celui-ci attira à Péronne les religieux Minimes, auxquels il abandonna son hôtel. Leur réception et installation eut lieu en 1612 ([2]); le généreux fondateur augmenta encore ses bienfaits en accordant à la nouvelle communauté cent carpes à prendre chaque année sur le fermier de ses eaux de Cléry. Tout s'explique dès lors; il est facile de comprendre que la maison canoniale, frappée du droit de seigneurie au profit du chapitre dès le XVe siècle, n'a pas perdu ce caractère en changeant de main.

Le couvent des Ursulines fut fondé par Marie Lefèvre, épouse d'Antoine Louvel, ancien mayeur ([3]) et en vertu de lettres patentes du 9 novembre 1680 ([4]), registrées au parlement le 6 février 1681 et au bailliage de Péronne le 4 mars suivant. Etablies d'abord dans l'ancien hôtel de la Commanderie d'Eterpigny, situé en face du porche de la collégiale, les religieuses, se trouvant à l'étroit, achetèrent la maison de M. Vaillant, lieutenant général, et celle de M. Mallemain, conseiller au bailliage. La nouvelle église qu'elles érigèrent sur cet emplacement, fut consacrée le 15 avril 1733 par le théologal. Le temps n'était plus où

([1]) Dehaussy, Journ. de Pér. ms. f. 46, note.
([2]) Dehaussy, Généal. des rois de Fr. ms. f. 203.
([3]) Desachy, Essais, p. 407.
([4]) Dehaussy, Généal. des rois de Fr. ms. f. 203.

un héritage pouvait peut-être passer sous la seigneurie du chapitre par cela seul qu'il recevait une affectation religieuse, et le couvent des Ursulines, pas plus que l'hôpital Saint-Jean en prenant la place du vieux Palais, n'entra dans la censive des chanoines, qui n'avaient de juridiction temporelle que sur le personnel des chapelles succursales. Il en fut de même des autres communautés : les Clarisses, Sainte-Agnès, les Capucins, les Cordeliers ne relevaient pas du chapitre, et dépendaient de la justice de la ville. C'est pourquoi, le 14 novembre 1434, on retint en la juridiction municipale le gardien des Cordeliers et plusieurs autres de ses frères qui furent mis en prison pour certain débat qu'ils eurent avec des compagnons de la rue de Bretagne ([1]).

La légende contenant les indications topographiques du plan de la censive de Saint-Fursy serait d'une lecture assez aride ; elle sera reportée à l'appendice, et complétée par l'adjonction des numéros du plan cadastral qui permettront de retrouver l'emplacement de la collégiale, de ses dépendances et de la maîtrise, du doyenné, de toutes les maisons canoniales avec les noms des chanoines, du prétoire capitulaire, des hôtels de quelques habitants notables, et jusqu'à l'ancien jeu de battoir. On voit l'intérêt topographique que présente ce document.

Il nous servira particulièrement à faire ressortir que la juridiction du chapitre comprenait presque exactement l'étendue de l'ancien *Castrum,* à l'exception de l'emplacement du vieux Palais qui ne pouvait assurément relever que de ses propres seigneurs. En sorte que, quand bien même les hautes murailles d'Herbert Ier ne seraient pas encore debout, on pourrait en partie retrouver le périmètre primitif de la ville à l'aide de la censive du chapitre.

([1]) Arch. de Pér.

L'origine de cette justice capitulaire remonte loin dans l'histoire ; il serait impossible de déterminer comment elle a pris naissance. Tout ce qu'on en peut dire, c'est que son extension paraît complètement arrêtée au Xe siècle. En effet, l'église Saint-Quentin-Capelle existait déjà hors des murs en 948, et la juridiction du chapitre resta néanmoins confinée dans le chœur de cet édifice, tandis que la plus grande partie du monument releva sans discontinuité de la suprématie séculière, malgré son affectation religieuse. Il semble qu'on en peut conclure que, dès l'avènement des comtes de Vermandois, elle ne fit plus de nouveaux progrès, et qu'elle était alors telle que la représente la transaction de 1734.

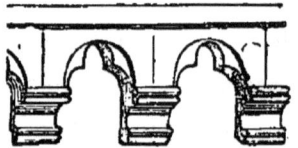

CHAPITRE DIX-HUITIÈME

CONCLUSION

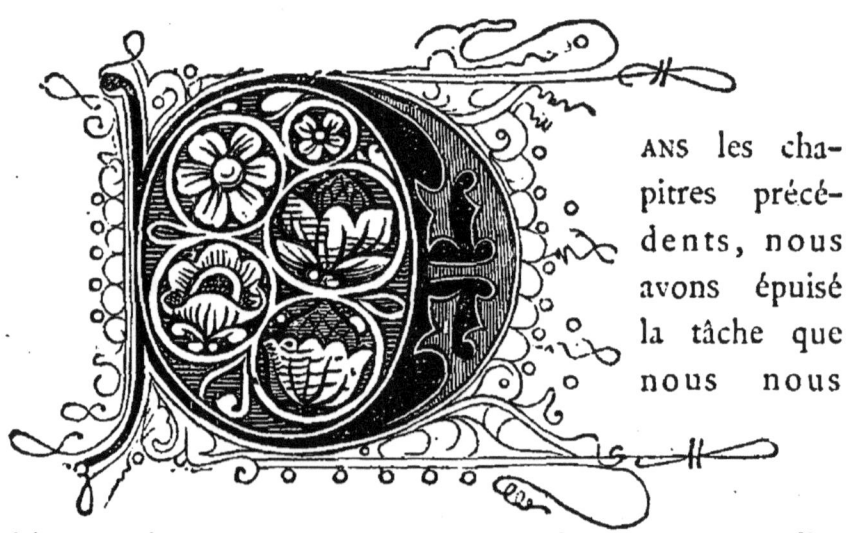

ANS les chapitres précédents, nous avons épuisé la tâche que nous nous étions assignée, et qui se trouve maintenant accomplie. Passionnément épris des vieux manuscrits de Péronne, nous avons lu avec le plus vif intérêt les récits de l'histoire locale, tout en déplorant les erreurs commises par la plupart de ces respectables chroniques ; erreurs que chaque publication nouvelle semblait accréditer davantage. Comment les hautes murailles qui dominent les rues Mollerue et Peronnelle n'ont-elles pas donné au chanoine de Saint-Léger le désir d'en suivre le circuit, pour retrouver les vestiges de la clôture primitive aux deux extrémités de la rue Saint-Fursy ? Pourquoi Jean Dehaussy, greffier en chef, en fouillant, classant et numérotant toutes les pièces de nos archives, n'a-t-il pas été frappé de la coïncidence remarquable qui se rencontre entre les limites de la censive du chapitre et celles de l'ancien *castrum* ?

Tout est là en effet, car si l'on vient à reconnaître que le berceau de Péronne ne dépasse pas le sommet du Mont-des-Cygnes, on ne se laissera pas entraîner à placer la prison de Charles-le-Simple dans le château de Philippe-Auguste, et la ville primitive au faubourg de Bretagne, ni à donner le patronage des conquérants de la Gaule à une localité qui n'existait pas encore à l'époque gallo-romaine. Les déductions s'enchaînent en effet les unes dans les autres ; si le point de départ est faux, sans cesse on s'expose à greffer une méprise sur une erreur, tandis que la première qualité de l'historien doit être l'exactitude.

Pour rectifier avec précision certaines assertions erronées des auteurs locaux, nos recherches ne pouvaient se restreindre à quelques points déterminés à l'avance ; il a fallu nécessairement compulser toute l'histoire de la ville, et rien qu'en groupant par ordre chronologique les fragments colligés des textes originaux, les transformations successives de la *villa* en *vicus, castrum* ou *ville* nous sont apparues avec la plus grande évidence.

Cette étude ne s'applique pas exclusivement à des faits d'utilité locale ; nous avons saisi au contraire avec empressement toutes les occasions qui s'offraient d'entrer dans la discussion de quelques points d'un intérêt général. C'est ainsi qu'en suivant de loin la voie précédemment ouverte par le vénérable M. Peigné-Delacourt, nous n'avons pas craint d'aborder de front la question encore obscure des chemins gaulois. Ce sujet, aride à la lecture, et d'une rédaction encore plus ingrate, comportait d'assez longs développements, non-seulement pour énumérer le tracé de voies nombreuses et étendues, mais aussi pour justifier l'exactitude d'un système qu'il faut peut-être s'attendre à voir contester.

L'histoire peu connue des moulins à eau s'imposait aussi à notre attention. Quand bien même nos faibles efforts n'auraient pas réussi à la placer en pleine lumière, nous n'en aurons pas moins mis ce problème en évidence; il se recommande à l'examen de tous les archéologues, comme un moyen de s'éclairer sur l'origine de certaines localités pourvues d'une usine hydraulique depuis un temps immémorial.

Nous ne pouvions non plus passer sous silence les grands événements historiques survenus aux environs de Péronne. C'est ainsi que nous avons été conduit à parler d'Helena, l'une des premières étapes des Mérovingiens vers des contrées qui devaient être pour eux la terre promise. Le royaume de France, appelé à devenir le fruit de cette conquête, joua sa destinée dans le vallon de Tertry, et lorsqu'un champ de bataille de cette importance se rencontre sous ses pas, l'historien ne saurait se refuser à en évoquer les lointains souvenirs.

L'architecture militaire, enfin, mal connue, dit M. de Caumont, conserve encore à Péronne les vestiges remarquables de plusieurs époques différentes : les murailles carlovingiennes d'Herbert Ier, grossièrement construites en moëllons de grès et flanquées de tours carrées, éveilleront la curiosité des antiquaires, en même temps que l'enceinte de Philippe-Auguste, encore protégée par ses tours rondes, offre, avec sa citadelle faisant à la fois tête au-dedans et au dehors, l'exemple presque intact d'une forteresse de la grande époque féodale.

Au point de vue particulier de la ville, nous croyons avoir mis en relief que l'origine de Sobotécluse fut gauloise, et celle de Péronne mérovingienne. Le palais, avec ses vastes dépendances, n'occupait que le sommet du Mont-des-Cygnes, lorsque l'invasion normande vint y exercer ses ravages. Bientôt la villa fut relevée de ses ruines et une solide ceinture de murailles la transforma en *castrum* redoutable. Dès le Xe siècle, on vit des faubourgs se former au dehors, puis la commune ayant pris naissance, la ville, considérablement agrandie par les soins de Philippe-Auguste, se vit envelopper d'une fortification nouvelle, qui marque encore son périmètre moderne. Plus tard, les demi-lunes et les bastions ont été ajoutés aux tours et aux murailles, sans que la physionomie générale en soit sensiblement modifiée.

Les événements dont la ville a été le théâtre à l'époque moderne, sont beaucoup plus connus, et avec notre désir de ne nous attaquer qu'à des faits inédits, contestés ou erronés, nous n'aurions pu nous étendre sur la Ligue, le siège de 1815 et surtout celui de 1870, qu'en devenant le compilateur d'historiens dont nous n'avons pas la prétention de surpasser le mérite.

Ces recherches présentaient d'ailleurs pour nous un attrait particulier, en reportant forcément notre pensée sur une ville dont le souvenir nous est d'autant plus cher que, depuis que les événements nous en ont éloigné, elle a eu à supporter les implacables calamités de la guerre. Invaincue depuis l'invasion normande, les hommes du Nord lui ont de nouveau fait subir la loi du vainqueur. Qui ne se sentirait ému au souvenir des désastres qui l'ont ainsi frappée !

On appelait autrefois Péronne la clé de la France. Sa situation, au milieu d'un marais infranchissable, lui donnait une importance exceptionnelle, pour barrer le passage aux invasions du nord, et jusques au commencement de notre siècle, elle a conservé une partie de son influence. En effet, le 24 février 1814, six cents cosaques passèrent, à Bray, la Somme non défendue, et furent suivis le lendemain par douze cents cavaliers, qui n'osèrent pas s'avancer au-delà de Roye et de Chaulnes. Au mois de mars, les ponts de Saint-Christ furent détruits par ordre du sous-préfet de Péronne. L'ennemi ne chercha même pas à passer outre ; il entra à Saint-Quentin le 13 mars, et à Ham, le 17. Mais le 26 juin 1815, la ville de Péronne, dépourvue de moyens de résistance, ouvrit ses portes à l'étranger. L'ennemi s'avança alors par Saint-Christ et Pont-les-Brie, en poursuivant son mouvement d'invasion.

Depuis lors, l'artillerie et la tactique militaire ont été singulièrement transformées ; aussi le rôle de Péronne, pendant la campagne de 1870-1871 a-t-il été aussi douloureux qu'inefficace. Si la ville est fatalement condamnée à rester place forte, il faudra reconnaître qu'on ne peut la laisser exposée aux chances d'un nouveau bombardement, plus redoutable pour ses paisibles habitants que pour ses défenseurs. Il est indispensable de couvrir, par des ouvrages supplémentaires, les impuissants bastions qui sont venus jadis renforcer la faiblesse relative des tours de Philippe-Auguste.

Espérons donc qu'on ajoutera bientôt un nouveau chapitre à l'histoire de ses développements, en attendant l'avènement improbable de l'ère du désarmement universel. Péronne alors pourra renverser ses antiques murailles en pleine sécurité, et les remplacer par un large boulevard et un quai dominant le délicieux paysage que déroule la vallée de la Somme au pied du Mont-des-Cygnes.

ARMORIAL PÉRONNAIS [1]

D'ALÈS : d'argent à la fasce de gueules, accompagnée de trois merlettes de sable. (ms. Huet.)

D'AMERVAL, seigneur de Doingt, Villers-Carbonnel, etc., etc... : d'argent, à trois tourteaux de gueules. Cri de guerre : Boulogne. (La Chesnaie-des-Bois.) Dans les armoiries de cette famille, placées à l'une des clés de voûte de l'église Saint-Jean-Baptiste, chaque tourteau est chargé d'une arbalète d'...

D'ANDIGNÉ, sous-préfet en 1852 : d'argent, à trois aigles de gueules, becquées et membrées d'azur 2 et 1. (La Chesnaie-des-Bois.)

AUBÉ : de gueules, à la croix de huit losanges, d'argent deux à chaque branche. (ms. Huet. — Fresque de la bonne mort à l'église Saint-Jean-Baptiste.)

AUBERT : d'or, à trois roses d'...., accompagnées de trois casques de même, 2 et 1. (ms. Huet.)

AUBRELIQUE : de gueules au coq d'or, au chef d'azur, chargé de trois étoiles d'argent. (ms. Huet.)

---

[1] Nous donnons ici les armoiries inédites d'un assez grand nombre de familles péronnaises ; elles proviennent en majeure partie d'un manuscrit de Huet d'Hébécourt, que l'on conservait dans la famille Leblant. Ce manuscrit a été brûlé dans l'incendie de la maison Leblant en 1870.

D'AVESNES : de gueules, à la croix ancrée d'argent, cantonnée de quatre coquilles d'or. (ms. Huet.)

D'AVESNES : d'argent, au lion diffamé de sable. (En 1245, à Péronne, Saint-Louis condamna les d'Avesnes, pour avoir mal parlé de leur mère, à porter désormais le lion de leurs armes avec la langue et les griffes coupées.) Encycl. méth. Hist. T. I, pp. 1, 53.

DE BALLAINVILLIERS, (Bernard) seigneur de Cléry : d'azur, à la gerbe de blé d'or, soutenue d'un croissant d'argent, au chef de gueules chargé de trois étoiles d'argent. (La Chesnaie-des-Bois.)

BAREILLER : d'or à la bande d'azur, chargée de trois barils d'argent posés en barre. 1760. (ms. Huet.)

DE BAVIÈRE, (comte) gouverneur de Péronne : écartelé, aux 1 et 4, fuselé d'argent et d'azur ; aux 2 et 3, de sable, à un lion d'or couronné de même. (La Chesnaie-des-Bois.)

DE BAYENCOURT, seigneur de Bouchavesnes : d'argent, à cinq tours de gueules mises en sautoir. (De Varennes, le Roy d'armes, p. 348.)

BAZIN, (Prévôté de Péronne) : écartelé, aux 1 et 4 d'or au lion de sable, armé et lampassé de gueules ; aux 2 et 3 de vair. (Haudicquer).

DE BAZINCOURT : écartelé, aux 1 et 4, d'argent, à trois bandes de gueules ; aux 2 et 3, d'or à quatre bandes d'azur, chargé en chef de trois annelets de gueules. (Taylor, Voy. dans l'ancienne France, T. II.)

DE BÉCOURT : d'azur, à la herse dentée d'argent, accompagnée de trois roues de carosse de même, au chef de gueules, chargé d'une couronne fleurdelisée aussi d'argent. (ms. Huet.)

DE BELLEFORIÈRE, marquis de Soyécourt : de sable, semé de fleurs de lis d'or. (La Chesnaie-des-Bois.)

DE BELLEVAL : de gueules à la bande d'or, accompagnée de sept croix potencées de même, quatre en chef et trois en pointe. (Chevillard.)

DE BÉTHENCOURT : d'or, à l'orle de douze merlettes de gueules, au lambel d'azur. (Boisseau, p. 36.)

DE BERNES, seigneur de la Comté, originaire du Boulonnais : d'argent, à une hache de gueules. (Chevillard.)

DE BÉZIADES, m^{is} d'Avaray, gouverneur de Péronne : d'azur, à une fasce d'or, chargée de deux étoiles de de gueules, et accompagnée en pointe d'une coquille d'or. (La Chesnaie-des-Bois.)

BIBAUT, baron de Biaches : d'azur à une fasce de gueules surmontée d'un léopard d'or. (Decagny, Hist. de l'arr. T. II, p. 598.)

DE BISCHE, seigneur de Cléry, gouverneur de Péronne : écartelé, aux 1 et 4 d'argent, à trois tourteaux de gueules, à la bordure de même ; aux 2 et 3 d'argent à la fasce d'azur. (La Chesnaie-des-Bois.)

BLANCHET, seigneur de Sormont, originaire d'Avignon : de gueules, à la croix fourchée d'argent, cantonnée de quatre étoiles d'or. (Chevillard.)

DE BLOTTEFIÈRE, seigneur de Courtemanche, Voyennes, etc., etc.: écartelé, aux 1 et 4 d'or, à trois chevrons de sable ; aux 2 et 3 d'argent, à six fusées de sable posées en bande ; supports et cimier : des lions. (La Chesnaie-des-Bois.)

BOCQUILLON : d'azur, à trois haches d'argent 2 et 1. (ms. Huet.)

BOINET : d'or, au casque d'azur. (ms. Huet.)

DU BOS, seigneur de Flers : d'argent, au lion rampant de sable, armé et lampassé d'azur. (Chevillard.)

BOSCHART : d'azur, au croissant d'argent, surmonté d'une étoile de même. (ms. Huet.)

DE BOUCHAVESNE, ou BUISSAVESNES : de gueules à la croix d'or engrêlée. (La Chesnaie-des-Bois.)

BOUCHIER : d'azur à deux chevrons d'or l'un sur l'autre. (ms. Huet.)

DE BOURBON; duc de Vendôme : d'azur, à trois fleurs de lis d'or. (P. Anselme.)

BOURDIN : d'azur à trois têtes de daims d'or, 2 et 1. (ms. Huet.)

BOURNONVILLE : de sable, au lion d'argent couronné d'or, armé et lampassé de même, la queue fourchue et passée en sautoir. (ms. Huet.)

DE BOUTTEVILLE : d'azur, au vol d'argent chargé d'un cœur de même, accompagné de trois étoiles de même en chef, et d'un croissant en pointe du même. (ms. Huet.)

BOUZIER D'ESTOUILLIS : d'azur, à trois bandes de vair appointées ; supports : deux lions d'or ; cimier : un lion hissant de même. (Gomart, Hist. de Ham, p. 261.)

DE BREDA : écartelé, aux 1 et 4 d'argent, au lion de gueules, armé, couronné et lampassé d'or, à la bordure de sable chargée de onze besans d'or, (qui est de Saint-Herenberg) ; aux 2 et 3 d'argent, à trois croissants de sable, (qui est de Polanen.) Devise : *Dominus protector vitæ meæ a quo trepidabo.* (Etat présent de la noblesse.)

BRUHIER : de gueules, à trois besans d'or, 2 et 1 (ms. Huet.)

DE BRYE : de gueules, à trois tierces feuilles d'or. (Chevillard, Nob. de Pic. — de Vulson, p. 218.)

CABOUR : d'azur, au chat au naturel qui bourre un fusil d'or. (ms. Huet.)

DE CAMBRAY : écartelé, aux 1 et 4 d'azur, au chevron d'argent, accompagné de trois étoiles de même 2 et 1 ; aux 2 et 3 aussi d'azur, à quatre fasces d'argent. (ms. Huet.)

DE CAMPAGNE : de gueules, à trois ancres d'argent, accompagnées de sept hermines de sable. (ms. Huet.)

DE LA CAMPAGNE : d'azur, au chevron d'or, accompagné de deux étoiles de même en chef, terrassé d'argent en pointe, surmonté d'un croissant de même. 1760. (ms. Huet.)

CANOUELLE, d'azur, au hibou déployé d'argent, accompagné d'une étoile de même au canton senestre.
Supports : deux chats assis. (ms. Huet.)

DE CARVOISIN, seigneur de Templeux-la-Fosse : d'or à la bande de gueules, au chef d'azur. (ms. Dehaussy.)

DE CASTÉJA, seigneur de Framerville : écartelé, aux 1 et 4 d'or, au lion de gueules ; aux 2 et 3 d'argent à trois merlettes de sable 2 et 1 ; supports : deux lions, l'un gissant, l'autre grimpant ; cimier : un lion issant ; devise : *in bello leones ; in pace columbæ.* (La Chesnaie-des-Bois.)

DE CAULINCOURT, duc de Vicence : de sable à un chef d'or ; devise : *désir n'a repos.* (Gomart, Hist. de Ham, p. 262.)

DE CAUVRY : d'or, au lion armé et lampassé de sable, au chef d'azur, chargé de trois merlettes d'argent. (ms. Huet.)

CHABOT, seigneur de Villier, originaire de Tourraine, élection de Péronne : d'or à trois chabots de gueules en pal 2 et 1, au lambel de trois pendants de même. (Chevillard.)

LA CHAISE : de sable, au lion d'argent, couronné et lampassé d'or. 1760. (ms. Huet.)

CHAPITRE DE SAINT-FURSY : d'azur, au buste de Saint-Fursy, placé sur deux têtes de bœufs et accompagné de trois fleurs de lis. (Decagny, Hist. de l'arr. T. I, p. 19.)

CHASTILLON : de gueules, à trois pals de vair, au chef d'or, chargé de trois merlettes de gueules. (ms. Huet.)

DE CHAUVENET, procureur de la république en 1878 : de gueules, à deux gerbes en face d'or ; supports : deux sauvages ; devise : *ex labore fructus*. (Gomart, Etud. St-Q. T. I, p. 56.)

CHOQUEL, seigneur de Courcelette, parent du bienheureux Saint-Roch : d'azur, au chêne d'argent, terrassé de même, surmonté d'un monde de même en chef, et soutenu en pointe d'une hache ou d'une coignée et d'un foudre aussi de même. (ms. Huet.)

DE COLIGNY, gouverneur de Péronne : de gueules, à l'aigle éployée d'argent, becquée, membrée et couronnée d'azur. (Le Chesnaie-des-Bois.)

DE COMBAULD, vicomte d'Auteuil, auteur de publications sur Péronne : d'or à trois merlettes de sable, au chef de gueules chargé à dextre d'un écusson du champ, surchargé d'un lionceau de gueules, accompagné de huit coquilles de même rangées en orle. (Dubuisson, Armor. T. I, p. 109.)

CONCINO-CONCINI, marquis d'Encre, gouverneur de Péronne : party de deux traits et coupé d'un qui font six ; aux 1 et 6 d'azur, à un rocher de trois pièces d'or, sommé de trois panaches d'argent ; aux 2 et 4 d'or à l'aigle éployée de sable ; aux 3 et 5 d'argent, à une chaîne d'anneaux de sable posée en sautoir. (La Chesnaie-des-Bois.)

CORNET : de gueules, au cornet d'argent. (ms. Huet.)

COTTIN : de sable, au coq d'argent. (ms. Huet.)

COUVREURS de Péronne. (La confrérie des) : de gueules à une enclume de couvreur d'or, à un C et un I gothiques d'... en pointe, et brochant sur le tout à un marteau de couvreur d'or mis en pal. (Ancienne clé de voûte à l'église Saint-Jean-Baptiste.)

DE CREQUI-CANAPLE, prince de Poix, gouverneur de Péronne : d'or au crequier de gueules ; devise : Nuls-y-Frotte ; cri de guerre : A Crequi le grand baron ; cimier : deux cygnes affrontés d'argent, tenant dans leur bec un anneau d'or. (Grands off. de la cour.)

CRETON D'ESTOURMEL, gouverneur de Péronne : de gueules, à la croix crêtelée d'argent, l'écu couvert d'un casque damasquiné et grillé d'or posé de front, surmonté d'une couronne de marquis ; supports : deux levrettes au naturel ; cimier : un cygne posé de face, éployé, colleté d'un collier d'or auquel est adhérent le liston de la devise : *Vaillant sur la crête ;* cri de guerre : *Creton et Estourmel.* (Decagny, Hist. de l'arr. de Pér. T. I, p. 577.)

DE CREVECŒUR, seigneur de Guerdres, gouverneur de Péronne : écartelé, aux 1 et 4 de gueules semé de trèfles d'or, à deux bars adossés de même ; aux 2 et 3 de gueules à trois chevrons d'or. (La Chesnaie-des-Bois.)

DE CROŸ, comte de Solre, gouverneur de Péronne : party, le premier d'argent à trois fasces de gueules, le second vairé et au chef de gueules. (Grands off. de la cour.)

Cte DE DAMMARTIN : d'argent, à trois fasces de gueules ; couronne de comte. (Arch. de Péronne, lettre du 7 août 1780, relative à la bannière, BB. 34, f. 19.)

DE DAMPIERRE, seigneur de Millencourt : d'argent, à trois losanges de sable 2 et 1. (Chevillard.)

DANGLOS, seigneur de Guissancourt : d'azur à l'écu d'argent posé en abîme, et accompagné de trois molettes d'or. (Chevillard.)

DECOURT : d'azur, au croissant d'argent, accompagné de trois étoiles de même, 2 et 1. (ms. Huet.)

DEQUANT : d'azur, au chevron de gueules, accompagné en chef de deux coquilles d'argent, et en pointe d'une canne de même. (ms. Huet.)

DESMEULEN : d'argent, au moulin à vent terrassé, dextré d'un vent au visage humain et rayonné de même. 1760. (ms. Huet.)

DETENDE : de gueules, au chef d'or. (ms. Huet.)

DEVILLERS : d'argent à trois roses feuillées d'azur, 2 et 1. (ms. Huet.)

DOURNEL : d'azur, au chevron d'or, accompagné en chef de deux glands de chêne effeuillés d'or et en pointe d'un croissant de même, surmonté d'une étoile aussi de même. (ms. Huet.) Ces armoiries ne doivent pas être exactes, car M. Dournel les a publiées en termes différents dans son histoire générale de Péronne.

DRIENCOURT : d'azur, fretté d'argent et d'or. (ms. Huet.)

DUCROCQ : d'argent, au chevron de gueules, accompagné de trois losanges de sable, 2 et 1. (ms. Huet.)

DUPLESSIER-BIACHES ou DUPLESSIS : écartelé, aux 1 et 4 d'argent, à la fasce de gueules chargée de deux chevrons et demi tenant l'un à l'autre ; aux 2 et 3, d'or, à cinq vires ou pattes d'oies de sable mises en sautoir. (ms. Huet.)

DE DURCKEIM, sous-préfet en 1844 : d'argent à deux cornières de sable jointes ensemble et mises en pal, adossées, hérissées aux quatre bouts. (Schœpflin, T. V, p. 783.)

D'ESPINAY, marquis de Ligneri, gouverneur de Péronne : d'argent, au chevron d'azur, chargé de onze besans d'or ; couronne ducale ; supports : deux licornes. (La Chesnaie-des-Bois.)

D'ETERPIGNY, dit CARBONNEL : d'azur, à trois coquilles d'or ; ou d'argent à trois coquilles de gueules. (Decagny, Hist. de l'arr. T. I, p. 279.)

D'ESTRÉES, seigneur d'Ennemain : d'argent fretté de sable, au chef d'or, chargé de trois merlettes de sable. (Gr. off. de la cour. T. III, p. 592.

EUDEL : d'azur, au chevron d'argent, accompagné de trois demi-vols de même ; supports : deux licornes. 1760. (ms. Huet.)

DE FAMECHON : échiqueté d'or et de gueules. (Chevillard.)

FAVIER : de gueules, à trois gousses de fèves d'argent, 2 et 1. (ms. Huet.)

FAY D'ATHIES, seigneur de Fay : d'argent, semé de fleurs de lis de sable ; supports : deux lions ; cimier : un col de cygne sortant d'une gerbe. (Goze, Mémor. d'Amiens du 24 août 1864.)

DE FOLLEVILLE, seigneur de Manancourt : d'or à dix losanges de gueules, posés 3, 3, 3, 1. (La Chesnaie-des-Bois.)

FONCHET : d'azur, à la fontaine d'argent, surmontée de deux étoiles de même ; supports : deux sirènes ; devise : *quantum se tollet*. (ms. Huet. — ms. Dehaussy.)

DE LA FONDS, seigneur de Bernes : d'argent, à trois hures de sanglier arrachées de sable ; supports : deux lions ; devise : *aut mors aut vita decora*. (Gomart, Hist. de Ham, p. 264.)

FORMÉ : d'azur, à trois bandes ondées d'argent. 1760. (ms. Huet.)

DES FOSSÉS, élection de Péronne : d'or, à deux lions de gueules, adossés, armés, lampassés, en sautoir, la queue en double sautoir ; supports : deux licornes ; cimier : une licorne naissante. (Chevillard.)

FOUGERET : d'azur, au griffon éployé à deux têtes d'or, chargé d'une branche de fougère de même. (ms. Huet.)

DE FOUGIÈRES ou M. C. DE FOUGÈRE : écartelé, au 1 de sable à trois têtes de lions d'argent, 2 et 1 ; au 2 de gueules au lion naissant d'argent, coupé d'hermines ; au 3 d'azur au sautoir d'argent, accompagné de quatre étoiles de même ; au 4 d'argent fuselé de gueules et sur le tout, d'azur, à la fasce d'argent, accompagnée de quatre étoiles de même, une en chef et trois en pointe par 2 et 1. 1760. (ms. Huet.)

DE FRANSURES, seigneur d'Hyencourt-le-Grand, de Villers : d'argent, à la fasce de gueules, chargée de trois besans d'or. (Chevillard.)

FRION : de sable, à la tour d'argent, surmontée d'une fleur de lis et de deux étoiles de même. (ms. Huet.)

DE GAUCHIN : d'azur, à trois têtes de licornes d'argent de droite à gauche ; alias : de sable, à trois têtes de licornes d'argent, de droite à gauche. Supports : deux dindons. 1760. (ms. Huet.)

GAUDEFROY : de gueules, à l'étoile d'argent, accompagnée de trois passereaux de même et un croissant aussi de même en pointe. (ms. Huet.)

DE GENLIS ou DE GENLY : de gueules, vairé d'argent, au chef d'azur au dragon d'or, en pointe herminé de sable. (ms. Huet.)

GÉRAULT : d'argent, au chevron de gueules, accompagné d'une merlette de même, au chef d'azur, chargé de trois étoiles d'argent. (ms. Huet.)

DE GOMER : d'or au lambel d'azur, accompagné de sept merlettes de gueules 4 et 3. (ms. Huet.)

GONNET : d'azur, au cœur d'argent, accompagné de trois étoiles d'or 2 et 1. (ms. Huet.)

GONNET DE FIÉVILLE : d'argent, à trois fasces ondées de gueules. (Decagny, Hist. de l'arr. T. I, p. 109.)

GOUBET : de sable, parsemé de besans d'or et de trèfles de même. (ms. Huet.)

DE GOURLAY : d'argent, à la croix ancrée de sable. (Clé de voûte de l'église Saint-Jean-Baptiste.)

DE GOUSSANCOURT, seigneur de Misery, capitaine gouverneur de Péronne : d'hermines au chef de gueules ; supports : deux hermines colletées de gueules ; couronne de marquis, surmontée d'un coq de sable tenant dans son bec une banderolle avec cette légende : *Vigilanti et puro* ; et au-dessous de la pointe de l'écu cette devise : *malo mori quam fœdari*. (Saint-Allais, T. II, p. 425.)

GRANDHOMME : d'.... à l'hercule et sa massue d'or, accompagné de deux passereaux de même, sénestrés d'une étoile aussi de même. (ms. Huet.)

DE GREFFIN (ou DES) : d'azur, au chevron d'argent, accompagné de trois étoiles de même, 2 et 1. (ms. Huet.)

GRENIER : d'azur, au chevron d'or, chargé de trois étoiles de gueules, accompagné en chef de deux croissants d'argent, et en pointe d'un lion armé de même. 1760. (ms. Huet.)

GUÉRIN, seigneur de Tarnault, originaire de Champagne, élection de Péronne : d'or, à trois lions de sable, couronnés, lampassés et armés de gueules. (Chevillard.)

DE GUILLEBON LE THAILLIER : d'azur, à la bande d'or, accompagnée de trois besants d'argent 2 et 1. (ms. Huet.)

DE GUISSELIN, seigneur de Chipilly : écartelé, au 1 d'azur à trois perroquets d'argent ; au 2 d'azur à la bande d'argent, chargée de trois macles de gueules ; au 3, coticé d'argent et d'azur, à la bordure de gueules ; au 4, de gueules, à la levrette d'argent. (Chevillard.)

DE HAISECOURT : d'azur, à un dessus de porte et une bannière d'or, accostée de deux fleurs de lis d'or, soutenue de deux croissants d'argent. (De Beauvillé, Hist. de Montdidier.)

DE HALLUIN, seigneur de Piennes, gouverneur de Péronne : d'argent, à trois lions de sable, armés, lampassés et couronnés d'or. (Grands off. de la cour. T. III, p. 912.)

DE HAM, chanoine de Saint-Léger : d'azur, à une bande palée d'or et de gueules de six pièces. (Gomart, Hist. de Ham, p. 264.)

HAM, (ancien, ville de) : d'or, à trois croissants montants

 de gueules. (Gomart, Hist. de Ham, p. 44.)

DE HANGRE : d'argent, à l'aigle de sable, languée et armée de gueules. (Jouffroy d'Eschavannes,)

HANIQUE : d'argent, à la fasce d'azur, accompagnée de trois roses de gueules, 2 et 1. (ms. Huet.)

HANMER DE CLAYBROOKE : d'argent, à la croix pattée de gueules. (Jouffroy-d'Eschavannes.)

DE HAUSSY : d'azur, à la tour d'argent, accompagnée de deux palmes d'or, au chef de gueules, chargé de trois étoiles d'argent ; supports : deux lévriers ; devise : *mors nil ad nos*. (Papiers Dehaussy. — ms. Huet.)

HEILLY : de gueules, à la bande d'or fuselée de cinq pièces ; couronne : de marquis ; heaume : casque de chevalier banneret ; cimier : une tête de sanglier ; alias : un griffon-posé ou une tête d'ours ; supports : deux lions accroupis et regardant en face ; cri : Heilly-Heilly ; devise : Heilly, tout à par li. (Communiqué par M. le marquis d'Heilly.)

D'HENNIN : de gueules, à la bande d'or ; supports : deux sauvages. 1760. (ms. Huet.)

D'HERVILLY, comte de Canisy : de sable, semé de fleurs de lis d'or. (La Chesnaie-des-Bois.)

D'HESECQUE : fascé d'argent et d'azur, les fasces d'argent chargées de six fleurs de lis de gueules, 3, 2, 1. (La Chesnaie-des-Bois.)

HUET, seigneur d'Hébécourt : d'azur au chevron d'or, accompagné de deux étoiles de même en chef, et d'une herse aussi de même en pointe ; supports : deux licornes. (ms. Huet.)

HUGOT : de gueules, au chevron d'argent, accompagné de deux étoiles de même en chef, et d'une hache ou coignée aussi de même en pointe. 1760. (ms. Huet.)

D'HUMIÈRES, gouverneur de Péronne : d'argent, fretté de sable de six pièces ; cimier : un casque posé de face surmonté d'un cimier de plumes au milieu duquel se trouve un chien naissant posé en face. (Clé de voûte de l'église Saint-Jean-Baptiste.)

LABOISSIÈRE : de gueules à la fasce d'or. (Taylor, voy. dans l'anc. France, T. II.)

LAGLANTIER : d'argent, à trois tourteaux de gueules, 2, 1. (ms. Huet.)

DE LAGRENÉE, seigneur de Vermandovillers : de gueules, au chevron d'or, accolé et enlacé d'un autre chevron renversé d'argent, mouvant du chef d'argent. (Jouffroy d'Eschavannes.)

DE LAMETH : de gueules, à la bande d'argent, accompagnée de six croix recroisettées au pied fiché de même trois en chef, et trois en pointe ; devise : *sans redire,* ou *nocuit differre paratis.* (Boisseau, p. 91.)

DE LANNOIS : d'azur, à l'étoile polaire d'argent. 1760. (ms. Huet.)

LARCHER : de gueules, à trois bandes d'argent, chargées de flèches de sable. (ms. Huet.)

LE BRETON : d'azur au phénix éployé sur un bûcher d'argent, dextré d'un soleil de même, et senestré d'un croissant aussi de même. (ms. Huet.)

LECLERQ : d'argent, à une bande de sable, accostée en chef d'une aiglette de même et en pointe d'une molette aussi de même. (ms. Huet.)

LE CONVERS : d'azur, à deux fasces de gueules, accompagnées de trois molettes d'argent posées en pal. (Decagny, Hist. de l'arr. T. II, p. 552.)

LE CORROYER : d'azur, à trois palmes d'or. (ms. Dehaussy.)

LE COUVREUR : d'or, au sanglier terrassé de sable, adextré d'un arbre de sinople ; ou : d'azur, à trois boucles d'or tournées à gauche. (ms. Huet.)

LEFEBURE, ou LEFÈVRE : d'azur, à la fasce d'or, surmontée d'un croissant d'argent, accompagné de deux étoiles de même et en pointe un croissant chargé d'un bouton d'argent, accompagné de deux trèfles de même. (ms. Huet.)

LEFEBVRE : de sable, au chevron d'argent, chargé de trois roses de gueules. (ms. Huet.)

LEFÈVRE : d'azur, à trois licornes naissantes d'argent, de gauche à droite, 2 et 1. (ms. Huet.)

LEJOSNE, seigneur de Barleux : de gueules, fretté d'argent et semé de fleurs de lis d'or ; ou : fascé d'argent et de gueules de six pièces, à la bordure d'argent ; ailleurs d'azur. (Decagny, Hist. de l'arr. T. I, p. 173.)

LELEU : d'azur, au loup de sable sortant d'un bois, terrassé de même, accompagné d'une étoile d'argent au canton senestre ; supports : un loup et une louve assis. — Autre : d'azur, au loup d'argent sortant d'un bois, terrassé de même, accompagné d'une étoile aussi de même au canton senestre. (ms. Huet.)

LELOIRE, de Bernes : d'azur, au lion d'or, issant de gueules. (ms. Dehaussy.)

LEROY : d'azur, à l'aigle éployée d'or, accompagnée de trois roses de même. (ms. Huet.)

LESCUYER : d'azur, au chevron d'or, accompagné de

deux étoiles d'or et d'un passereau de même. (ms. Huet.)

LEVESQUE : de gueules, à quatre bandes d'or. (ms. Huet.)

DE LIHU : d'or, au chef d'azur, chargé d'un lion issant d'or, couronné de même. (Jouffroy d'Eschavannes.)

LINARD, seigneur d'Aveluy : de gueules, au chevron d'argent, chargé de trois besants d'azur, accompagné en chef de deux coqs d'argent, et en pointe d'un lion armé et lampassé de même. 1760. (ms. Huet.)

DE LONGUEVAL : bandé de vair et de gueules de six pièces ; cri de guerre : *Dragon*. (La Chesnaie-des-Bois.)

DE LORRAINE, duc d'Elbeuf, gouverneur de Péronne : d'or, à la bande de gueules, chargé de trois alérions d'argent. (Boisseau, p. 101.)

DE LOUVANCOURT : d'azur, à la fasce d'or, chargée de trois merlettes de sable, accompagnée de trois croissants d'or. (ms. Huet.)

LOUVEL, seigneur de Fontaine : d'or, à trois hures de sanglier, arrachées de sable, la défense en argent. (La Chesnaie-des-Bois.)

LOUVERVAL, seigneur de Villers-au-Flot, élection de de Péronne : d'argent, à la bande fuselée de gueules. (Chevillard.)

LUXEMBOURG : d'argent, au lion de gueules, à la dou-

ble queue nouée et passée en sautoir, armé, lampassé et couronné d'or ; le lion brisé en l'épaule d'une croix alesée de même. (Gomart, Hist. de Ham, p. 265.)

MAILLART : d'azur, à deux maillets d'or, mis en sautoir, au chef d'or, chargé de trois tourteaux de gueules. (ms. Huet.)

MALLEMAIN : d'azur, au sautoir d'or, chargé d'un trèfle de sable, accompagné de quatre pattes de loup d'or. (ms. Huet.)

MARAY : d'argent, à un chevron de gueules, accompagné de trois étoiles de même. (ms. Huet.)

DE LA MARCK, (maréchal) duc de Bouillon et de Fleuranges : d'or, à la fasce échiquetée de gueules et d'argent de trois traits, au lion naissant de gueules en chef. (La Chesnaie-des-Bois.)

DE LA MARLIÈRE : de gueules, à la bande d'argent, chargée de trois merlettes de sable. (ms. Huet. — Plan de Péronne de la collection Leblant.)

MASIN : d'azur, au chevron d'argent, accompagné de deux roses et d'une main dextre de même, au chef de gueules, chargé d'un croissant d'argent et de deux étoiles de même. (ms. Huet.)

MASSE DE COMBLES : d'azur, à deux masses d'argent en sautoir, surmontées d'une étoile de même. (ms. Huet.)

MASSEX : d'or au sautoir de gueules. (ms. Huet.)

DE MERCY : d'or, à la croix boutonnée d'azur. (ms. Huet.)

MERLEUX : d'azur fretté d'argent. (ms. Huet.)

DE MESMES, gouverneur de Péronne : écartelé, au 1 d'or, au croissant montant de sable ; aux 2 et 3, d'argent, à deux lions passants de gueules ; au 4 d'or, à une étoile de sable, au chef de gueules, et la pointe de l'écu ondée d'azur. (Gr. off. de la cour. T. IX, p. 316.)

DE MIRAUMONT : d'argent, à six tourtes de gueules. (Boisseau, p. 106.)

DE LA MIRE, seigneur d'Eterpigny : écartelé, aux 1 et 4 d'azur, à trois aiglettes d'or, becquées, membrées et diadèmées de gueules, 2 et 1, celles du chef affrontées ; aux 2 et 3, d'or, à la bande de gueules, cotoyée de trois merlettes de sable et accompagnée de deux tourteaux d'azur. (La Chesnaie-des-Bois.)

DE MISSY : écartelé, aux 1 et 4 de sable ; aux 2 et 3, d'azur, et sur le tout deux chevrons enlacés tête contre pointe d'argent. (ms. Huet.)

DE MONCHY, seigneur d'Hocquincourt : gouverneur de Péronne : de gueules, à trois maillets d'or. (La Chesnaie-des-Bois.)

MONET DE LA MARCK, seigneur de Bazentin : écartelé, aux 1 et 4 d'azur, au lion d'or, aux 2 et 3 à trois colonnes de sable, au chef de gueules, chargé de trois roses d'argent ; couronne : de marquis ; supports : deux lions. (Saint-Alais, T. XIX, p. 319.)

MONOT : de gueules, au pal d'argent chargé en chef d'une étoile de gueules et en pointe d'un croissant du même, accosté de deux lions armés et lampassés de même. (ms. Huet.)

DE MONS : d'azur, au chevron d'or, accompagné en chef de deux molettes d'or et en pointe d'un quinte feuille du même. (ms. Huet.)

DE MONTAIGU, seigneur de Sailly : de gueules, au lion d'hermines, armé, lampassé et couronné d'or. (De Varennes, le roy d'armes, p. 275.)

DE MONTAUBAN, seigneur de Bazentin : d'azur, à la croix d'argent, à cinq coquilles de gueules. (Gomart, Hist. de Ham, p. 261.)

MOREL, seigneur de Cremery, Foucaucourt, etc., etc. : d'azur, à la fleur de lis d'or, accompagnée de trois glands effeuillés de même, les tiges en bas, 2 et 1 ; supports : deux licornes ; cimier : une licorne naissante ; devise : *nescit labi virtus*. (La Chesnaie-des-Bois.)

DE MOREL, marquis de Putanges, gouverneur de Péronne : de gueules, à trois têtes d'aigles d'or 2 et 1 ; au chef d'argent chargé d'une aigle éployée de sable. (La Chesnaie-des-Bois.)

DE LA MOTTE, seigneur de Villers-Bretonneux, originaire de Picardie, élection de Péronne : de gueules, à trois chevrons vairés d'or et d'azur. (Chevillard.)

DE MOYENCOURT, (de Hangest, seigneur de) : Burelé d'argent et d'azur, à la bande de gueules. (Gr. off. de la cour. T. VI, p. 748.)

MUTEL : d'azur, à l'écureuil assis d'argent. 1760. (ms. Huet.)

DE NESLE : d'or, à trois maillets de sinople. (La Chesnaie-des-Bois.)

DE NOYELLE, gouverneur de Péronne : de gueules, à trois jumelles d'argent. (La Chesnaie-des-Bois.)

D'OGNIES, duc de Chaulnes, gouverneur de Péronne :

party, au 1 d'azur, au sauvage tenant une massue sur son épaule d'or ; au 2, d'argent, au lion de gueules. (Grands off. de la cour. T. IX, p. 121.)

ORFÈVRES, (la communauté des) de Péronne, réunie aux chaudronniers et chapeliers de la même ville : de gueules, à une barre d'argent, chargée d'une merlette d'azur. (Lacroix, Hist. de l'orfèvrerie, pp. 169, 171.)

OUDIN DU FAY : d'argent, semé de fleurs de lis de sable sans nombre. (ms. Dehaussy.)

LE PAIGE : d'azur, au chevron d'argent, accompagné de trois coqs d'or. 1760. (ms. Huet.)

PARENT, seigneur de Boisregnault : de gueules, semé de trèfles renversés et supportés de croissants d'argent, au franc quartier de gueules, chargé d'une coquille d'or accompagnée de deux pals d'argent. (ms. Dehaussy.)

DE PARVILLERS : d'azur, au chevron d'or, accompagné de trois étoiles de même, 2 et 1. (ms. Huet.)

DE PAS, Mis DE FEUQUIÈRES, seigneur de Martinsart, gouverneur de Péronne : de gueules, au lion d'argent. (La Chesnaie-des-Bois.)

PÉRONNE, (ville de) : d'azur au P gothique couronné d'or, accosté de trois fleurs de lis de même, 2 et 1 ; supports : deux chiens griffons ; cimier : une couronne murale surmontée d'une jeune fille en buste, tenant de la main droite une épée nue, et de la main gauche une banderolle sur laquelle se lit la devise : *urbs nescia vinci*. (Médaille de la ville.)

DE PÉRONNE, famille originaire de Picardie : d'argent, au chevron de gueules, chargé de trois roses du champ, accompagné de trois croix pattées de sable. (Saint-Allais, T. II, p. 189.)

DU PESTRIN : d'.... à trois étoiles d'or 2 et 1, et au

chevron d'or brisé d'un trèfle posé en face, au-dessus de l'étoile en pointe. (ms. Dehaussy.)

DU PEYROUX, seigneur de Contalmaison : d'or à trois chevrons d'azur, au pal de même brochant sur le tout; supports : deux lions ; devise : *virtutis stimulum*. (La Chesnaie-des-Bois.)

PICQUET : d'azur, au chevron d'or, chargé de trois merlettes de sable, senestré en chef d'une étoile de gueules. Alias : d'azur à une bande d'argent, chargée de trois merlettes de sable, surmontée à dextre d'un croissant de gueules. (ms. Huet.)

DE PIEFFORT : d'azur, à deux lions armés et lampassés d'argent ; au chef de gueules, chargé de trois trèfles d'argent. (ms. Huet.)

PILLOT : de gueules, au chevron d'argent. (ms. Huet.)

PINCEPRÉ : d'argent, au pin terrassé de sinople, au chef d'azur, chargé d'un croissant d'argent, accompagné de deux étoiles de même. (ms. Huet.)

PINGRÉ : d'azur, à une vigne de sinople, fruitée d'or, sommée d'un passereau de sable. (ms. Huet.)

DES PLANCHES : d'or, à la coquille de gueules. (ms. Huet.)

POSTEL, seigneur de Proyart : d'azur, à la gerbe d'or, accostée de deux étoiles de même ; supports : deux cygnes ; cimier : un cygne naissant. (Jouffroy d'Eschavannes.)

POTIER DE BLÉRANCOURT, gouverneur de Péronne : d'azur, à deux mains dextres d'or, au franc quartier échiqueté d'argent et d'azur, et à la bordure engrêlée de gueules. (Gr. off. de la cour. T. II, p. 304 ; T. IV, pp. 766, 770.)

PRÉVOST : de gueules, à une roue de chariot d'argent, surmontée d'un vol de même. (ms. Huet.)

PUJOS : d'azur, au chevron d'argent, accompagné de trois cloches de même, 2 et 1. (ms. Huet.)

DE QUERRIEUX : d'argent, à neuf merlettes de gueules, rangées en orle. (La Chesnaie-des-Bois.)

RABACHE : de sinople, au lion armé et lampassé d'argent ; au chef d'argent, chargé de trois coquilles de sinople. (ms. Huet.)

REYNARD : d'azur, au renard d'argent, terrassé de même. (ms. Huet.) ou : d'or au renard rampant de gueules. (La Chesnaie-des-Bois.)

DE RHUNE : d'argent, au sautoir d'azur, cantonné de quatre aigles éployées d.... 1760. (ms. Huet.)

ROUILLÉ DE FONTAINE : d'azur, au chevron d'or, accompagné en chef de deux roses tigées et feuillées d'argent, et en pointe d'un croissant de même. (Saint-Allais, T. X, p. 353.)

ROUSSEL, seigneur de Marquaix : d'azur, à trois roses d'or, 2 et 1, soutenues d'un croissant montant de même. (Fresque de la Bonne mort, à l'église Saint-Jean-Baptiste.) ou : d'argent, au lion armé et lampassé de sable, couronné d'or. (ms. Huet.)

DE ROYER : gironné d'or et d'azur de huit pièces, à l'orle d'autant d'écus de l'un en l'autre, à l'écu de gueules en cœur. (ms. Huet.)

DE SAILLY : d'argent, au lion de gueules, armé et lampassé d'azur ; couronne de marquis ; cimier : un casque posé à droite ; supports : deux griffons. (Ecu représenté dans la chapelle seigneuriale de l'église de Sailly-Saillisel.)

DE SAINT-MAURIS, gouverneur de Péronne : de sable, à deux fasces d'argent. (Saint-Allais, T. VI, p. 161.)

DE SAINT-SIMON : écartelé, aux 1 et 4, party, échiqueté d'or et d'azur, chargé de trois fleurs de lis d'or, qui est de Vermandois; aux 2 et 3, de sable, à la croix d'argent chargée de cinq coquilles de gueules, qui est de Havesque; sur le tout, losangé d'argent et de gueules, au chef d'or, qui est de Précy. (Boisseau, p. 5.)

DE SAISSEVAL : d'azur, à deux pennons d'argent adossés, surmontés d'une étoile d'or, et accostés de deux roses de même; couronne de comte. (Arch. de Pér. lettre du 7 août 1780 relative à la bannière, BB, 24, f° 19.)

DE SARCUS, seigneur de Courcelles : de gueules, au sautoir d'argent, accompagné de quatre merlettes de même. (Ib.)

DE SAVENELLES, ou DES AVENELLES : d'or à six losanges d'azur 3, 2, 1. (ms. Huet.)

SCOURION : d'azur, à trois gerbes d'or. 1760. (ms. Huet.)

SEIGLIÈRE DE BELLEFORIÈRE, comte de Soyécourt : d'azur, à trois épis de seigle d'or 2 et 1. (La Chesnaie-des-Bois.)

SOREL : de gueules, à deux léopards d'argent posés l'un sur l'autre, couronnés d'or. (ms. Huet.)

TABARY, seigneur de Soyécourt : d'argent, fretté de gueules. (Gr. off. de la cour. T. VIII, p. 521.)

TASSART, seigneur de Belloy et d'Assevillers : écartelé; aux 1 et 4 de sable, à la bande d'argent chargée de trois coquilles de gueules, au chef d'or; aux 2 et 3 d'argent, à trois aigles à deux têtes éployées de sable et membrées de gueules. (ms. Dehaussy.)

TATTEGRAIN : d'azur, à la gerbe d'argent; au chef de gueules chargé d'un croissant d'argent, accosté de deux étoiles de même. (ms. Huet.)

DE THEIS : d'azur, à trois moulins à vent d'argent, 2 et 1. (ms. Huet.)

LE TELLIER DE GRÉCOURT : d'azur, au chevron d'or, accompagné de deux besants d'argent et d'une licorne naissante de même, au chef de gueules chargé de trois étoiles d'or. (ms. Huet.)

THEROUANNE DE LOUVANCOURT : d'argent, à trois têtes de louves de sable. (ms. Dehaussy.)

LE THUILLIER : d'azur, à la cigogne d'argent. (ms. Huet.)

TRIBOLET : de gueules, à deux chevrons d'argent l'un sur l'autre. (ms. Huet.)

TUPIGNY : d'argent, à la fasce de gueules, accompagnée en chef de deux pommes de pin d'or, et en pointe de trois croissants de même, 2 et 1. (ms. Huet.)

VACQUEREL DE LA BRICHE, seigneur de Marchélepot : de gueules, au chevron d'or, en chef un croissant d'argent accompagné de deux étoiles d'argent ; supports : deux lions. (ms. Dehaussy.)

VAILLANT : d'or, à trois têtes de morts de cimetière de sable, 2 et 1 ; ou : de sable, à trois têtes de morts de cimetière d'argent, 2 et 1 ; devise : *fortis ut mors*. (ms. Huet.)

VALLOIS, Sous-Préfet de 1859 à 1870 : d'azur, au chevron d'or accompagné de deux merlettes d'argent et d'un croissant montant de même en pointe.

LE VASSEUR : de gueules, à l'urne d'argent accompagnée de deux lions armés et lampassés de même. (ms. Huet.)

DE VATTIGNY : de gueules à la bande d'argent herminée de sable. 1760. (ms. Huet.)

VAUQUELIN : de sinople, à trois losanges d'argent 2 et 1. (ms. Huet.)

VERMANDOIS : échiqueté d'or et d'azur, chargé de trois fleurs de lis d'or ; cri de guerre : *Vendeul au comte de Vermandois*. (Gomart, Hist. de Ham, p. 267.)

VERRIER : de sinople, vairé d'argent. (ms. Huet.)

VILLERVAL, seigneur de Bouzincourt, gouverneur de Péronne : vairé d'argent et de gueules. (Jouffroy d'Eschavannes.)

VINCHON : de gueules, au pal d'argent chargé d'un écureuil de sable. (ms. Huet.)

DE VITASSE : d'or, à trois roses de gueules, boutonnées de cinq pointes de sinople. (Decagny, Hist. de l'arr. T. 1, p. 715.)

VUATIER : d'azur, à l'étoile d'or entre deux chevrons de même, surmontés d'une rose, accompagnés de deux étoiles de même et d'une rose feuillée aussi de même en pointe. (ms. Huet.)

DE WARLUZEL, seigneur d'Etinehem : de sinople, à une fasce d'argent accompagnée en chef à senestre d'un croissant montant d.... et sur le tout une bande de gueules fuselée. (De Beauvillé, doc. inéd. 3ᵉ partie, p. 540 à 544.)

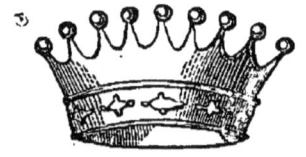

APPENDICE

EXTRAIT D'UN ARRÊT DU GRAND CONSEIL, RENDU LE 30 SEPTEMBRE 1659, CONTRE DIVERS SEIGNEURS COMPROMIS DANS LES DERNIERS TROUBLES DE LA FRONDE, APRÈS QUE CEUX-CI EURENT ÉTÉ MENACÉS, PAR DÉCLARATION DU ROI, DE VOIR LEUR PROCÈS POURSUIVI, LEURS MAISONS RASÉES, LEURS BOIS ABATTUS A HAUTEUR D'HOMME, S'ILS NE SE CONSTITUAIENT PRISONNIERS.

. . . .
Le conseil a déclaré et déclare lesdits de Créqui-Bernieulle, Dailly, sieur d'Anery et de Pommereuil, sieur de Moulin-Chapel vrais contumax, déffaillants et deubment atteints et convaincus d'avoir assisté aux assemblées de noblesse faites auparavant et depuis la déclaration du Roi du mois de septembre 1658, fait des unions et associations tendantes à esmotion, soulèvement et rebellion contre l'authorité du Roi, bien et repos de son estat. Pour réparation de quoy les a ledit conseil condamnés et condamne d'avoir la tête tranchée sur un échaffaud, sy pris et appréhendés peuvent estre, sinon par figure, en un tableau contenant la dite exécution.

Jarry, Mémoires de la Soc. arch. de l'Orléanais, T. XVII, d'après les manuscrits de la Bibl. nat. 6895, f° 172 ; 6896 ; Le Tellier, papiers d'Etat, vol XVII, f° 170.

Lettre de Cuvillier, lieutenant du grand prévot, adressée a Séguier, sur la démolition de Nul-s'y-Frotte.

Du chasteau de Cléry, le 20 décembre 1659.

Monseigneur,

J'ay pris la liberté de vous escrire, suyvant l'ordre que vous m'avés faict l'honneur de me donner lorsque j'ay pris congé de vous en partant de Paris, comme quoy je suis en possession du chasteau de Cléry, où en arrivant l'épouvante était si grande, ayant sceu que j'étais arrivé à Péronne, que les habitants des villages circonvoisins qui s'y estaient réfugiés, à cause que les troupes estaient icy autour, se sont pillez l'un l'autre et le chasteau en grand désordre, mesme du canon qui estait dedans a esté enlevé la veille que j'y suis entré. J'ay commencé la démolition par une demye-lune, et à présent je suis à un espron où il y a bien de la peine à en arracher quelque chose. Mais aussitôt que j'oray de la poudre, je feray faire des fourneaux pour la faire saulter. Il y a icy plus de travail que je ne croyes, le lieu estant bien fort, y ayant double fossé revestus. Je n'ay pas à présent grande assistance des communes; mais j'espère, après que les troupes seront passées, d'en avoir davantage. Je vous puis asseurer, Monseigneur, que je feray tout mon possible à exécuter les ordres du Roy et la commission qu'il vous a pleu m'honorer, estant celui qui est, Monseigneur, le plus humble et le plus obéissant de tous vos serviteurs.

Cuvillyer.

Ib. Bibl. nat. ms. fr. 17395, Séguier f° 312.

Extrait du placet des mayeur et échevins de Péronne, adressé le 13 juillet 1765 a M. de Saint-Florentin, pour être remis au roi, a la suite de l'édit d'aout 1764, donné a Compiègne, pour réglementer l'administration des villes du royaume.

Sire, les maire et échevins de la ville de Péronne représentent très humblement à V. M. que les concessions faites à leur ville par les monarques vos augustes prédécesseurs, confirmées de règne en règne dans toutes les occasions, le bien de la ville et le service des différentes administrations qui sont attachées au corps municipal, ne s'accordent point avec l'édit donné à Marly au mois de mai dernier, en interprétation de celui du mois d'août précédent.

La ville de Péronne, existante dès les premiers siècles de la monarchie, et toujours invariablement attachée à la couronne de France, a obtenu l'érection de sa commune sous le règne de Philippe-Auguste. Ce fut en l'an 1209 que ce monarque érigea la commune de Péronne, pour le ressort de cette ville et banlieue, et qu'entre autres concessions très étendues dans la charte d'érection, il ordonna que tous les ans, le jour de la Nativité de Saint Jean-Baptiste, il fut élu par les douze classes d'habitants un corps municipal composé du mayeur et de vingt-neuf échevins et jurés.

Cette même charte est entrée dans les plus grands détails sur tous les cas de la justice civile et criminelle inhérente à la commune, dans la personne des maire, échevins et jurés. Elle a été confirmée par une autre charte du roi Charles V, du 28 janvier 1368, portant réduction du corps municipal au mayeur, sept échevins et huit jurés, qui seraient élus en la manière ordinaire.

Différentes autres chartes et arrêts du conseil de 1548, 1558, 1674, 1683, 1705 et 1738 ont confirmé dans toutes les occasions la forme d'élection du maire et échevins par scrutin, sans y apporter d'autres modifications que la division de tous les corps de la ville, faubourgs et banlieue en six classes au lieu de douze, et la réduction du corps municipal au maire et à six échevins, au lieu de 30, 15, 12 et 8 portés dans les anciennes. Ce nombre de sept a été jugé nécessaire par l'arrêt du conseil de 1676, pour le bien de la ville et le service de toutes ses charges. C'est le dernier état du corps municipal et le public n'a eu qu'à s'en féliciter jusqu'à présent.

La justice civile, criminelle et de police des maire et échevins dans l'étendue de la ville, faubourgs et banlieue, a été confirmée par un arrêt solennel de la cour du Parlement, du 28 février 1643, rendu contradictoirement entre le corps de ville et les officiers du bailliage. Elle a été de nouveau reconnue dans une transaction faite devant notaire entre les deux compagnies le 4 novembre 1726, à l'occasion des scellés et inventaires chez les habitants de différentes qualités et sur cette transaction, il est intervenu arrêt d'homologation de la cour du Parlement, du 10 février 1727.

La police a d'ailleurs été particulièrement conservée par le corps de ville, au moyen de l'acquisition que les maire et échevins ont fait de son exercice, en conséquence de l'édit du mois d'octobre 1699 portant création des offices de lieutenants généraux de police dans toutes les villes du royaume.

A l'administration de la justice et police inhérente au corps de ville se joint le service militaire de la place, que les suppliants font exercer par les habitants de la ville, faubourgs et banlieue, sous l'autorité des gouverneur et lieutenants de V. M. Ils ont à cet effet commandement immédiat sur les bourgeois, avec la garde de la moitié des clés de la ville en tout temps. Le commandement est universel sur les troupes et sur les bourgeois, et la conservation intégrale des clés en l'absence du gouverneur et lieutenant de V. M.

Ces priviléges ont été accordés aux habitants de Péronne en considération de leur attachement inviolable à la couronne de France. Ils prennent leur source dans les lettres patentes de François Ier, du mois de février 1535, à la suite du siége mémorable de cette ville par l'armée de l'empereur Charles V. Ils ont été confirmés de règne en règne, et V. M. a bien voulu rendre une ordonnance particulière, le 28 janvier 1728, pour expliquer dans le détail la nature du service militaire et du commandement appartenant au corps de ville de Péronne, suivant ses anciens droits et usages.

Il n'est pas douteux que ce service, toujours fait par les habitants de Péronne avec honneur et exactitude, augmente le détail des administrations des suppliants. Ils sont très jaloux de le conserver.

Les suppliants y joignent l'administration d'un Hôtel-Dieu très considérable, servant également aux habitants de la ville, faubourgs et banlieue et aux troupes de V. M. suivant les traités usités pour les hôpitaux. Cet Hôtel-Dieu demande d'autant plus de vigilance que la route de Péronne est l'une des plus fréquentées du royaume.

Les pauvres ménages et orphelins de la ville sont encore l'objet de l'attention du maire et échevins, dans l'administration d'un bien particulier servant au soulagement des pauvres, et affecté à d'autres fondations pieuses.

Ces différents objets ne sont pas communs à toutes les villes du royaume pour lesquelles a été rendu l'arrêt du mois de mai dernier. Ils sont au contraire particuliers à la ville de Péronne et à quelques autres en petit nombre, qui n'ont pas même à tous égards les mêmes charges et devoirs à remplir.

C'est ce qui oblige les suppliants de représenter très humblement à V. M. que s'ils n'eussent remarqué dans leurs administrations que des biens patrimoniaux et d'octroi à régir, des impositions à répartir, des logements à distribuer et les autres fonctions ordinaires des maireries et échevinage à remplir (qui ont été l'objet formel du dernier édit) ils se seraient conformés dès le premier instant de sa promulgation à toutes ses dispositions en commençant par les élections que cet édit ordonne.

Mais l'on a trouvé de si grandes difficultés à exécuter cet édit quant à l'élection et à ses suites, que l'on n'a cru manquer en rien aux ordres de V. M. en faisant des représentations, et en les adressant dans le délai de promulgation de l'édit qui dure encore.

Les suppliants se sont à cet effet pourvus au parlement et par-devant M. le contrôleur général. La réponse a été la même de part et d'autre : « Adressez-vous au roi; leur » fut-il répondu.... c'est la suprême autorité qui doit » décider de votre remontrance.... »

Les difficultés que nous trouvons dans l'exécution de l'édit, pour le service de V. M. et du public, se puisent principalement dans les observations suivantes :

Le corps de ville a été composé jusqu'à présent d'un mayeur et de six échevins, compris le lieutenant du mayeur.

Le mayeur a toujours été très-occupé par l'exercice de la petite police en son hôtel, et des matières plus considérables à l'audience, conjointement avec les autres officiers municipaux. Les réponses aux demandes et plaintes des particuliers, les lettres et mémoires sur toutes les affaires, et les fonctions de juge civil et criminel, ne donnent aucune relâche à ce premier officier.

Le lieutenant de maire exerce les fonctions de premier commissaire aux ouvrages, et concourt au soulagement du mayeur dans tous les cas. Il est bon d'observer à cet égard que l'inspection des ouvrages est d'un grand détail, à cause des bâtiments publics de l'hôtel-de-ville, beffroi, corps de garde, ponts et chaussées, casernes; loges et boutiques, Hôtel-Dieu, collége et autres objets publics à entretenir.

Le second échevin remplit les fonctions de second commissaire aux ouvrages et celles de premier fourrier, pour le logement des troupes de passage et de garnison.

Le troisième échevin est ordinairement second fourrier et receveur gratuit des biens des pauvres de la ville et des boursiers.

Le quatrième échevin fait la recette des biens de l'Hôtel-Dieu. Cette recette et sa dépense exigent le plus grand détail. Elles suffisent pour occuper un citoyen tout entier. La gestion est gratuite et par cette raison fort avantageuse à l'Hôtel-Dieu.

Le cinquième échevin fait la recette et dépense gratuite des biens patrimoniaux de l'hôtel-de-ville.

Le sixième échevin fait le service de la garde bourgeoise et prend assez souvent la double fonction que l'un des échevins ne peut remplir, soit de premier ou de second fourrier, soit de premier ou de second commis aux ouvrages.

Tous enfin s'assemblent deux fois par semaine, non-seulement pour les affaires de commune et d'administration, mais encore pour rendre la justice civile, criminelle et de police. La première heure des assemblées est employée à rendre la justice; la seconde est occupée par les affaires de commune et d'administration des biens de la ville, d'Hôtel-Dieu et des pauvres. Ces réunions ont lieu le lundi et le vendredi.

Les maire et échevins sont souvent obligés de tenir d'autres assemblées, selon l'exigence des cas. Elles sont convoquées suivant les règlements.

Le maire et quatre échevins ne pourront dorénavant remplir toutes ces fonctions sans que le service de S. M. en souffre par rapport au logement des troupes, à la garde des troupes et aux retards des impositions.

. . . .

Nous croyons enfin devoir observer à V. M. que les fonctions du même ministère public dans la juridiction du bailliage et dans celle du corps de ville sont incompatibles sur la tête du même officier, relativement à l'exercice de la justice civile et criminelle. C'est un inconvénient qui ne se peut rencontrer dans les hôtels-de-ville qui n'ont que des administrations à régler sans aucun exercice de justice. Il ne se rencontrera point non plus en cette ville la vie durant du procureur du roi de cette ville et de police actuel, parce que cet officier conserve jusqu'à son décès la jouissance de ses offices, en conséquence de l'édit de juillet 1758 qui les supprime pour les réunir à celui de procureur de V. M. au bailliage.

Mais arrivant le décès du procureur de V. M. en l'hôtel-de-ville et police, nous croyons que le procureur de V. M. au bailliage ne doit entrer en exercice que des objets de police et d'administration, tels qu'ils appartiennent au corps de mairerie et d'échevinage, abstraction faite de la justice contentieuse. Il nous paraît que le corps municipal qui a la seigneurie et justice de la ville, faubourgs et banlieue sera fondé à commettre un procureur fiscal pour exercer le ministère public relativement à la justice patrimoniale civile et criminelle, à l'instar de tous les seigneurs du royaume qui ont des droits de justice.

Si cela n'était point, un procureur de V. M. au bailliage, remplissant les mêmes fonctions dans les deux siéges, serait le maître de décliner celle des deux juridictions qu'il voudrait, pour attirer toutes les affaires dans l'un des deux siéges à son choix, au préjudice de l'autre. . . . .

. . . .

Fait et arrêté en la chambre du conseil de l'hôtel-de-ville de Péronne, le 12 juillet 1765. Les maire et échevins de la ville de Péronne, signés : Dehaussy de Robécourt, Pieffort, Duchemin, Lefebvre, Boutteville et Tattegrain.

Notes et antiquités de Péronne, par Jean Dehaussy, greffier en chef de l'hôtel-de-ville, fol. 255.

(Nota). Le 31 juillet 1765, M. de Saint-Florentin a répondu que S. M. lui a fait connaître que la demande ne pouvait être accordée sans déranger l'uniformité qu'on a eue en vue. Il prescrivit d'exécuter l'édit.

Assemblée des trois États du gouvernement et prévoté de Péronne, Montdidier et Roye, pour les affaires du pays et de M. le duc de Bourgogne. 1472 ([1]).

Assemblée, en la maison de ville de Péronne, le mercredi 10 février 1472, des trois Etats :

Pour l'église :

Révérend père en Dieu Monseigneur l'abbé du Mont-Saint-Quentin.

MM. du collège du chapitre de Saint-Fursy de Péronne.

M. le prieur d'Encre.

M. le prieur de Lucheü.

([1]) En 1358, Fursy Papelart et Fursy le Carbonnier ont été députés de la part de la ville aux Etats tenus à Compiègne pour les affaires du royaume. (Dehaussy, Journ. de Pér. ms. f. 24, v°.)

M. le prieur de Lihons.

M. le prieur de Cappy.

MM. du collège de Saint-Florent de Roye.

M. le prieur de Notre-Dame de Montdidier.

M. le prieur de Saint-Marc.

Des nobles :

M. de Miraumont, chevalier, conseiller et chambellan de M. le duc.

MM. de Belleformée, du Fay, de Buire, de La Boissière, de Sailly, de Montouillet, de Bayencourt, d'Estourmel, d'Assevillers, de Biaches du Plessis.

Les bonnes villes :

Les mayeur et jurés et les six maires de la ville de Péronne.

Les maire et échevins de Montdidier.

Les prévôt et échevins de Roye.

Les maire et échevins de la ville d'Encre.

Les maire et échevins de la ville de Bray.

Les maire et échevins de la ville de Lucheü.

Furent présentées lettres de notre très redouté seigneur le duc de Bourgogne contenant forme de créance par M. Jean Caudel, conseiller maître des requêtes, qui remontra le grand vouloir de notre très redouté seigneur pour garder et défendre ses bons et loyaux sujets, et pour pourvoir à ce, Mon dit seigneur requiert chaque an douze mille hommes de guerre, tant pour mettre sur ses frontières que pour l'accompagner où besoin sera. Et pour fournir le payement d'iceux, avoir en aide en le dit pays de la somme de six cent mille écus, en soi déportant du tout de certains aides à lui accordés de la somme de six vingt mille écus, en offrant aux trois Etats de les garder de toute entreprise par les ennemis.

Maître Jean a demandé que pour sa décharge réponse soit faite et envoyée à Monseigneur.

Après lesquelles requêtes et remontrances, se sont les trois Etats tirés à part, savoir MM. de l'église d'un côté, MM. les nobles d'autre, et les communes d'autre. Et après mure délibération ont élu M. Jean Desconchy, licencié en droit et mayeur de Péronne à faire la réponse, lequel en présence des trois Etats a fait réponse au dit Maître Jean Caudel, remerciant le bon noble vouloir de notre très redouté seigneur et aussi le dit Jean Caudel de la peine et travail pris par lui en cette affaire, et en reconnaissance les trois Etats veulent demeurer bons et loyaux sujets de mon dit seigneur, et que pour le secourir dans ses grandes affaires, mettent eux, leurs corps et leurs biens au salut de tous ses pays, en accordant l'aide de cinq à six cent mille écus le temps et terme de trois années, chacun an par les dits payer, en remontrant à Maître Jean Caudel que sa grâce veuille remontrer à mon dit seigneur comment les pays qui sont frontières ayant de grandes affaires, où il y a grande désolation à cause des incendies qui dévorent leurs biens et si payent chaque année à mon dit seigneur toutes aides, impositions et subsides, avec la taille qui a été levée à portion des dits six vingt mille écus.

Pour porter cette réponse au duc, il a été élu, par MM. de l'église, M. Pierre Carpentier, chantre et chanoine de l'église Saint-Fursy de Péronne ; pour MM. les nobles, M. de Miraumont, et pour les communes, M. Jean Desconchy, lesquels feront le voyage chacun à communs frais de son Etat.

Ont promis les trois Etats chacun de son côté payer et fournir la dépense des susdits, par-devant en la main de Jean Tassart, dit Gonon, lieutenant général de M. le gouverneur de Péronne, Montdidier et Roye, en consentant de faire exécution sur eux et chacun d'eux, si défaut de payer avait.

. . . .

..... Du consentement de ceux des communautés, a été fait l'assiette de la dépense faite par M. Jean Desconchy au présent voyage, par l'élection de M. Legrand, receveur et M. Leleu, auxquelles dépenses la ville de Péronne a été taxée à seize livres, où il a vaqué par vingt-cinq jours.

Le lundi 1 juin 1473, en assemblée en la maison de ville, on a fait l'assiette de la taille accordée par les trois Etats à M. le duc pour le terme de six ans, à laquelle la ville est assise pour chaque terme la somme de quatre-vingt livres à payer en trois termes par an, c'est à savoir pour chaque terme la somme de quatre-vingt livres. Pour laquelle asseoir, pour Bretagne, Colart Marchand ; Saint-Sauveur, Jean Patin et Pasquier d'Artois ; à Saint-Jean, Jean le Rendu et Henri Pestel ; à Saint-Quentin-Capelle, Jean Asseau et Jean Hourdin ; Sainte-Radegonde, Wuillaume Bittoury pour un an et sera regardé de terme en terme ceux qui s'en seront allés et ceux qui seront venus pour les asseoir.

Notes et antiquités de Péronne, par Jean Dehaussy, greffier en chef de l'hôtel-de-ville, f. 43.

Poudre a canon. 1417.

En 1417, Jehan de Leunes bourgeois d'Amiens, mandait au mayeur et échevins de Péronne, qui l'avaient consulté sur les étoffes nécessaires à la confection de cent livres de poudre à canon :

Sy ay sur heure que veu la cédule en la présente du porteur de ces lettres envoyé quérir le maître canonier de de la ville d'Amiens, par lequel nous sommes conseillés quels étosfes il faut à faire ladite poudre, lequel a dit qu'il y fallait les choses que je vous envoie.

Pour XXV livres de salpêtre qui couste IIII sols I denier le livre valent VI fc. VI d. Pour VI livres d'ambre fin à IIII s. VI d. le livre valent XXVII s. Pour II livres d'arsenic qui coustent XVI s. Pour XXIIII livres de souffre si coustent XLVIII s. Somme que j'ai payée pour vous XII l. XI s. VI d.

Et si a donné le port de ces lettres au canonier pour son travail II s.

Et qui est d'autre mission à faire la dite poudre il vous faut charbon de saules de quoi vous trouverez assez par delà.

Archives de Péronne.

LETTRES D'ABSOLUTION DU DUC DE BOURGOGNE. 1418.

Philippe de Bourgogne, comte de Charolais, seigneur de Chateaulin, à tous ceux qui ces présentes lettres verront, salut. Comme lorsque nos bienaimés les mayeur et jurés et habitants de notre ville de Péronne furent conclus de nous rendre l'obéissance pour M. le roi, voulans empêcher feu le bailly de Vermandois et aussy ses complices qui étaient au Castel du lieu de Péronne à mettre aucuns ennemis de mon dit S. le Roy et de mon très redouté seigneur et père dedans ledit Castel par la grosse tour derrière, eussent abattu et démoli le pont-levis derrière la tour, ce tellement que ledit bailly et ses complices n'en purent isoir, ainçois furent faits prisonniers, savoir faisons que de ce bien et suffisamment informés et et mesmement que mond. S. le Roy après ce que nous lui avons fait remonstrer la cause de la démolition dudit pont en a été et est content avons promis et promettons par ces présentes auxdits mayeur, jurés et habitants, de les faire de l'entreprise d'icelle démolition tenir quittes et paisibles et de leur en porter garant envers mondit S. le Roy et ses gens et officiers. En témoin de ce nous avons fait mettre notre scel à ces présentes données à Arras, le 11 février 1418.

Archives de Péronne, T. I des priviléges, f. 303.

Charte de Simon, évêque de Noyon. 1123.

In nomine patris et filii et spiritus sancti amen.

Simon dei gratia Noviomensis atque Tornacensis episcopus, ecclesie santi Fursei Peronensis Lamberto Decano suisque successoribus in perpetuum. In his que ad pacem sunt, quantum deo adjuvante possumus, semper laborare debemus; quam ob rem ea que de cura ecclesie sancti Fursei dubia quibusdam et incerta videbantur, gratia pacis determinare et confirmare vobis decrevimus, nequam deinceps afferant inter ecclesiam nostram vestramque dissenssionem. Tibi, igitur, Lamberto Decano, tuisque successoribus in perpetuum, curam ecclesie Sancti Fursei, tali determinatione confirmamus, quali eam te ac predecessores tuos juste tenuisti in sinodali conventu demonstrasti et sacramento probasti; curam videlicet canonicorum S. Fursei et canonicorum S. Leodegarii de oppido; curam illorum clericorum qui de choro Ecclesie S. Fursei fuerint, quamdiu ibi ministraverint; curam presbyterorum seu vicariorum vestrorum de his tantum ecclesiis que infra ambitum Perone constitute vel constituende sunt, quas nimirum omnes ad ecclesiam S. Fursei manifestum est pertinere: horum omnium curam vobis concedimus confirmamus et justitiam indulgemus: de his nemini ulterius nisi episcopo tantum respondebitis; hos ad ordinationem sub titulo vestro promovendos, ad episcopalem presentiam producetis quando vobis placuerit et opportunum fuerit. Quod si aliquando pro offensa ordinis aut ministerii sui per commotionem vestram a nobis seu successoribus nostris fuerint evocati, debitam nobis solummodo justitiam atque reverentiam exhibebunt: hec vobis concedimus et confirmamus; si quis deinceps pacem istam violare et contra hujus decreti nostri paginam ire tentaverit, Anathema sit, et ab Ecclesia Dei, tanquam ecclesiastice violator, alienus.

Signum Domini Simonis Noviomens. ac Tornacensis episcopi. S. Hugoni archidia. S. Fulceri Decani. S. Aganonis Cantoris. S. Haimerici prepositi. S. Alberici presbyteri. S. Arnulphi presb. S. Adonis. S. Balduini. S. Petri. S. Arnulphi. S. Hugonis. S. Girardi Decani S^{ti}-Quintini. S. Rainardi Abbatis S^{ti}-Bartholomei. S. Theodorici Abbatis S^{ti}-Eligii. S. Henrici Abbatis S^{ti}-Quintini de Monte. S. Hugonis Cancellarii. Actum anno dominice incarnationis millesimo centesimo vigesimo tertio indictione prima.

Au bas de l'original pendait au milieu une double bande de parchemin où avait été le sceau de l'évêque. Sur le replis était écrit: *de libertate ecclesie, carta D. Simonis episcopi Noviom. et Tornacensi n° CL;* plus bas: *de dignitate ecclesie, n° 427.*

Dehaussy, Généalogie des Rois de France, manuscrit in-f. p. 178, d'après une pièce de procédure imprimée.

Liste des curés de Saint-Jean-Baptiste, depuis:

Jean de Guignes en 1542.
Jean de Beauvais 1559.
Michel Roguet 1566.
Philippe Roussel 1567.

Jacques Bazin 1579.
Fursy Dehaussy 1590.
Joachin de Hen 1599.

Les chanoines de Saint-Fursy, comme curés primitifs, ont desservi l'église jusqu'en 1600.

Curés, vicaires perpétuels et non chanoines.

Jean Doliger, 1600, mort le 28 octobre 1611.

Nicaise Cornet, 1612, mort de la peste le 20 août 1636, gît au cimetière.

François Houbrel, 1636, mort le 30 avril 1650 en odeur de sainteté.

Abraham Marlières 1650.

Denis Barbou, 1651, mort le 19 juin 1654.

Claude de Romecan, 5 octobre 1654, mort le 9 avril 1682.

Vincent Mignon, docteur de Sorbonne de Paris, 1682, mort de la pierre le 3 décembre 1717.

Thomas-Martin Lagneau, né à Péronne, a pris possession le 19 décembre 1717. Sa cure lui fut disputée par Joseph Perdreau, nommé le 25 février 1718, mort le 21 octobre 1722, puis par Louis Hadencque, mais il obtint enfin d'être maintenu en fonctions par arrêt du 18 août 1724. Il mourut de la goutte le 26 septembre 1752.

Thomas Morlière, 7 novembre 1752, mort en janvier 1783.

Vicaires et vice-regents, en l'absence des curés chanoines.

1449. Pierre de Saucourt.
1450. Jean Renard.
1483. Pierre Dudigne.
1484. Martin Després.
1525. Olivier de Haranguière.
1535. Jean Mourin.
1561. Nicole de Heudicourt.
1564. Honoré Bibaut.
1565. Antoine Pauquière.
1571. Raoul de Bouzit.
1572. Gérard Lenoir.
1576. Florent Fournier.
1577. Jean Bazin.
1578. Jean Devaux.
1580. Martin de Remont.
1581. Jean Chatelain.
1585. Jean Bourlon.
1586. Charles Devaux.
1589. Louis Lequien.
1592. Sébastien Macquegni.

1595. Etienne Machere. 1598. François de Hem.
1596. Etienne Lecreux.

Dehaussy, Généalogie des Rois de France, manuscrit in-folio, p. 197.

Liste de personnages inhumés a Saint-Jean-Baptiste.

Robert le Corroyer, écuyer, seigneur de Boulan et le Fescq, lieutenant général et prévôt de Péronne, mort le 6 mars 1613, gît à Saint-Jean, chapelle de Saint-Claude, avec Anne Dehaussy, sa veuve. (fol. 3.)

Claude Vaillant, seigneur d'Hervilly et de Bussy, lieutenant général, mort le 19 mai 1708, gît à Saint-Jean, chapelle de la Vierge. (fol. 4.)

Claude-Marie-Louis Vaillant, seigneur de Bussy, président, lieutenant général, mort le 24 juin 1726, gît à Saint-Jean, chapelle de la Vierge. (fol. 4.)

Philippe Hutellier, lieutenant criminel au bailliage de Péronne, mort le 23 janvier 1749, gît à Saint-Jean. (fol. 8.)

Daniel-François Levasseur, lieutenant particulier au bailliage, mort le 26 janvier 1761, gît à Saint-Jean. (fol. 10.)

François Levasseur, lieutenant particulier au bailliage, mort le 4 novembre 1779, inhumé le 6 novembre à Saint-Jean-Baptiste. (fol. 10.)

Jean de Frémicourt, conseiller au bailliage, ancien mayeur, mort le 10 avril 1704, gît à Saint-Jean. (fol. 14.)

François Vaillant, conseiller au bailliage, mort le 14 novembre 1679, à cinquante-sept ans, gît à Saint-Jean. (fol. 14.)

Louis-Dominique Allart, conseiller au bailliage, mort le 13 novembre 1747, gît à Saint-Jean. (fol. 14.)

Jean-Louis Fonchet, procureur du roi au bailliage, mort le 14 juillet 1725, gît à Saint-Jean. (fol. 20.)

Manuscrits Dehaussy, Chronologie des officiers.

Epitaphes diverses, en l'église Saint-Jean-Baptiste.

Cy devant en cette chapelle gist le corps de tres honorable homme Jehan
levesque laisné en son vivãt bourgeois de Peronne lequel a faict faire et édifier ceste chapelle es deniers de la faschõ d'icelle apres sõ trepas payes par
ses enfants et héritiers en laquelle ledit levesque a fondé une messe par chacun jour
de lan a perpetuité qui se doibt dire et châter et celebrer en icelle chapelle depuis le sainct
Remy jusques a Pasques a l'heure de huit heures du matin et depuis le jour de Pasques jusques a semblable jour de sainct Remy a l'heure de sept heures avant q˜
châter ladicte messe le pbre qui le châtera et celebrera sera tenu sonner les deux petites
cloques et apres en sonner une trois ou quatre volees et apres qu'il aura dict le confiteor
se retournera devant l'autel et fera la recommandation du dict fondateur
et dira le psaume de profondis et l'oraison respice pour l'âme d'icelui levesque fõdateur et demoiselle
Ysabeau briquet sa première fême gisant en cette dicte église et de ses proches et amis
trepasses pour parvenir a icelle fondation ledict feu levesque a acheté à ses dépens une
maison hostellerie lieu et pourpris seant audict Peronne de ung nõmé Charles
lefebvre ou sailly pendre pour enseigne la grosse tête laquelle il aurait faict mettre sur et demolir
et d'icelle m. a este prinse huit pieds de large pour ralargir et ragrâdir la rue
devant ceste église sainct Jean et la dicte hostellerie et du surplus en a esté
faict aultres amasemês ou sont comprins dix louages couverts d'ardoises au prouffit
d'icelle église et le tout aux depês d'iceluy feu levesque et a Jehan Levesque pour
celebrer ladicte messe ppetuelle baillé fourni et délivré à ladicte église, chasuble
aube omiel cheinture livre a chanter et calice d'argent et moiennãt cela laissé bailler au
prouffict de ladicte eglises lesdictes maisõs et louages le curé marguiliers et paroissiens
d'icelle se sont tenus et obligés de faire dire châter et celebrer ladicte messe ppetuelle
pour chaque jour et par la forme et manière que dessus et aux depens de la
dicte église et de fournir pain et vin chandelles de cire et autres choses a ce requises et
necessaires et trepassa ledict levesque laisné le VIIe jour d'aoust mil mil Vc et XXII et
la dicte ysabeau briquet au mois de mars de l'année mil IIIIc et IIIIxx et dix sept priez
dieu pour leurs ames et de leurs amys trepasses.

Chapelle Sainte-Anne.

Epitaphium Joanis Balduini I. C. et
  Advocati Peronæ Regiiq. electi
Delicias juris consultorumq. parentem
  Balduinum stygiis sors religarat aquis
Balduinus nobis alius, modo raptus, ab illo
  Qui flos et legum juris et unus erat
Regius electus defunctus munero tanto
  Integer astræ, justitiæq, comes
Regis qui fuerat, nunc clari elect. olimpi
  Inter cœlicolas præmia magna refert
Obiit die XX septemb. anno Domini

1583.

Hic festum translationis
Sancti Jacobi singulis annis
III calend. Jannuarii pie
Colendum instituit : die
Vero sequenti psalmum
De profondis religiose ad
Sepulchrum recitari voluit :
Utq. hæc tabula sic esset :
Tu itaque deum precare
pro illius anima.
  Requiescat in pace.

Anno salutis 1632 confraternitas
Carmelitana instituta est in hac ecelesia
M. N. Cornet pastoris et Parochianorum
pietate, quorum et confratrum ecclesiæque
sumptibus hoc altare M. C. de Romecan
pastoris et æditimorum cura ædifficatum
est ad majorem dei et sanct^{mae} *virginis*
et matris ejus Mariæ gloriam et
honorem anno pacis 1659.

---

†

Maître Vincent Mignon
docteur de Sorbonne
curé de cette paroisse
pendant 36 ans est mort
le 3 décembre de l'an 1717
et a été inhumé dans le
cimetière de cette
église près la grande
croix de fer du milieu
priez Dieu pour lui.

Le 6 janvier 1783 a été inhumé
aux pieds de la grande croix
de ce cimetière, Me Thomas
Morlière, licencié en théologie
curé de cette paroisse
pendant trente ans,
recommandable a la postérité
par ses vertus ecclésiastiques,
sa charité pour les pauvres,
son zèle pour le salut des
ames, les décorations qu'il
fit faire en cette église et
la bibliothèque qu'il laissa
a la fabrique pour l'usage
de ses successeurs.
Priez Dieu   pour lui.

· RUES ET LIEUX DITS

Paroisse N.-D. de Bretagne. — Terres plantées de hozière tenant au grand chemin de Péronne à Cambrai. — La feuillie, tenant par bas au cours de la fontaine Villette, par haut au dit chemin de Cambrai. — Un Ruillon contenant huit pieds de Glavion, au long des prés du Glavion, et près le fossé nouvellement fait pour écouler les eaux bâtardes, depuis la chaussée neuve allant et conduisant jusqu'à la fontaine des ladres. — Pré hors la porte des Cordeliers, nommé la fosse aux chiens. (fol. 5, 8 et verso.)

Paroisse Saint-Sauveur. — La maison qui fut au seigneur de Sainte-Raagonde, tenant à la rue Beaubois et à l'hôtel de Piennes. — Monseigneur d'Humières, pour sa maison où pend le griffon. (fol. 9 et 10 verso.)

Paroisse Saint-Jean. — Le marché au bled. — La rue de la Poterne. — L'hôtel de la fleur de lis. — La rue des Juifs. — Une portion de pré séant rue des Juifs derrière l'hôtel du Blanc-Leurier. — Le Gladimont. — Une maison faisant front sur la rue du Gladimont d'un côté, et d'autres faisant front sur la rue des Grandes Boucheries. — Une maison de la rue des Juifs allant à la Poissonnerie, tenant à la maison du sieur de Bonnival, où pend le P couronné. — Une maison près de la Poissonnerie, à l'enseigne des Champions. — Le marché aux pourceaux, où était la grange du roi. — Maison rue des Pourceaux, tenant à la basse-cour du château. — La maison du cygne, devant une maison faisant le coin de la Poissonnerie. — Une maison derrière l'hôtel du cygne, pardevant sur la grande rue conduisant à Saint-Fursy. — Une maison séant au marché aux fromages. — Une maison, séant au même marché en la rue de la Brasserie. — La maison de la Licorne, tenant la grande brasserie. — Une maison assise au marché aux fromages, où soulait être la grosse tête. — Ruellette Saint-Jean, derrière le lieu des Orgues. — La maison où pend pour enseigne l'écu d'Orléans. — Une maison séant en la rue des Vaches et Claire-Fontaine. — Hôtel Saint-Sébastien, rue Claire-Fontaine. — La maison où soullait être le gril, rue Claire-Fontaine. (fol. 11 à 15.)

Paroisse Saint-Quentin-Capelle. — La maison où

pend l'enseigne le Moustier. — Une autre maison y attenante et à l'autre coin une maison faisant le coin de la rue des Chanoines, faisant front sur la grande rue qui conduit à Saint-Fursy. — Le Chevalet. — Une portion de terre et maison respondant la feuillye Saint-Fursy, qui a été abattue et mise en jardinage, tenant à l'hôtel de Sailly, d'autre à l'hôtel des enfants de chœur. — La maison aux gendarmes, rue des Chanoines, tenant à la fonderie, d'autre au jardin Longueval. — Une portion de terre prinse sur la voirie du château. — Hôtel de Belleforière. — Une maison en la rue du Château tenant à la maison des héritiers du sieur de Franqueville. — Enseigne de la grosse tête. — Le marché aux pourceaux. — Un pré séant en la Maurue, contenant trois maisons faisant face à la montaigne du Mont-Regnault. — Une maison au Mont-Regnault, faisant front sur la descente dudit Mont-Regnault. — La rue conduisant de Saint-Fursy à la porte de Paris. — La maison nommée le Dauphin, tenant à la barrière et rue conduisant au rempart. — Une ruelle derrière le logis de Biaches, tenant au couvent de Sainte-Claire. — La maison du Croissant, près de la fontaine Saint-Fursy. — Une maison où pendait pour enseigne le vert maillet. — Le logis de la croix blanche, devant le portail de Saint-Quentin-Capelle. (fol. 16 à 20.)

LA RUE PÉRONNELLE. — Une maison joignant par derrière les murs du jardin de Longueval. — Une maison où l'on a fait un scellier à mettre poudre. — Une maison séant dans ladite rue devant le jardin des archers. — Deux portions de pré au-dessous de l'hôtel de Saint-Michel, tenant à la montagne pour aller en la rue des Chanoines. — Cinquante pieds de pré au fond de la rue du Ponchel. — (fol. 21 et 22.)

Paroisse Sainte-Radegonde. — Le pré de la Reine, à présent en jardin, tenant par derrière aux fossés de la ville, vers le château, faisant front sur la rue conduisant à l'église. — Un héritage tenant sur le derrière de la rue qui conduit du Glavion au Mont-Saint-Quentin, par devant fait front sur la grande chaussée qui conduit aux murs. (fol. 22 et 23.)

Paroisse Saint-Quentin-en-l'Eau. — Conduits des poissonniers depuis la porte de Soyboutécluse jusqu'à la double rue, lesquels passent par dessous la chaussée au nombre de treize. — Une maison tenant à la fausse porte de Soybautécluse et à la rivière de Somme. — Une maison où est la grange de Noyon. — Le pré de la justice, séant hors la fausse porte dudit faubourg, tenant d'une part à l'eau commune, d'autre et d'un bout au presbytère de Saint-Quentin-en-l'Eau.

Archives de Péronne CC, n° 12. Comptes de 1581 ; rentes dues à la ville sur divers héritages.

La rue du petit Tillet donnait sur le rempart aboutissant au cavalier du bastion de Richelieu. (4 mai 1682, § 48.)

Jean Fursy Dehaussy remontra qu'il est propriétaire d'une maison séant en la grande rue et faisant l'un des coins de la rue Beaubois, tenant au couvent des Capucins. (17 juin 1689, § 509.)

L'hôtellerie Saint-Nicolas avait une porte de derrière sur le marché de la Poissonnerie ; de ce côté le poisson était à l'abri du soleil levant. (23 juin 1690, § 565.)

La maison nommée le Pignon Blanc, faisant face à la place et le coin de la rue des Naviages. (1er juin 1691, § 605.)

Archives de Péronne, BB. 22.

Curage du ruisseau qui conduit de la rue Beaubois à la

porte de fer, depuis ladite porte de fer, jusqu'à la grille des Capucins, (BB 23, § 240, 20 juillet 1696.) et de là jusqu'au premier fossé du bastion royal. (Ib. § 247.)

Archives de Péronne.

9 juillet 1748, agrandissement du cimetière Saint-Jean, aux dépens de trois places vagues situées entre le cimetière et la ruellette Saint-Jean, conduisant au ruisseau de la ville, autrement dite rue des Francsbourgeois.

Archives de Péronne, BB. 29.

Louvel de Fontaine, mayeur, demeurait sur la place, en la maison occupée en 1771 par M. Rabache. L'hôtel d'Hocquincourt était habité en 1771 par M. Larcher, et par derrière par MM. Tattegrain et Pincepré d'Hauteville.

Ms. Dehaussy, pièces diverses f. 1.

Extrait du cœuilleret des cens surcens et redevances dues a l'abbaye de Saint-Barthélemy de Noyon, hors la ville, banlieue et faubourgs d'icelle ville, fait par Etienne Deneufville, receveur, en l'année 1630.

Marquay, près Péronne. Charles Hocquet, demeurant à Marquaix, pour une terre tenant d'une lisière et d'un bout à l'abbaye de Saint-Quentin, d'autre au marécage, d'autre au grand chemin de Péronne. (fol. XIII v°.)

Péronne..... Une maison et lieu séant audit Péronne en la rue Saint-Sauveur, tenant d'une part à la maison de l'Ange, d'autre à M. Nicolas de Mamay, conseiller audit Péronne, par derrière aux remparts de la ville. (fol. XXXV.)

Les révérends pères Cordeliers du couvent de Péronne, au lieu de Vincent Martine, au lieu de sa femme,

paravant M. Robert de Marle et Firmin Guyot, au lieu de Marguerite de Marle, veuve de Benoist..... et d'Antoine Lecomte, sa femme paravant, pour deux maisons tenant ensemble, en l'une d'icelles demeurait ledit Martine, à présent appartenant annexe au couvent des pères Cordeliers de Péronne, lesquels les ont acquises en deniers sur les hoirs de la Marle, séant en la grande rue, tenant d'une part à une maison que lesdits Cordeliers ont acquise de...., par derrière au couvent des pères Capucins et par devant sur la grande rue.

Une autre maison et jardin séant à l'opposite desdites deux maisons et appartient audit Firmin Guyot. (fol. XXXV v°.)

.... Une maison et lieu séant audit Péronne, en la rue du Chasteau faisant le coin de la rue au Porcq, par devant faisant front sur rue des deux côtés.

.... Une maison et lieu en la rue du Chasteau conduisant à l'église Saint-Fursy. (fol. XXXVII et verso.)

Le 28ᵉ jour de janvier 1652, reçu de M. Pantaléon du Gauchin, chirurgien à Péronne, pour l'acquit de la veuve Martin Dournel, les années jusqu'en 1646. (fol. XXXVIII.)

.... Cinquante sols de surcens sur une maison rue des Chanoines, appartenant à M. de Falvy, comme aussi cinquante et un sols sur une maison en la rue du Chasteau. (Ib. verso.)

M. Robert Chocquel, procureur du roi, au lieu de M. Robert le Corroyer, lieutenant général à Péronne, pour vingt-deux journaux un quartron de terre situés au terroir de Soiboutescluse, faubourg de Péronne. (fol. XXXIX,)

Soiboutécluse, faubourg de Péronne.

David Desprez, au lieu de Guillaume de la Pierre-Gautier, au lieu de M. Jean Martine, vivant prêtre curé dudit lieu, pour une maison, cour, jardin, lieu, pourpris séant audit faubourg, tenant d'une part à Pierre Pouchain, d'autre à la veuve Antoine de Beaulieu, d'un bout par derrière à la rivière de Somme, et par devant sur la chaussée dudit faubourg. (fol. XL.)

M. Jean de Tagny, prêtre, curé de Soiboutescluse, Toussaint le Grand, au lieu dudit Barthelemy de la Pierre-Gautier, pour une petite maison et lieu au foulon vers la grange dimeresse de Soiboutescluse, tenant d'un côté à Grégoire de Flaucourt, d'autre côté et par derrière à Jean Lefevre et par devant faisant front sur rue. (Ib. verso.)

MARICOURT.... Une maison, jardin et lieu séant à Maricourt, outre un journal et demi de terres, séant au grand chemin d'Arras, étant du domaine seigneurial de Curlu. (fol. LX.)

Ms. petit in-4º couvert en parchemin et appartenant à M. Cotté, arquebusier à Péronne.

Juridiction du Chapitre. 1752.

Légende du plan et figure des églises, cimetières, maisons canoniales et autres maisons et lieux étant de la censive et justice du chapitre de Saint-Furcy de Péronne, situés dans la ville et faubourgs. Dressé l'an 1752, le 7 août, par Alexis Coquerel, arpenteur royal juré au bailliage de Péronne et Antoine-Paul Coquerel, arpenteur, tous deux demeurant à Maurepas, à la requête du chapitre de Saint-Furcy d'une part, et de la ville d'autre part, en exécution de la transaction faite entre les deux parties le 21 juin 1734, par devant M. Cabour, notaire, pour déterminer les lieux tenus et mouvants du chapitre et de la fabrique, et dépendants de sa justice et seigneurie, et seigneurie de la fabrique, lesquels sont numérotés et marqués de couleur rouge et brune. Le plan indique en jaune les lieux tenus de la loi et échevinage de la ville, et enclavés dans la justice du chapitre, et en couleur mélangée rouge et jaune les lieux dans lesquels justice est exercée par les officiers des deux compagnies alternativement le cas échéant. La maison acquise par M. Pierre Devaux, prêtre chapelain, des héritiers Desfossés, faisant le coin de la rue allant à Saint-Quentin-Capelle, et en face la chaussée descendant de Saint-Furcy, a été portée par erreur dans la transaction comme étant de la censive du chapitre. Le plan de l'église et couvent des Ursulines sera incessamment levé pour être joint au présent.

Ont signé le procès-verbal : Coquerelle ; A. P. Coquerelle ; Fourdrinier, chanoine et procureur syndic du chapitre ; Tattegrain, procureur du roi en l'hôtel-de-ville ; Larquerat, doyen ; Lefèvre, chantre et chanoine ; Osmont ; Pezé ; Pelletier ; Frazier ; Dequan ; Vinchon, mayeur ; Ticquet ; Ducastel ; Levasseur, receveur ; Défossés ; De Cartellat, secrétaire ; Choderlo ; Sabinet ; Marion ; Letellier ; Rougier ; Dupuis.

La verge, mesure de Péronne, est à raison de dix pouces trois quarts pour pied, vingt-deux pieds pour verge, et cent verges pour journau.

LÉGENDE :

		Numéros correspondants du plan cadastral :
1 Marie-Madeleine Petit, veuve du sieur Hachotte.	24 verges	159, sect. A
2 Vinchon, au lieu de la veuve Pilloteau.	5 1/4	410, sect. B
3 Le sieur François Billon, maître tourneur.	3 1/4	409
4 M. Vinchon, non compris 2 verges 1/2 sur le devant, censive de la ville. . .	7 1/2	258, 259, 260
5 M. Pincepré, non compris 1 v. 3/4 censive de la ville.	10 1/4	

6 M. Levasseur l'aîné, chanoine, maison canonicale.	19 3/4	141
7 M. Lecrivain.	1/2	80
8 Le sieur Boulan, messager.	1/2	79
9 M. Rabache de Fréville	1/2	78
10 Pierre de la Cour, non amazé.	3 1/4	82, 83
11 Les héritiers Tincourt.	5	81
12 M. Letellier Gisore.	12	75, 76
13 Maison canoniale de M. de la Roche, chanoine, compris le prétoire du chapitre.	39 1/4	71, 72, 73
14 Maison canoniale à M. Choderlo, théologal.	32	66, 67, 68
non compris 30 1/2 de l'ancien jeu de battoir, censive de la ville.		partie de 66
15 Maison et jardin du chapelain de Saint-Louis à la fabrique.	4 1/4	53
16 Héritiers du sieur Menard, chantre à Saint-Furcy, autrefois en deux.	2	52
17 Demoiselle Malemain	1 1/2	51
18 Maison canoniale à M. Defossés, chanoine.	19 1/2	56 et 48 en partie
19 Maison canoniale à M. Pelletier, chanoine.	7 3/4	partie de 48 et 49
20 Préau devant l'église Saint-Fursy.	21 1/4	partie de 982, 986, 987
21 Eglise Saint-Fursy.	83 1/2	987, 989 986, 985 981, 982 partie de 983 et 984
22 Place devant les Minimes, depuis l'hôtel de Longueval, au coin de la maison Fourdrinier et au coin du préau	37	990 et rue des Chanoines
23 Rue de la Maitrise, à ladite rue des Minimes.	12	rue de la Maitrise
24 La Maitrise de Saint-Fursy	6 3/4	1002
25 Maison canoniale à M. Frazier, chanoine.	14	1003, 1004
26 Maison canoniale à M. de Castella, chanoine.	7 1/4	1005, 1006 1007

APPENDICE

27	Maison Bernard de Cizancourt	25 1/5	1008, 1009
28	Maison canoniale à M. Bellain, chanoine.	9 1/4	1011, 1012
29	Maison canoniale à M. Avenaux, chanoine.	16 1/4	1013, 1015
30	Maison canoniale à M. Fourdrinier, chanoine.	6 1/2	1017, 1018
31	M. Levasseur, ancien lieutenant particulier	19	1032
32	M Pieffort, non compris 9 v. contre la montagne de Brusle, censive de la ville, et 9 v. censive du chapitre. . . .	9	963, 964
33	Maison canoniale à M. Dequan, chanoine.	13	965, 966
34	Maison canoniale à M Levasseur le jeune, chanoine.	24 3/4	967, 968
35	Maison canoniale à M. Pizé, chanoine.	24	969, 970
36	Maison canoniale à M. Levasseur l'aîné, chanoine.	9	971, 972
37	Maison canoniale à M. Marion, chanoine.	5	partie de 977 et 978
38	Maison venant des Minimes, exploitée par d'Eaucourt	6 1/2	p^{ie} de 920
39	Le Couvent des Minimes.	88 1/2	923, 924 927
40	Maison canoniale à M. Aubrelique, chanoine.	20 3/4	821, 822
41	Maison canoniale à M. de Parvillers, chanoine.	12	918, 919
42	Maison canoniale à M. Fourdrinier, chanoine.	11 1/2	917
43	Maison canoniale à M. Lefèvre, chanoine	8 3/4	914
44	Pierre Le Maire.	3	913
45	Jean-Baptiste Braban, Pierre Carpentier et autres héritiers	5	911
46	Veuve Antoine Soyer et Pierre Preux .	5	910
47	Veuve Alexandre Vitasse.	3 1/2	907
48	Le sieur Robert de Gagine.	2 1/2	906
49	Le doyenné de Saint-Fursy	33 3/4	915, 916 partie de 920
50	Le vicaire de Saint-Quentin-Capelle. .	4	partie de 920
51	Jardin non amazé.	3 3/4	898, 899
52	Jardin non amazé.	2	900
53	Pierre Magot.	1 3/4	901
54	François Delaporte.	2 1/3	902
55	Fursy Drapier.	1 3/4	903

56 Marie-Madeleine Mercier, veuve de Médart Ferüe.	4	partie de 905
57 Le sieur Devaux, pour une portion contenant.	2	partie de 905
58 François Belancourt	1 1/2	20
59 François-Antoine Aubrye.	1 1/2	19
60 M. de Proyart, au lieu de Barbe de Marle.	2 3/4	887, 888
61 Presbytére de Saint-Quentin-Capelle, compris la portion de la censive de la ville	23	876
62 Le chœur de ladite église et partie du cimetière.	14	894 à 897
63 Le Collége, compris la portion censive de la ville	48	846
64 François Pagnier, de la fabrique.	6	848
65 Charles Bruyer, de la fabrique.	5	852
66 Robert Dupuis, de la fabrique.	4 3/4	855
67 Michel Cordier, de la fabrique.	4 3/4	858
68 Louis Millet, de la fabrique.	6	859
69 L'Hôtel-Dieu, de la fabrique.	6 3/4	862, 863
70 Elisabeth Le Roy, de la fabrique.	6	864
71 Robert Degagnies, de la fabrique.	5	867
72 Héritiers de Jacques Levacque, de la fabrique.	21	868

Archives de Péronne, pièce non classée.

Un curieux volume de M. Ramon vient de publier *in-extenso* le texte des réglements de la garde bourgeoise et la coutume locale de Péronne, primitivement destinés à figurer par extraits dans cet appendice. Ces pièces ont été éliminées au dernier moment et remplacées par quelques documents encore inédits.

FIN

TABLE DES CHAPITRES

	Pages.
Introduction	V
Chapitre I. Sobotécluse	1
— II. Bataille d'Helena	11
— III. Château de Cléry	25
— IV. Voies antiques	33
§ I. Grand chemin d'Arras	36
II. Chemin royal, ou voie des saints	42
III. Voie d'Encre	50
IV. Voies diverses	52
V. Voies de Cambrai	54
VI. Voie d'Athies	56
VII. Résumé	61
— V. Bataille de Tertry	65
— VI. Origine de Péronne	69
— VII. Perunna villa	75
— VIII. Palais de Péronne	79
— IX. Vicus Peronna	89
— X. Castrum Peronense	94
— XI. Développements de Péronne	113
— XII. Commune de Péronne	123
— XIII. Réunion définitive à la couronne	135
— XIV. Ville de Péronne	143
— XV. Fortifications de Péronne.	
§ I. Faubourg de Paris	157
II. Corps de la place	159
III. Faubourg de Bretagne	172
— XVI. Château de Péronne	177
— XVII. Juridiction de la ville et du chapitre	195
— XVIII. Conclusion	209
Armorial péronnais	215

APPENDICE

Arrêt du grand conseil contre Créquy-Bernieulle et autres	241
Lettre de Cuvillier à Séguier, sur la démolition de Nul-s'y-Frotte	242

	Pages.
Placet au roi, 1765	243
Assemblées des trois Etats, 1472	249
Fabrication de poudre à canon	252
Lettres d'absolution du duc de Bourgogne, 1418	253
Charte de Simon, évêque de Noyon, 1123	254
Liste des curés et vicaires de Saint-Jean-Baptiste	255
Personnages inhumés à Saint-Jean-Baptiste	257
Epitaphes diverses	258
Rues et lieux dits	260
Cœuilleret des cens de l'abbaye de Noyon	264
Juridiction du chapitre, 1752	266

TABLE DES PLANCHES

ET GRAVURES

		Pages.
1	Tombe de dame le Convers à Saint-Quentin	VII
2	Francisques	20
3	Tombe d'Isabelle de Bethencourt	23
4	Lettre onciale T	25
5	Vue du vieux château de Cléry	27
6	Plan du vieux château de Cléry	28
7	Rosace flamboyante	32
8	Carte des voies antiques aux abords de Péronne	36
9	Emplacement de la bataille de Tertry en 687	65
10	Cul-de-lampe	73
11	Fenêtre ogivale	78
12	Rosace romane	88
13	Clocher du XIIe siècle	90
14	Armoiries de Jean de Luxembourg	94
15	Majuscule de l'Authentique	95
16	Plan des fortifications de Péronne aux IXe et XIIIe siècles, comprenant la censive du chapitre	100
17	Fleur de lis	118
18	Fresque de la bonne mort en l'église Saint-Jean-Baptiste	118

TABLE DES PLANCHES ET GRAVURES

		Pages.
19	Canonnier. XVIIIᵉ siècle.	120
20	Adèle de Vermandois.	130
21	Sceau et contresceau d'Eléonor de Vermandois	131
22	Monnaies d'Elénor de Vermandois.	132
23	Sceau de Raoul 1ᵉʳ de Vermandois.	133
24	Fenêtre ogivale. XVIᵉ siècle.	134
25	Lettre onciale T.	143
26	Arbalète à croc.	149
27	Trophée des grands archers de Saint-Quentin.	155
28	Majuscule de l'Authentique.	157
29	Vue de Péronne du côté de la porte de Paris.	160
30	Tour des fortifications	162
31	Vue partielle de Péronne du côté de Flamicourt, avant 1652.	170
32	Vue extérieure du château de Péronne avant 1536	178
33	Tour crénelée.	179
34	Croix fleuronnée.	193
35	Créneaux.	207
36	Lettre onciale D	209
39	Armoiries de Caulaincourt	219
38	Armoiries de la Fons.	224
39	Armoiries anciennes de la ville de Ham.	227
40	Armoiries de Longueval.	230
41	Sceau de Guillaume de Luxembourg	231
42	Couronne de comte	239

TABLE ALPHABÉTIQUE

A

Adèle, comtesse de Vermandois, 130, 133.
Adrien IV, pape, 84.
Aétius, 11, 14, 16.
Aire, 179, 180.
Aix, 40, 55.
Aizecourt-le-Bas, 54, 63.
Albert Ier, le pieux, Cte de Vermandois, 3, 98, 100, 114, 203.
Albert II, Cte de Vermandois, 133.
Albert, (ville), 22, 39, 164, 166.
D'Alès, 215.
Alexandre III, pape, 131.
Allaines, 11, 13 à 23, 39, 45, 46, 51, 129.
Allart, 257.
D'Amerval, 119, 215.
Amiens, VI, 7, 14, 15, 17, 35, 36, 44, 51, 55, 63, 140, 252.
Anastase IV, pape, 130.
D'Andigné, 215.
Antiquités de la ville de Péronne, VIII.
Appendice, 241 à 270.
Applaincourt, 76.
Arbre de Barleux, 71.
Arbret, 52.
Architecture militaire, 95 à 112, 138, 211.
Armorial péronnais, 215 à 239.
Armoiries en l'église Saint-Jean, 116 à 121.
Arquebusiers, 119, 155, 169.
Arras, 14, 15, 17, 37 à 51, 54, 56, 62, 97, 108, 175, 182.
Arrouaise, (abbaye), 42, 49.
Artois, 11, 12, 39, 41 à 43, 49, 62.

Asseau, 252.
Assemblée des Etats, 249 à 252.
D'Assevillers, 250.
Assises de Péronne, 128, 129, 200.
Athies, 36, 56 à 61, 63, 75, 76, 87, 88.
D'Athies, 223.
Atrébates, 12, 14, 17, 20.
Aubé, 215.
Aubert, 215.
Aubrelique, 215.
Aumignon, 36, 37, 39, 65 à 68.
D'Auteuil, (de Combault, Cte), X, 220.
Des Avenelles, 237.
D'Avesnes, 215.

B

De Ballainvilliers, 28, 216.
Banlieue de Péronne, 71, 137, 200.
Bannière du siège de 1536, 83, 160, 168, 169, 171, 172.
Bapaume, 39, 125.
Barbou, 256.
Barleux, 52, 55, 61, 63, 71.
Bareiller, 216.
Bastion du château, 192.
— de Longueville, 166.
— de Richelieu, 72, 165 à 167, 263.
— Royal, 70, 168, 169, 264.
— Saint-Fursy, 82, 163.
— de Vendôme, 72, 166, 167.
Bataille d'Helena, 11 à 23.
Bataille de Tertry, 40, 58, 65 à 68, 91.

Baudes, 71, 127.
Baudoin, 259.
Baudoin Bocquet, dit Buffart, 188.
Baudry, évêque, 130, 195.
De Bavière, 216.
Bayencourt, 159.
De Bayencourt, 216.
Bazin, 216, 255, 256.
De Bazincourt, 148, 216.
Beauvais, 124.
De Beauvais, 255.
Beauvois, 36, 37, 40, 41, 48, 58, 62
Bécourt-Bécordel, 36, 51, 52, 62.
De Bécourt, 216.
Becquincourt, 53.
Beffroi de Péronne, 9, 84, 85, 101, 141, 172, 175, 190, 247.
Du Bellay, (Martin), X, 26.
De Belleforière, 216.
De Belleformée, 250.
De Belleval, 217.
Belloy-en-Santerre, 52.
Bergier, 63.
Bernard, Cte de Vermandois, 109.
Bernard, roi d'Italie, 109.
Bernes, 224.
De Bernes, 217.
Berthaire, 40, 68, 91.
Bertincourt, 38, 45, 166.
De Béthencourt, 23, 217.
De Béziades, 217.
Biaches, 53, 63, 76, 159, 217.
De Biaches du Plessis, 222, 250.
Bibaut, 217, 256.
Bibliographie locale, X à XII.
La Biette, 66.
Bisches, seigneur de Cléry, 31, 187, 188, 205, 217.
Bittoury, 252.
Blanchet, 217.
De Blottefière, 217.
Bocquillon, 217.
Boinet, 217.
Bois, (son emploi dans les constructions,) 78, 80, à 82, 95, 107, 108, 111, 173.
Bois d'Anderlu, 77.
— Caffet, 52.
— de l'Euse, 77.
— de Faffemont, 77.
— de Gransart, 77.
— Marière, 77.
— du Mouchoir, 52.
— de Rocogne, 173.
— Saint-Fursy, 39, 43, 77.
— Saint-Pierre-Wast, 42.
De la Boissière, 250.
Du Bos, 217.
Boschart, 217.
Boson, roi de Provence, 108.
Bouchavesnes, 42, 77, 216.
De Bouchavesnes, 13, 39, 218.
Bouchier, 218.
Bourdin, 218.
Bourges, 183.
Bourlon, 256.
Bournonville, 218.
Boutteville, 218, 249.
Bouzier d'Estouillis, 218.
Bouzit, 256.
Bray, 53, 63, 213, 250.
De Bréda, 218.
Brie, 7, 42, 55.
Briot, 61, 184.
Briques, (construction en) 101, 161 et s. 165, 168 à 171, 176, 177, 192.
Briquet, 258.
De Brunencourt, 182.
Bruhier, 218.
De Brye, 218.
De Buire, 250.
Bussu, 41, 45, 46, 54 à 56, 63, 72, 123.

C

Cabour, 202, 218, 266.
Cæsaromagus, 63.
Calais, 170.
Cambrai, 17, 54 à 56, 62, 63, 72, 111, 112, 124, 175.
De Cambray, 219.
De Campagne, 219.
De la Campagne, 219.
De Camps, 169.
Canonniers, 119.
Canouelle, 219.
Capitaines de Péronne, 148.
Cappy, 250.
Capucins, 206, 263, 264, 265.
Carbonnel, 223.
Cardon, V.
Carnoy, 36, 51, 52.
Carpentier, 251.
Cartigny, 38, 40.

Cartigny, 38. 40.
De Carvoisin, 219.
De Castéja, 219.
Castrum, 94, 106, 107.
Castrum peronense, 95 à 113, 123, 129, 130, 132, à 134, 136, 137, 140, 146, 170, 181, 185, 195, 198, 199, 201, 202, 204, 206, 210, 212.
Caudel, 250, 251.
Caudron, 168.
De Caulaincourt, 219.
Cauvigny, 40, 66 à 68.
De Cauvry, 219.
Célestin III, pape, 139.
Cerisy-Gailly, 52.
Chabaud, IX.
De Chabot, 220.
De la Chaise, 220.
Chapelette, 158, 159.
Chapitre de Saint-Fursy, VII, 76, 77, 131, 137, 147, 150, 158, 164, 175, 195 à 210, 220, 249, 254, 255, 266.
Charlemagne, 78, 92, 95, 107, 195, 199.
Charles Ier, le Chauve, 82, 107, 195.
Charles II, le Gros, 108.
Charles III, le Simple, 98, 110, 111, 140, 184, 185, 210.
Charles V, le Sage, 143, 172, 181.
Charles VI, 59.
Charles-le-Téméraire, 185, 187.
Charolais (c^{te} de) 181, 183.
Charte de Simon, évêque, 254.
Chartes communales, 92, 124, 126 à 128, 135, 136, 143, 181, 190, 200.
Chasse, 8. 76, 77.
Chastillon, 220.
Château de Cléry, 21, 22, 25 à 32, 242.
Château de Péronne, 3, 72, 84, 86, 110, 111, 138, 143, 144, 164, 172, 177 à 193, 210, 252, 261, 263.
Château-joly, 38.
Chatelain, 256.
Châtelains de Péronne, 201.
De Chatillon, 169.
Chaulnes, 213.
Chaussée, 58 à 61, 63.
Chaussée d'Amiens à Vermand, 35, 42, 44, 55, 68.
Chaussée d'Athies, 56 à 63, 87, 88.
Chaussée de Saint-Quentin à Arras, 36, 38, 42, 46, 54, 55.
De Chauvenet, 220.
Chemin d'Amiens, 52 à 63.
— d'Arras, 36 à 51, 56, 58, 166, 266.
Petit Chemin d'Arras, 41 à 42, 62.
Grand Chemin d'Arras, 39 à 42, 50, 62, 66.
Chemin de Barleux, 52, 63.
— de Beaucamps, 54.
— de Biaches, 53, 63.
— du Bois-Liesse, 54.
— de Bouchavesnes, 13, 18.
— de Bussu, 13, 54, 55, 72.
— des Caissons, 54.
— de Cambrai, 54 à 63, 87, 260, 264.
— du Chêne Mahuet, 42.
— de Corbie, 53, 63.
— des Cours ou du Cour, 56.
— de la Croix St-Claude, 37.
— d'Encre, 50 à 52, 62.
— de l'Enfer, 54.
— de la Falise, 13.
— Gaulois, 33 à 56, 61 à 63, 210.
— de Guerre, 54.
— d'Honnecourt, 56.
— de Louette, 42.
— des Marlinveaux, 54.
— Marquant, 37.
— de Mereaucourt, 37, 40, 66, 67.
— de Moislains, 13.
— de Mons, 37, 38.
— des Morts, 40, 58, 60, 65 à 68.
— de Noyon à Arras, 42 à 50.
— des Postes, 52, 63.
— Royal, ou voie des saints, 42 à 51, 54, 62, 63, 87, 115, 162, 175.
— de Roisel, 41.
— de Sailly, 42.
— de Saint-Quentin, 37, 39, 40.
— de St-Quentin à Arras, 37 à 39.
— de Ste-Radegonde, 57, 60.

— de la Vallée, 13.
— Vert, 13, 36, 37, 40, 52, 54, 55, 60, 62, 63, 83, 87, 162.
Chipilly, 52 53, 226.
Choquel de Courcelette, 220, 265.
Choderlo, 267.
Chroniques et antiquités du Mont-Saint-Quentin, ms. VI, 71, 91, 93, 97, 98, 110, 123, 132.
Les Cinq fleurs de la grâce, X.
Cisancourt, 49.
Cléry, 13, 18, 22 à 32, 36, 46, 52, 62, 77, 130, 187, 205 216, 217, 242.
Clés de la ville, 148, 153, 245.
Cloches. 115, 150.
Clodion, roi, 11 à 14, 17, 20, 51.
Clotaire I, 79.
Clotaire II, 50.
Clovis II, 88, 89.
Colart de Vauchelles, 60.
Colart-Marchand, 252.
De Coligny, 220.
Collége, 114, 171, 203, 247, 270.
Collégiale de Saint-Fursy, 2, 68, 70, 82 à 86, 89, 91, 99, 115, 134, 140, 146, 163, 171, 189, 195, 197, 199, 202, 205, 254, 262, 265, 266, 268.
Collégiale de Saint-Léger, 84, 86, 105, 123, 131, 254.
La Cologne. (Grusio.) 36, 41, 61, 69 à 73.
Cologne, 69, 87.
Combauld d'Auteuil, X, 220.
Combles, 77.
Commune de Péronne, 123 à 136, 181, 199.
Compiègne, 46, 108, 145, 186.
Comtes de Péronne, 77, 84.
Concini, 164, 191, 192, 220.
Conclusion, 209 à 213.
Conduits des poissonniers, 263.
Confrérie des pélerins, 119.
Confrérie des couvreurs, 119, 221.
Coquerel, 28, 202, 266, 267.
Corbie, 53, 63.
Corbeni, 115.
Cordeliers, 161, 172, 175, 206, 264, 265.
Cornet, 221, 256, 259.

Cornuau, 140.
Corps de garde, 160, 171, 247.
Cotté, 272.
Cottin, 221.
Coucy, 27.
Coudan, 46.
Courcelette, 220.
Coutumes locales, XI, 200, 270.
La Couture, 21, 57.
De Créquy, 25, 31, 191, 205, 221, 241, 242
Creton d'Estourmel, 221, 250.
De Crévecœur, 221.
Croix, 59.
Croix au blé, 264.
— du Castel, 85, 86.
— Saint-Claude, 37, 38, 58, 59, 63.
— Sainte-Radegonde, 57.
— Verte, 84 à 86.
De Croy, 221.
Curés et vicaires de Saint-Jean-Baptiste, 255, 256.
Curlu, 51, 62, 266.
Curtis 94.
Cuvillier, 32, 242.

D

Dame de Bruntel, 171.
Dammartin (c^{te} de) 154, 188, 189, 222.
De Dampierre, 222.
Danglos, 222.
Danicourt, X.
Decagny, XI, 2, 11, 28, 30, 34, 70.
Decourt, 222.
Defossés, 267.
Dehaussy ou de Haussy, VI, VII, VIII, 26, 72, 85, 127, 139, 171, 209, 227, 249, 255, 257, 263.
Dequant, 222, 267.
Desachy, chanoine de Saint-Léger, IX, 28 à 30, 32, 71, 84, 98, 127, 145, 198, 203, 209.
Desconchy, 251, 252.
Desmay, X.
Desmeulen, 222.
Després, 256, 265.
Detende 222.
Devaux, VII, 256, 267.
Développements de Péronne, 113 à 121.

Devillers, 222.
Doingt, 38 à 42, 47, 48, 56, 58 à 63, 69, 71, 73, 87, 215.
Doliger, 256.
Dompierre, 53.
Doullens, 125.
Dournel, 222, 265.
Dreu de Bray, 44.
Driencourt, 222.
Driencourt (village), 54, 55, 62, 63.
Drogon, 129.
Ducastel, 267.
Duchemin, 249.
Ducrocq, 222.
Dudigne, 256.
Dufour, 99, 101.
Duplessis-Biaches, 222.
Dupuis, 267.
De Durckeim, 223.

E

Ebroïn, 91, 107.
Ecquancourt, 38, 55.
Eléonore d'Autriche, 116, 117, 120, 121.
Eléonore de Vermandois, 131, 132, 138.
Elisabeth de Vermandois, 131, 133.
Emme, 61.
Encre, 36, 37, 39, 43, 50, 51, 58, 61, 62, 77, 125, 126, 164, 191, 220, 249, 250.
Ennemain, XI, 223.
Enseignes de la ville de Péronne :
— l'Ange, 264.
— le Blanc leurier (hôtel), 261.
— les Champions, 261.
— le Chevalet (hôtellerie), 262.
— le Croissant, 262.
— la Croix blanche, 262.
— le Cygne (hôtel), 261.
— le Dauphin, 262.
— l'Ecu d'Orléans, 261.
— la Fleur de lis (hôtel), 261.
— les Gendarmes, 262.
— le Griffon, 261.
— le Gril, 261
— la Grosse-tête, 258,
261, 262.
— la Licorne, 261.
— le P. couronné, 261.
— le Pignon blanc, 263.
— Saint-Michel (hôtel), 262.
— Saint-Nicolas (hôtellerie), 263.
— Saint-Sébastien (hôtel), 261.
— le Soleil, 167.
— le Vert-Maillet, 262.
Epehy, 38, 46, 55, 63, 69.
Epitaphes diverses, 258 à 260.
Erchinoald, 76, 77, 82, 85, 87 à 89, 91, 93, 99, 100, 138, 140.
Escaut, 66.
Esclusele, 5.
D'Espinay, 223.
Essais du chanoine de Saint-Léger, IX.
D'Estrées, 119, 223.
Estrée-Deniécourt, 55.
Estrée-en-Chaussée, 55.
Eterpigny, 3, 43, 44, 49, 62, 205.
D'Eterpigny, 223.
D'Etampes, 76, 174, 186.
Etinehem, 53.
Etreillers, 36, 40, 41.
Etymologies, 1, 4, 43.
Eudel, 223.
Eudes, roi, 108.
Eudes de Vermandois, 133.
Eustache de Neuville, 77.
Evin, 16.

F

De Famechon, 223.
Fargny, 51.
Faubourgs de Péronne. V. Rues.
Favier, 223.
Fay, 223.
Fay d'Athies, 223.
Du Fay, 250.
Le Fecq, 57, 227.
P. Fénier, X, 26, 165, 169, 189.
Fernet, 28.
Ferrand, comte de Flandre, 137, 138, 179 à 181.
Fervacques (abbaye), 179.
Feuillaucourt, 37, 39, 41 à 43, 45, 47, 48, 50, 62, 77.

La Feuillie, 72, 260.
La Feuillie Saint-Fursy, 262.
Feuillères, 51.
Fillièvres-sur-Canche, 127 à 129.
Fins, 14, 38, 46, 49.
Flamicourt, 61, 62, 69, 70, 87, 168 à 170.
Flaucourt, 53.
Fléchin, 40.
Flers, 217.
Foire de Péronne, 85.
La Folie, 72.
De Folleville, 223.
Fonchet, 223, 257, 264.
La Fonderie, 268.
Fontaine des ladres, 72, 261.
— du Noir-Lion. 85, 86.
— Revel, 72, 73.
— Saint-Fursy, 203, 262.
— Villette, 41, 42, 45, 54, 62, 71, 72, 87, 143. 147. 167, 260.
De la Fons, 109, 224.
Forêt d'Arrouaise, 13, 42, 76.
— Charbonnière, 17, 66.
— de Cléry, 77.
— de Combles, 77.
— de Faffaimont, 77.
— Grosse, 75, 76.
— de Maurepas, 77.
Formé, 224.
Fortifications carlovingiennes, 95 à 112, 195, 199.
Fortifications de Péronne. 38, 70, 80, 95 à 112, 133, 138, 143, 144, 147, 157 à 175.
Fortunat, 6, 79, 80.
Des Fossés, 224
Foucaucourt, 55.
Fougeret, 224.
De Fougières ou Fougère, 224.
Fourdrinier, 267.
Fournier, 60, 257.
Framerville, 219.
François Ier, 116 à 118, 120, 164, 165, 170, 425.
De Fransures, 224.
Frazier, 267.
De Frémicourt, 257, 261, 264.
Fresnes, 52.
Fricourt, 52.
Frion, 224.
Frise, 53.

La Fronde, 212, 241, 242.

G

Gaman, 188.
Garde bourgeoise, 148 à 155, 191, 247. 270.
De Gauchin, 225, 265.
Gaudefroy, 225.
Gaudry, évêque, 125.
Gaultier, abbé, 144.
Gazettes, 53.
Généalogies des rois de France, ms. VIII.
De Genlis, 225.
Gérard. 129.
Gérault, 225.
Gilbert de Lorraine, 111.
Girard, doyen de Saint-Quentin, 255.
Le Glavion, 167 à 169, 175, 260, 263.
Gomart, 101, note, 177.
De Gomert, 225.
Gonnet, IX, 225.
Gonnet de Fiéville, 225.
Goubet, 225.
De Gourlay, 119, 225.
De Goussancourt, 225.
Gouzeaucourt, 54.
Grandhomme, 225.
De Greffin, 226.
Grégoire VI, pape, 3. 114.
Grégoire d'Essigny, IX.
Grenier. 226.
Grès, (construction en) 9, 101, 112, 144, 161 et s. 165, 166, 172, 173, 176 à 178, 191, 211.
De Guerdre, 188.
Guerin, 226.
Guet, 148, 150, 153, 159.
De Guignes, 255.
Guillaume d'Aulnay, 181.
De Guillebon, 226
Guisselin de Chipilly, 226.
Guipre, bailli, 187.
Guis de Bestisi, 127.
Duc de Guise, 155, 169.
Guy, évêque, 137, 198
Guyencourt-Saulcourt, 38, 39, 48, 55, 63.

H

Hadencque, 256.
De Haizecourt, 155, 169, 226.
Hala (fluvius), 13.
Halles, 30, 39, 42, 52, 71, 73, 83, 162.
De Halluin, 226
Ham, 41, 50, 56, 58, 59, 114, 125, 126, 154, 213, 226.
De Ham, 226.
Hancourt, 40.
De Hangre, 227.
Hanique, 227.
Hanmer de Claybrooke, 227.
De Haranguière, 256.
Hardécourt, 148.
Haute-borne, 37.
Hayron-Fontaine, 70, 71, 73, 76.
D'Heilly, 227.
Helena, 11 à 23, 51, 211.
Hem, 51, 62.
De Hem, 257.
De Hen, 255.
De Hennin, 227.
Henri IV, 190 à 192.
Herbert Ier c^{te} de Vermandois, 97, 109, 110, 111, 206, 211.
Herbert II, c^{te} de Vermandois, 77, 98, 110, 111.
Herbert III, c^{te} de Vermandois, 77.
Herbert IV, c^{te} de Vermandois, 133.
Hervilly, 257.
D'Hervilly, 227.
Hesbécourt, 38, 39, 48, 53, 227.
Hesdin, 11, 16, 17, 125, 128, 129.
D'Hesecque, 227.
Heudicourt, 39, 54, 63, 256.
Histoire de l'arrondissement, XI.
Hiver, IX, 170, 178.
D'Hocquincourt, 158 à 160, 171, 174.
Homblières, 115.
Honnecourt, 55, 56, 63, 184.
Horgnies, 52.
Hôtel-Dieu, 72, 73, 82, 139, 140, 151, 159, 206, 245, 247, 270.
Hôtel-de-ville, 80, 247.
Houbrel, 151, 256.
Houdin, 16.
Hourdin, 252.

Huet d'Hébécourt, 215, note, 227.
Hugot, 228.
Hugue-le-Grand, 133.
D'Humières, 116, 119, 121, 228, 261.
Hyencourt, 224.

I

Introduction, I.

J

Jardin de l'Arquebuse, 169.
— des Archers, 268.
Jean d'Ablancourt, 128.
Jean d'Artois, c^{te} d'Eu, 181.
Jean de Ballues, 128.
Jean de Bourgogne, c^{te} d'Etampes, 76, 174, 186.
Jean, châtelain de Péronne, 179.
Jean Ier, duc de Berry, 184.
Jean de Doingt, 60.
Jean de Leunes, 252.
Jean li Caisnes, 203.
Jean de Flandre, 179, 180.
Jean Ier, roi de France, 181.
Jean-sans-peur, 181.
Jeu de battoir, 268.
Journal de Péronne, ms, VIII.
Juridictions, 136, 137, 174, 195 à 207, 210, 246, 247, 254, 255, 266.

L

Laboissière, 228.
Laglantier, 228.
Lagneau, 256.
De Lagrenée, 121, 228.
Lambert, abbé, 6.
Lambert, doyen, 130, 197, 254.
De Lameth, 228.
Lamire, 61, 71.
Lamotte-Béranger, 39.
Laneuville, 55.
Landulfe, évêque, 77.
De Lannois, 228.
Laon, IX, 115, 125, 182.
Larcher, 228, 264.
Larquerat, 267.
Laurent, doyen de Lihons, 145.
Lebreton, 228.
Leblant, IX, 160.
Lechelle, 38, 48.

Leclerq, 228.
Leconvers, VII, 28, 165, 228.
Lecorroyer, 229, 257, 265.
Lecouvreur, 229.
Lecreux, 256.
Lefebure, 229.
Lefevre, 205, 229, 249, 258, 267.
Leforest, 28, 77.
Legrand, 252, 266.
Lejosne, 229.
Leleu, 229, 252.
Leloire, 229.
Lempereur, 70.
Lenain, ingénieur, 7.
Lenoir, 257.
Lens, 11, 16, 17.
Léproserie, 44, 71 à 73, 123, 124, 127, 128.
Lequien, 256.
Léon II, pape, 91, 93.
De Lersies, 182, 253.
Leroy, 229.
Lescuyer, 229.
Letellier, 267.
Lettres d'absolution, 182.
Lettre de Cuvillier, 242.
Leudèze, 89, 93.
Levasseur, 238, 257, 267.
Levêque, (Catherine, veuve Vaillant), X.
Levesque, 230, 258.
Licourt, 43, 49, 62.
Liéramont, 39, 54, 55, 56, 63.
La Ligue, 190, 212.
Lihons, 145, 250.
De Lihu, 230.
Linard d'Aveluy, 230.
Longavesnes, 55, 56, 63.
De Longueval, 230.
De Lorraine, duc d'Elbeuf, 230.
Lothaire, 108.
Louis Ier, le débonnaire, 109, 199.
Louis III, 108.
Louis VI, le gros, 124, 130, 134.
Louis VII, le jeune, 115.
Louis VIII, le lion, 180.
Louis IX, le saint, 201.
Louis XI, 31, 53, 184 à 188.
Louis XII, 167.
Louis XIII, 83, 121.
Louis XIV, 31, 50, 160.
De Louvencourt, 230.
Louvel de Fontaine, 171, 205, 230, 264.

Louverval, 230.
Lucheu, 249, 250.
De Luxembourg, 230.

M

Machere, 256.
Macquegni, 256.
Maillart, 231.
Maismont, 83.
Maisons et hôtels à Péronne :
— de l'abbaye d'Ourscamps, 146.
— Aubrye, 270.
— Bachelet, 85.
— de Beaulieu, 266.
— Belancourt, 270.
— de Belleforière, 262.
— de Biaches, 262.
— Billon, 267.
— de Bonnival, 261.
— Boulan, 268.
— Brabant, 269.
— Bruyer, 270.
— Bulot, 99, 104.
— de Cizancourt, 269.
— de Claybrooke, 86.
— de la Commanderie d'Eterpigny, 205.
— des Cordeliers, 264.
— Cordier, 270.
— de la Cour, 268.
— Degagnies, 270.
— Dehaussy, 104, 263.
— Delaporte, 269.
— Desfossés, 267.
— Després, 265.
— Devaux, 267, 270.
— Drapier, 269.
— Dufour, 99, 101, 104.
— Dupuis, 270.
— Eaucourt, 269.
— d'Estourmel, 99.
— de Falvy, 265.
— Fernet, 86.
— de la Fons, 101, 104.
— Franqueville, 262.
— de Gagine, 269.
Grange dimeresse, 266.
— de Noyon, 263.
— du Roi, 261.
Maison Guyot, 265.
— Hiver, IX.
— d'Hocquincourt, 264.

TABLE ALPHABÉTIQUE

— d'Humières, 261.
— Larcher. 264.
— Lavalard, 99, 104.
— Leblant. 101, note, 215 note.
— Lecomte, 265.
— Lecorroyer. 265.
— Lécrivain, 268.
— Lefebvre, 258, 266.
— Legrand 105, 106, 266.
— Letellier-Gisore, 268.
— Levacque 270.
— Levasseur. 268, 269.
— de Longueval, 262, 268.
— Louvel de Fontaine, 264.
— Magot. 269.
— le Maire 269.
— de la Maitrise, 199, 262, 268.
— Malemain, 268.
— de Mamay, 264.
— de Marle, 265.
— Martine, 264, 265.
— Mercier, 270.
— Millant, 100, 101, 102, 104, 105.
— Millet 270.
— des Minimes, 269.
— Pagnier. 270.
— Petit, 267.
— Pieffort. 269.
— de Piennes. 261.
— de la Pierre-Gaultier, 265
— Pincepré d'Hauteville. 264, 267.
— Postel. 270
— Pouchain, 266.
Poudrière. 262.
Maison Rabache. 264.
— Rabache de Fréville, 268.
— Le Roy, 270.
— de Sailly, 162, 262.
— du seigneur de Sainte-Radegonde, 261.
— Soyer et Preux, 269.
— de Tagny. 266.
— Tattegrain. 104, 264.
— Terlet 105.
— Tincourt, 268.
— Vinchon 267.
— Vitasse, 269.
Maisons canoniales :
M. Aveneau, chanoine, 269.
M. Aubrelique chanoine, 269.
M. Bellain, chanoine, 269.
M. de Castella, chanoine, 268.
M. Choderlo, théologal, 268.
M. Dequan, chanoine, 269.
M. Defossés, chanoine, 268.
M. Devaux, chanoine, 267, 270.
M. le doyen de Saint-Fursy, 103, 269.
M. Fourdrinier, chanoine, 268, 269.
M Frazier, chanoine, 268.
M. Lefèvre, chanoine, 269.
M. Levasseur aîné, chanoine, 268, 269.
M. Levasseur jeune, chanoine, 269.
M. Marion, chanoine, 269.
M. Menard, chantre, 268.
M. de Parvillers, chanoine, 269.
M. Pelletier, chanoine, 268.
M. Pizé, chanoine, 269.
M. de la Roche, chanoine, 268.
Maison du chapelain de Saint-Louis, 268.
— du vicaire de Saint-Quentin-Capelle, 269.
Prétoire du chapître, 268.
Presbytère de Saint-Quentin-Capelle, 203, 270.

Majorien, 11, 12, 15.
Mallemain, 205, 231.
Manancourt, 223.
Manuscrits Dehaussy, II, III. 26, 127.
Manuscrits locaux, V à X, 63, 209.
Maray, 231.
Maréchal de la Marck, 26, 140, 141, 154, 189, 231.
Maridieu, 39,
Maricourt, 51, 52, 62, 266.
Marie Fourré, 160.
Marion, 267.
Marlières, 256.
De la Marlière, 231.
Marquaix, 56, 63, 266.
Martine, 264, 265.
Masin, 231.
Masse de Combles, 231.
Massex, 231.
Maurepas, 28, 77, 202, 266.
Mayeurs de Péronne, 126 à 128, 148 à 154, 184, 200 à 202,

243 à 249, 252.
De Mercy, 232.
Merleux, 232.
De Mesmes, 232.
Mesnil-Bruntel, 36, 38, 57 à 62.
Mesnil-en-Arrouaise, 46, 49, 62.
Mesnil-Saint-Nicaise, 43, 45, 46, 49, 62.
Meurtrières, 161, 162, 177, 178.
Miélot, I.
Mignon, 256, 260.
Millancourt, 222.
Minimes, 104, 199, 204, 205, 268, 269.
De Miraumont, 232, 250, 251.
Miracle de Sainte-Radegonde, 79, 80.
De la Mire, 232.
Misery, 43, 46, 225.
De Missy, 232.
Moislains, 13, 45 à 48, 49, 62.
De Monberon, 172.
Monchy, 37, 232.
Monet de la Marck, 232.
Monnaies du Vermandois, 132.
Monot, 232.
Mons-en-Chaussée, 37, 38, 40, 55, 62.
De Mons, 233.
De Montaigu, 233.
De Montauban, 233.
Montcordel, 57.
Mont des Cygnes, 3, 44, 63, 70, 76, 82, 87, 88, 98, 102, 137, 210, 212, 213.
Montdidier, XI, 31, 116, 138, 159, 173, 200, 249, 250, 252.
Mont-Saint-Quentin, VI, 3, 5, 21, 22, 36, 38, 39, 41, 45, 47 à 49, 59, 62, 72, 77, 91, 97, 108, 110, 114, 115, 123, 124, 129, 132, 144, 162, 174, 175, 249, 263.
Morel de Foucaucourt, 119, 121, 223.
Morel de Putanges, 233.
Morlière, 256, 260.
De la Motte, 233.
Moulins, 2, 3 à 7, 61, 70, 87, 88, 115, 144 à 148, 161, 171, 175, 211.
Moulin de Bellezaize, 37, 62, 72, 115, 167, 174.
— à huile, 147.
— à foulon, 147, 272.
— à tan, 147.
— à vent, 147, 161, 169, 170.
Moulin (petit), 147.
Mourin, 256.
De Mayencourt, 154, 165, 233.
Moyenpont, 69.
Murailles de Péronne, 70, 71, 73, 98 à 112, 123, 147, 155 à 177, 179, 185, 199, 209, 211 à 213, 263.
Mutel, 233.
Midorge, 166.

N

Cte de Nassau, 26, 71, 150, 154, 155, 189.
Nayet, 188
Nesle, 42, 43, 46, 49, 50, 107, 114, 126.
De Nesle, 42, 233.
Nicet, évêque, 6.
Nicolas III, pape, 175.
Nicolas IV, pape, 175, 198.
Nid des glaines, 76.
Normands, (invasion des) 81, 95 à 97, 107 à 109, 113, 212.
Notes et antiquités de Péronne, ms. VIII.
Notice hist. sur la ville de Péronne, IX.
De Noyelle, 233.
Noyon, 39, 42, 48, 49, 62, 93, 115, 124, 130, 195, 197, 254, 264.
Nul-s'y-Frotte, 21, 22, 25 à 32, 242.
Nurlu, 55.

O

Odland, 7.
Odon, chatelain, 129.
Office de Saint-Fursy, IX.
D'Ognies duc de Chaulnes, 223.
Olehain, 16.
Omiécourt, 52.
Oppidum, 94, 106, 107.
Oppidum peronense, 129, 132, 137, 185, 254.
Orfèvres, 234.
Orgibet, 22, 62, 63, 166.

Les Orgues (lieu dit), 261.
Origine de Péronne, 69 à 73, 195.
D'Orléans (duc), 181.
Les Oseraies, 41, 72.
Osmond, 267.
Othon, c^{te} de Vermandois, 77, 123, 129, 133.
Othon de Encre, 77.
Oudin du Fay, 234.
Ourscamps, 145, 146.

P

Le Paige, 234.
Palais d'Athies, 56, 58, 75, 76, 88.
Palais de Justice, 82, 86, 99, 100, 104, 106, 140, 141.
Palais de Péronne, 56, 58, 59, 75, 77 à 91, 99, 100, 105, 106, 108, 111, 123, 130, 138 à 140, 185, 195, 199, 204, 206, 212.
Parent, 234.
De Parvillers, 234.
De Pas. m^{is} de Feuquières 234.
Pascal II, pape, 3.
Pasquier, 252.
Patin, 252.
Pauquière, 256.
Peigné-Delacourt, 210.
Pélerins St-Jacques, 119.
Pelletier, 267.
Pépin I, c^{te} de Vermandois, 109.
Pépin II, ib. 109.
Pépin d'Héristal, 39, 66 à 68.
Pépin-le-bref, 199.
Perdreau, 256.
Péronne (Armoiries), 234.
De Péronne, 234.
Pérote de Hardécourt, 59.
Personnages inhumés à St-Jean, 257.
Pestel, 252.
Du Pestrin, 234.
Du Peyroux, 235.
Pezé, 267.
Philippe-Auguste, 72, 77, 124, 126 à 128, 132, 134, 135, 137 à 139, 143, 144, 146, 157, 168, 176, 179 à 181, 210 à 213.
Philippe-de-Valois, 146, 167, 175, 200.

Philippe d'Alsace, c^{te} de Flandre, 125 à 127, 131 à 135.
Philippe-le-bon, c^{te} de Charolais et duc de Bourgogne, 181 à 183, 249, 253.
Picquet, 235.
Pieffort, 127, 235, 249.
Pierre de Gargantua à Doingt, 41.
Pierre à Pothieu, 41.
La Pierre du roi, 84, 85.
Pillot, 235.
Pincepré, 235.
Pingré, 235.
Placet au roi, 243.
Des Planches. 235.
Plates-pierres, 51 52.
Plans de Péronne, 55, 72, 86, 158, 159, 163, 202.
Du Plessis-Biaches, 222, 250.
Plouy, 38.
Pœuilly, 35, 55, 66 à 68.
Polissoir à silex, 57.
Pont-lès-Brie, 7, 213.
Pont des moulins, 161.
Pont St-Pierre, 147, 158, 159.
Pont St-Sauveur, 168.
Port-le-roi, 146, 171.
Portes de Péronne :
Porte Asson, 183.
— de Bretagne, 168.
— de Bourgogne, 170.
— du Castrum, 87, 103, 104.
— des Cordeliers, 261.
— d'Enfer, 172, 173.
— de Fer, 171, 264.
— du Nord ou Neuve, 166.
— de Paris, 5, 159, 160, 161, 163, 171, 172, 262.
— St-Nicolas, 42, 61, 83, 111, 164 à 167, 172, 177, 188.
— St-Sauveur, 167, 168.
— de Sobotécluse, 158, 159, 263.
Poterne de l'Estanke, 162.
— de la rue des Vaches, 170.

Postel de Proyart, 235.
Postes, 52, 53.
Potier de Blérancourt, 120, 121, 235.
Potestas Peronensi, 135, 136, 168.

19..

Potte, 43, 49, 62.
Poudre à canon, 148, 252, 262.
Pré de la fosse aux chiens, 261.
— du Glavion, 72, 167. 260.
— de la Justice, 261.
— de la Reine, 167, 261.
— de la Rosière, 167.
— des Tanches, 167.
— rue des Juifs, 261.
— rue Maurue, 262.
— rue Péronnelle, 262.
— rue du Ponchel, 262.
Prévost, 235.
Prévôt de Péronne, 84.
— de Sobotécluse, 146, 200.
Prison de Péronne, 79 à 81, 110, 111, 195, 210.
Priviléges de la ville, ms. 127, 139.
Proyart, 35.
Puits carré, 105, 106.
Pujos, 236.

Q

Quentin, Louis, IX.
Quentin, imprimeur, XI.
De Querrieux, 236.
Le Quinconce, 45, 61, 62, 71, 73, 164, 166.
La Queuchie de Brenneti, 61, 62.

R

Rabache, 236, 264.
Ramon, 270.
Rancourt, 37, 39, 45, 47, 51, 62.
Raoul Ier, le grand, c^{te} de Vermandois, 115, 124, 126, 134.
Raoul II, le jeune, c^{te} de Vermandois, 132, 133.
Raoul de Cambrai, 107, 110, 114.
Ratbode, évêque, 129.
Reims, VI, 47, 54, 115.
Relation du siége de 1536, VII, VIII, X, 26.
Regnaut, c^{te} de Boulogne, 138, 180.
De Rémont, 256.
Renard, 256.
Renaut de Roye, 59.
Le Rendu, 252
Réunion à la couronne, 127, 135 à 141.

Reynart de Buissy, 236.
De Rhune, 236
Robert Ier le barbu, c^{te} de Péronne, 77, 100, 123, 133, 134.
Robert II, c^{te} de Péronne, 84, 129, 133.
Robert de Filièvre, 128.
Rocquigny, 37, 39, 41, 45, 62.
Rodolphe, roi de Bourgogne, 108.
Roguet, 255.
Roisel, 39, 56, 63, 69.
De Romecan, 256, 259.
Le Ronssoy, 38, 48, 55, 56, 63, 70.
Rougier, 267.
Rouillé de Fontaine, 236.
Roussel, 236, 255.
Roye, XI, 31, 114, 116, 173, 200, 213, 249, 250, 252.
De Royer, 236.
Rumigny, 36, 37, 40, 41, 43, 47, 48, 58, 62.
Rues et lieux dits, 260.
Rues et quartiers de Péronne :
Basse-cour du château, 181, 261.
Le Blocque, 261, 264.
Boulevard d'Humières, 166.
Faubourg de Bretagne, 38, 45, 54 à 56, 62, 63, 72, 87, 146, 161, 165, 167, 168, 172 à 176, 206, 210, 252.
Faubourg de Paris, 8 147, 158, 159, 165, 169, 174.
Faubourg St-Nicolas, 164, 165.
Marché au blé, 85, 261.
— au fromage, 261.
— aux pourceaux, 114, 261, 262.
Place (grande), 87, 104, 140, 263.
Rue Beaubois, 261, 263.
— du Blanc-Mouton, 61, 62, 87, 170, 171.
— des grandes Boucheries, 261.
— Boutry, 70, 170.
— de la Brasserie, 261.
— de Bretagne, 175, 176. 206.
— du Castel, 86.
— des Chanoines, 82, 262, 265.
— du Château, 86, 262, 265.
— Claire-Fontaine, 261
— du Collége, 87, 99, 114.
— des Cordeliers, 140.
— d'Enfer, 37, 38, 45, 62, 72.

— de la Fontaine Saint-Fursy, 204.
— Fournier, 103.
— des Francsbourgeois, 264.
— du Gladimont, 44, 87, 261.
— des Grands carreaux, 103, 104.
— des Juifs, 84, 85, 261.
— de la Maîtrise, 82, 87, 103, 268.
— des Minimes, 98, 268.
— Mollerue ou Maurue, 44, 45, 62, 87, 99, 101, 103, 104, 144, 147, 209, 262.
— Montagne de Brusle, 98, 103, 104, 204, 269.
— Montagne du Montregnault, 262.
— du Moulinet, 44, 45, 51, 62, 98.
— des Naviages, 169, 170, 263.
— du Noir-Lion, 85, 86, 101, 104, 106, 204.
— Péronnelle, 114, 146, 170, 209, 262.
— du Petit Tillet, 263.
— de la Poissonnerie, 261, 263.
— du Ponchel, 262.
— aux porcs, 265.
— de la Poterne, 261.
— Puchotte ou du Puchot, 114, 171.
— du Sac, 169.
— Saint-Fursy, 82, 86, 87, 100, 103 à 106, 144, 147, 204, 209, 261, 262, 265, 266.
— Saint-Jean, 84, 258.
— Saint-Jean, (ruellette), 261.
— Saint-Quentin-Capelle, 144, 204, 267.
— Saint-Sauveur, 45, 146, 168, 175, 264.
— Saint-Nicolas, 62.
— Sans-bout, 171.
— des Vaches, 170, 261.
— Verte, 45, 54, 55, 62, 168, 175.
— des Vierges, 98, 103, 104, 204.
Voierie du Château, 262.

S

Sabinet, 267.

De Sailly, 162, 236.
Sailly-Lorette, 53.
Sailly-Saillisel, 39, 41 à 43, 47, 62.
St-Amé, évêque, 91, 107.
St-Bertin, 6.
St-Christ, 36, 46, 213, 214.
St-Fursy, 49, 82, 89, 90, 93, 119.
St-Jean-Baptiste, (église), IX, 115 à 121, 185, 252, 255 à 260, 264.
St-Kadroé, 49.
St-Lazare, (léproserie), 71 à 73, 123, 124, 127, 128.
St-Marc, 250.
St-Marcoul, 115.
St-Martin, (colline), 66, 67.
De St-Mauris, 236.
St-Omer, 179, 180.
St-Quentin, (ville), IX, 5, 14, 15, 36 à 42, 46 à 48, 62, 68, 70, 91, 97, 108 à 112, 124, 126, 129, 132, 213, 264.
St-Quentin-Capelle, 52, 113, 114, 162, 203, 207, 252, 262, 270.
St-Quentin-en-l'eau, 4, 82, 113, 114, 147, 158, 263.
St-Sauveur, (église), IX, 167, 174, 252.
St-Simon, 31, 236.
St-Ultain, 49.
St-Wast, 49.
Ste-Claire, (couvent), 147, 163, 166, 206, 262.
Ste-Radegonde, (reine), 6, 56 à 58, 75, 79, 80, 82, 83, 99, 138, 140, 146.
Ste-Radegonde, (village), 39, 46, 51, 61, 62, 71 à 73, 80, 82, 83, 89, 113, 123, 192, 252.
De Saisseval, 154, 160, 237.
Sancier, II.
De Sarcus, 154, 163, 237.
De Saucourt, 256.
Du Saussay, (Hubert), X.
De Savenelles, 237.
Scourion, 237.
De Seiglière de Belleforière, 237.
Sept-poestés, 168.
Séreaucourt, 36, 40.
Sergents de ville, 148, 152.
Siège de Péronne, en 898, 110.
— en 932, 111.
— en 1536, VII, VIII, X, 25,

119, 141, 147. 150 à 152, 157, 159, 160, 162 à 165, 171, 188, 189, 245.
— en 1815, IX, 212, 213.
— en 1870, IX, 83, 101, 171, 202, 212, 213.
Simon. évêque. 130, 197, 254.
Sobotécluse, 1 à 9. 33, 43, 46, 49. 51, 54, 62, 69, 71, 82, 146, 147. 157 à 159, 171. 200, 201, 211, 263. 265, 266.
Somme, VIII, 2 à 5, 8, 11, 14, 15, 17, 22, 28 à 30, 36. 46, 54, 55, 61, 62, 69, 70 72, 76, 87, 88, 91, 104, 108. 143 à 146, 158, 161, 163, 167, 171, 213, 263, 266.
Sorel, 237.
Sorel, (village), 38, 39, 54.
Souterrains, 101 note, 173, 185.
Soyécourt, 216.
Suzanne. 51, 52.

T

Tabary, 237.
De Tagny, 266.
Tassart d'Assevillers, 237.
Tassart, dit Gonon, 251.
Tattegrain, 141, 237. 249. 264, 267.
Le Tellier de Grécourt, 237.
Templeux-la-Fosse, 54 à 56, 63, 219.
Tertry, 37, 39, 58, 62, 65 à 68, 91, 211.
De Theis, 237.
Theraize IX.
Therouane de Louvancourt, 238.
Thierry, abbé, 109.
Thierry III, 67, 68.
Le Thuillier, 238.
Ticquet, 267.
Trefcon 67.
Trépant, IX, 4.
Tribolet, 238.
La Tortille, 13, 14, 25, 42, 51.
Tour de Bourges, 183, 184.
Tournai, 17, 130.
Tours carrées, 99 à 104, 111, 112, 170, 211.
Tours rondes, 27 à 29, 112. 138, 144, 158, 159 à 168, 170 à 173, 176 à 179, 182 à 184,
191, 211.
Tours des fortifications de Péronne :
Tour Alexandre, 167.
— des Cordeliers, 161, 172.
— de fer ou neuve, 181.
— du Guet, 159.
— Hangard, 162, 163, 172.
— Lupart, 179.
— Maillard, 162.
— Paillarde, 161, 172.
— de Piennes, 166.
Grosse Tour, 178, 182 à 184, 189 253.
Le Triomphe de la croix, X.
Les trois fleurs de lis spirituelles, X.
Tupigny, 238.
Turquet, (l'abbé), IX.

U

Ursulines, 86, 103 104, 204 à 206, 267.

V

Vacquerel de la Briche, 238.
Vaillant, X 205, 238, 257.
Vallois, 238
De Vattigny, 238.
Vauquelin, 238.
Vermand. 7 15, 35. 44, 55, 67.
Vermandovillers, 228.
Verrier, 239.
De Vertigneul, 182.
Vicus Peronna, 89 à 94, 99, 114, 210.
Vie et miracles de St-Fursy, V, 49, 89.
Vie miraculeuse de St-Fursy, V, 49.
Villa, 75, 91 à 94, 136, 137.
Villa Perunna, 75 à 81, 88, 89, 91, 95, 99, 136, 137, 175, 195, 210, 212.
De Ville, 175.
Ville de Péronne, 91 à 94, 136, 143 à 155, 210, 266.
Villemant, 126, 136.
Villers au flot, 42.
Villers-Carbonnel, 42, 46, 49, 52, 55, 215.
Villers-Faucon, 38, 39, 69.

Villerval, 239.
Vincent, membre de l'Institut, 11.
Vinchon, 239, 267.
De Vitasse, 239.
Le Vivier, 42, 62.
Voies antiques. 33 à 63.
Voies d'Arras. 36 à 50. 56, 58, 62, 66, 166. 266
Voie d'Athies, 56 à 63. 87, 88.
— de Cambrai. 54 à 63, 87, 266, 264.
— Diverses, 52 à 54.
— d'Encre, 50 à 52. 58, 164.
— de Noyon à Arras, 42 à 50.
— Notre-Dame. 55.
Voies romaines, 7. 14, 15. 34, 35, 38, 43. 46, 48, 49, 54, 55, 63.
Voyennes, 217.
Vuatier 239.
Vue de Péronne (porte de Paris), 101, note, 160, 170.
— par Peters. 173.
— du côté de Flamicourt, 170.
— côté du château, 178.

W

Walterius de Felkyere, 127.
Wiand, (Dom Etienne), VI.
De Warluzel. 239.
Wibernal, 25.

www.ingramcontent.com/pod-product-compliance
Lightning Source LLC
Chambersburg PA
CBHW071603170426
43196CB00033B/1708